精彩的語言、嚴謹的思維是人生與社會的哲理。
讀一篇好的演說，勝過讀一百本書！

世界上
最偉大的演說

默言　編選

前言

一篇好的演說，要累積多少的人生歷鍊與經驗法則。它是最能激勵人心與震撼世界的聲音！一本好書可以轟動一時，一篇好的演說可以傳誦千古……

政治家的熱忱、科學家的縝密、思想家的深邃、文學家的浪漫、哲學家的睿智……在人類社會和歷史的大舞臺上，英雄豪傑、時代精英、有識之士，他們一幕幕精彩演講叩動和喚醒無數人的心靈，吹起行動的號角，產生著巨大的力量，迴響在悠悠的歷史長河中。而流傳下來的一篇篇演講詞，無不顯露出演說者的智慧與才情，它們是歷史的音符、時代的記錄、藝術的絕唱、智慧和思想的結晶。經過時間的洗禮，這些演說文章已成為超越民族、超越國別、超越時空的不朽經典！

演說是一門語言邏輯巧妙運用的學問，無論是經過深思熟慮寫成的講稿，還是慷慨激昂的即興演說，它的背後都有數年甚至數十年的口才訓練和文化積澱；演說更是一種機智幽默激勵人心的藝術，它把社會文化、道德倫理、政治軍事等有機融匯在一起，把語言的美與生活的真——如藝術般完美而巧妙地結合。

一次成功的演講，可以對人類歷史文明的進程產生重大的影響；一篇引人入勝的演說，往往能給人們帶來心靈的享受和情感的震撼。一個人在其一生中，閱讀一定數量的優秀演講，在領略演講詞的精彩語言和嚴謹思維的同時，體會演講者所闡述的人生與社會哲理，了解歷史和文化。不僅可以汲取其中的思想精華，增加知識儲備，獲得藝術薰陶，使自己的人生更加豐富完美，更能激勵自己力爭上游的勇氣！

因此，有人說「讀一篇好的演說，勝過讀一百本書！」一篇好的演說，並非音色絕美企求打動人心，也非指手畫腳光憑演技勝出。卡耐基也說過「能打動人心的話，才是最好的說話術。」

所以，從一篇好的演說中，我們可以窺見一個人的智慧與才華，它不但能打動人心，也能激勵人心，繼而產生無比的共鳴而形成一股強大的力量。

《世界上最偉大的演說》所選編的作品，雖不能概括一切，但其代表性是不容置疑的，我們希望您能一讀再讀，而去體會「如何激勵人心」的箇中滋味……

目錄 Contents

論雅典之所以偉大

——伯里克里斯（約公元前四九五～前四二九）／
古希臘雅典政治家、雅典黃金時期統治者

我們為有這樣的政體而感到喜悅。我們不羨慕鄰國的法律，因為我們的政體是其他國家的楷模，而且是雅典的獨創。

我們這個政體叫作民主政體。它不是為少數人，而是為全體人民。無論能力大小，人人都享有法律所保障的普遍平等，並在成績卓著時得享功名，擔任公職的權利不屬於哪個家族，而是賢者方可為之。家境貧寒不成其為障礙。無論何人，只要為祖國效力，都可以不受阻礙地從默默無聞到步步榮升。我們可以暢通無阻地從一個職位走向另一個職位；我們無所顧忌地共用親密無間的日常生活；我們既不會為鄰人的我行我素而煩惱，也不會面露不豫之色——這有傷和氣，卻無補於事。這樣，我們一方面自由而善意地與人交往，另一方面又不敢以任何理由觸犯公益，因為我們遵從法庭和法律，特別是那些保護受害者的法律，以及那些雖未成文，但違反了即為恥辱的法律。另外，為了陶冶身心，我國法律還規定了十分頻繁的節假日。賽會和祭祀終年不斷，屆時美不勝收，蔚為大觀，歡愉的氣氛驅散了憂鬱。我們的雅典如此偉大，致使宇內各地的產品雲集於此。這些精美產品和國內產品一樣，給雅典人帶來了習以為常的樂趣。

我們在軍事政策上也勝過敵人，我們的方針與敵人的方針截然不同。雅典向世界敞開大門。我們並不擔心敵人會窺得那些從不隱藏的秘密，使我們蒙受損失，也從不以此為由，把前來尋求進步和獵奇的外國人驅逐出境。相對而言，我們不大依靠戰備和謀略，而是信賴公民們與生俱來的愛國熱忱和行動。

在教育方面，某些國家的人從小就接受嚴酷的訓練，以便在成年後承受辛勞；我們雅典人的生活儘管溫文爾雅，卻能像他們一樣勇敢地面對任何戰爭危險。

在生活方式上，我們既文雅，又簡樸，既培育著哲理，又不至於削弱思考。我們以樂善好施而非自我吹噓來彰顯自己的富有，承認貧困並不可恥，無力擺脫貧困才確實可恥。我們既關心個人事務，又關心國家大事；即便那些為生活而奔忙的人，也不乏足夠的參政能力。因為唯獨雅典人才認為，不參與國事乃平庸之輩，而不止是懶漢。我們能作出最準確的判斷，並善於捕捉事情的隱患。我們不認為言論會妨礙行動，而認為在未經辯論並充分做好準備之前，不應貿然行動。這是雅典人與眾不同的優點：行動時我們勇氣百倍，行動前卻要就各項措施的利弊展開辯論。有些人的勇氣來自無知，深思熟慮後卻成了懦夫。毫無疑問，那些深知戰爭的災患與和平的甜美，因而能臨危不懼的人，才稱得上具有最偉大的靈魂。

我們在行善方面也與眾多的民族不同。我們不是靠接受承諾，而是靠承擔義務來維護友誼。根據感恩圖報之常理，施惠人對受惠人擁有優勢；後者由於欠了前者的情，不得不扮演比較乏味的角色，他覺得報答之舉不過是一種償還，而不是一項義務。只有雅典人才極度樂善好施，但不是出於私利，而是純屬慷慨。綜述未盡之言，我只想加上一句：我們雅典總的來說是希臘的學校，我們之中的每一個人都具備了完美的素質，都有資格走向沸騰的生活的各個方面，都有最優雅的言行舉止和最迅速的辦事作風。

至於你們這些倖存者，你們可以為改善命運而祈禱，但也應把保持這種英勇抗敵的精神和激情視為己任。不要僅憑高談闊論來判定這樣做的利弊。因為每一個夸夸其談的人，都能把眾所周知的道理和奮勇抗敵的益處訴說一遍。你們要把祖國日益壯大的景象繫在心上，並為之著迷。等你們真正領悟到了雅典的偉大，你們再捫心自問，雅典之偉大乃是由那些剛毅不拔，深知己任，在戰鬥中時刻有著榮譽感的將士們締造的。一旦他們的努力不能成功，需要他們以大無畏氣概來報效祖國，他們不認為這是恥辱，因而作出了最崇高的奉獻。他們就這樣為國捐軀了。他們中的每個人都將千古流芳。他們的陵墓將永放光華，因為這不僅是安葬英靈的墓穴，而且是銘刻英名的豐碑。無論何時，只要談到榮譽或實踐榮譽，人們就會提到他們，他們永垂不朽。（發表於公元前四三一年）

〔解說・賞析〕

演講開宗明義地闡述了古希臘民主制度的偉大和其法律制度的優越性，概括地講述了雅典法律的動機和效果，軍事上的優越現狀以及涉及到教育、生活、倫理道德等方面的雅典人的生存狀況，並自信地宣稱：「我們所遺留下來帝國的標誌和紀念物是巨大的。不但現代，而且後世也會對我們表示贊歎。」

這一部分內容既具有政治宣傳的動機，也為下文作出鋪墊，這些大篇幅的交代正是那些為之而英勇犧牲的將士作出奉獻的價值和意義所在。接著他指出，雅典的偉大正是那些有著榮譽感的將士實踐的結果，「以至於談到榮譽或實踐榮譽，人們就會提到他們。」這篇演說的邏輯性正體現在這裡。古希臘民主制度對人類政治文明的影響是顯而易見的。伯里克里斯的演講語言平實樸素，但是非常講究修辭，充滿了邏輯力量和使人信服的態度，洋溢著一種民主政治氛圍下莊嚴而自豪的感情。

蘇格拉底的申辯

——蘇格拉底（西元前四六九～前三九九）／古希臘著名哲學家

親愛的雅典同胞們：

所剩的時間不多了，你們就要指責那些使雅典城蒙上污名的人，因為他們把那位智者蘇格拉底處死。而那些使你們也蒙上污名的人堅稱我是位智者，其實並不是。

如果你們再等一段時間，自然也會看見一個生命終結的事情，因為我的年紀也不小，接近死亡的日子實在也不遠了。但是我並不是要對你們說話，而是要對那些欲置我於死地的人說話。同胞們：或許你們會以為我被定罪是因為我喜好爭辯，其實如果說我好辯的話，那麼只要我認為對的話，我或許還可以借此說服你們，並替自己辯護，尚可免除死刑，其實我並不是因好辯被判罪，而是被控竟敢膽大妄為向你們宣傳異端邪說，其實那些只不過像平常別人告訴你們的話一樣罷了。

但是我不以為，為了避免危險起見，就應該去做不值得一個自由人去做的事，也不懊惱我用現在這樣的方式替自己辯護。我寧可選擇死亡，也不願因辯護得生存。因為不管是我還是任何其他的人，在審判中或打仗時，利用各種可能的方法來逃避死亡，都是不對的。在戰時，一個人如想逃避死亡，他可以放下武器，屈服在敵人的憐憫之下，其他尚有許多逃避死亡之策，假如他敢做、敢說的話。

但是，雅典的同胞啊！逃避死亡並不難，要避免墮落才是難的，因它跑得比死要快。我，因為上了年紀，動作較慢，所以就被死亡趕上了；而控告我的人，他們都年輕力壯，富有活力，卻被跑得較快的邪惡、腐敗追上了。現在，我因被他們判處死刑而要離開這個世界；但他們卻背叛了真理，犯了邪惡不公之罪。既然我接受處置，他們也應該接受裁決，這是理所當然之事。

下一步，我要向你們預言到底是誰判我的罪，及你們未來的命運如何：因為人在將死之際，通常就成了先知，此時我正處於這種情況。同胞們！我告訴你們是誰置我於死地吧！而在我死後不久，天神宙斯將處罰你們，比你們加害在我身上的更加殘酷，雖然你們以為對自己的所作所為不需負責，但我敢保證事實正相反。控告你們的人會更多，而我此時在限制他們，雖然你們看不見；並且他們會更加兇猛，由於他們較年輕，而你們也將更憤怒。如果你們認為把別人處死就可以避免人們譴責你們，那你們就大錯特錯了。這種逃避的方式既不可能也不光榮，而另有一種較光榮且較簡單的方法，即是不去抑制別人，而注意自己，使自己趨向最完善。對那些判我死刑的人，我預言了這麼多，我就此告辭了。

但對於那些贊成我無罪的人，我願意趁此時法官正忙著，我還沒有赴刑場之際，跟你們談談到底發生了什麼事。在我死前陪著我吧！同胞們！我們就要互道再見了！此時沒有任何事情能阻礙我們之間的交談，我們被允許談話，我要把你們當成朋友，讓你們知道剛剛發生在我身上的事是怎麼一回事。公正的審判官們！一件奇怪的事發生在我身上，因為在平常，只要我將做錯事，即使是最微小的瑣事，我的守護神就會發出他先知的聲音來阻止我；但是此時，任何人都看到了發生在我身上的事，每個人都會認為這是極端罪惡的事，但在我早上離家出門時，在我來此赴審判時，在我要對你們作演講時，我都沒有聽到神的警告，而在其他場合，他都常常在我說話說到一半時就阻止我再說下去。現在，不管我做了什麼，或說了什麼，他都不來反對我。那麼，這是什麼原因呢？我告訴你們：發生在我身上的事，對我來講反而是一種祝福；我們都把死視為是一種罪惡，那是不正確的，因為神的信號並沒有對我發出這樣的警告。

再者，我們更可由此歸納出，死是一種祝福，具有很大的希望。因為死可以表示兩回事：一者，表示死者從此永遠消滅，對任何事物不再有任何感覺；二者，正如我們所說的，人的靈魂因死而改變，由一個地方升到另一個地方。如果是前者的話，死者毫無知覺，就像睡覺的人沒有做夢，那麼死就是一種奇妙的收穫。假如有人選擇一個夜晚，睡覺睡得很熟而沒做什麼夢，然後拿這個夜晚與其他的晚上或白天相比較，他一定會說，他一生經過的白日或夜晚沒有比這個夜晚過得更好、更愉快的了。我想不只是一個普通人會這樣說，即使是國王也會發現這點的。因此，如果死就是這麼一回事的話，我說它是一種收穫，因為，一切的未來只不過像一個無夢的夜晚罷了！

反之，如果死是從這裡遷移到另一個地方，這個說法如果正確，那麼所有的死人都在那裡，審判官啊！那又有什麼是比這個更偉大的幸福呢？因為假如死者到了陰府，他就可以擺脫掉那些把自己偽裝成法官的人，而看到真正的法官在黃泉當裁判，像彌諾斯（希臘神話人物，冥府判官之一，決定鬼魂未來的命運，懲罰犯罪者的靈魂）、刺達曼堤斯、埃阿科斯、特里普托勒摩斯，及其他一些半神半人，跟他們活著的時候一樣。難道說這種遷移很可悲嗎？而且，還可見到像俄耳甫斯、穆賽俄斯、赫西俄德及荷馬等人。如果真有這回事，我倒真是希望自己常常死去，對我來講，寄居在那兒更好，我可以遇見帕拉墨得斯、忒拉蒙的兒子埃阿斯及任何一個被不公平處死的古人。拿我的遭遇與他們相比，將會使我愉快不少。

但最大的快樂還是花時間在那裡研究每個人，像我在這裡做的一樣，去發現到底誰是真智者，誰是偽裝的智者。判官們啊！誰會失去大好機會不去研究那個率領大軍對抗特洛伊城的人？或是俄底修斯？或是西緒福斯？或是其他成千上萬的人？不管是男是女，我們經常會提到的人。跟他們交談、聯繫，問他們問題，將是最大的快慰。當然了，那裡的法官是不判人死刑的，因為住在那裡的人在其他方面是比住在這裡的人快樂多了，所以他們是永生不朽的。

因此，你們這些判官們，要尊敬死，才能滿懷希望。要仔細想想這個真理，對一個好人來講，沒有什麼是罪惡的，不管他是活著還是死了，或是他的事情被神疏忽了。發生在我身上的事並非偶然。對我來講，現在死了，即是擺脫一切煩惱，對我更有好處。由於神並沒有阻止我，我對置我於死地的人不再懷恨了，也不反對控告我的人，雖然他們並不是因這個用意而判我罪，控告我，只是想傷害我。這點他們該受責備。

然而，我要求他們做下面這些事情：如果我的兒子們長大後，置財富或其他事情於美德之上的話，法官們，處罰他們吧！使他們痛苦，就像我使你們痛苦一樣。如果他們自以為了不起，其實胸中根本無物時，責備他們，就像我責備你們一樣。如果他們沒有做應該做的事，同樣地責罰他們吧！如果你們這麼做，我和兒子們將自你們的手中得到相同的公平待遇。

已到了我們要分開的時刻了——我將死，而你們還要活下去，但也唯有上帝知道我

們中誰會走向更好的國度。（發表於公元前三九九年）

〔解說・賞析〕

古希臘偉大的哲學家蘇格拉底死於雅典的民主，對於了解雅典的民主運行方式和程序的人來說，這一點很容易理解。西元前三九九年，雅典法庭以「傳播異端」和「腐蝕青年」的罪名將蘇格拉底判處死刑。本文是蘇格拉底在雅典法庭上所作的臨終演講，他在法庭上慷慨陳詞，或反詰原告，為自己辯護，或抨擊現實政治，或表達自己的人生哲學，都表現出超於常人的大氣魄和大智慧。

在演講中，蘇格拉底的主題集中在兩個問題上，一、是那些控訴他和判他死刑的人是邪惡的已經墮落了的雅典文明的踐踏者，在談論這些問題的時候蘇格拉底基本採用詰問的方式；二、是死亡問題，蘇格拉底認為「死是一種祝福，具有很大的希望」。他無畏地選擇了死亡：以此來表示對統治者的蔑視和對真理的堅定信念，在這一部分，蘇格拉底更多地直抒胸臆。蘇格拉底的演講充滿了理性思辨和智慧的光芒，修辭和語言都非常精彩。

要麼勝利，要麼死亡

——漢尼拔（西元前二四七～前一八三）／迦太基軍事統帥

士兵們：

你們在考慮自己的命運時，如果能記住前不久在看到被我們征服的人潰敗時的心情，那就好了；因為那不僅是一種壯觀的場面，還可以說是你們的處境的某種寫照。我不知道命運是否已給你們戴上了更沉重的鎖鏈，使你們處於更緊迫的形勢。你們在左面和右面都被大海封鎖著，可用於逃遁的船隻連一艘都沒有。環繞著你們的是波河，它比羅納河更寬，水流更急；後面包圍著你們的則有阿爾卑斯山，那是你們在未經戰鬥消耗、精力充沛時，歷盡艱辛才翻越過來的。

士兵們，你們已在這裡同敵人初次交鋒，你們必須戰勝，否則便是死亡；命運使你們不得不投身戰鬥，它現在又站在你們面前。如果你們戰勝，你們就能得到即使從永生的眾神那兒都不敢指望得到的最大報酬。我們只要依靠勇敢去收復敵人從我們先輩手裡強奪去的西西里和薩迪尼亞，我們就會得到足夠的補償；羅馬人通過多次勝利的戰鬥所取得和積聚起來的財富，連同這些財富的主人，都將屬於你們。在眾神的庇護下，趕快拿起武器去贏得這筆豐厚的報酬吧。

你們在荒涼的盧西塔尼亞和塞爾蒂韋里亞群山中追逐敵人為時已久，歷經如許艱辛危難卻一無所獲；你們跋山涉水，轉戰數國，長途勞頓，現在是打響奪取豐富收穫的戰役，為你們的勞苦求得巨大報酬的時候了。這裡的命運允許你們結束辛苦的努力，這裡她將賜予與你們的貢獻相稱的報酬。你們不要按照這場戰爭表面上的巨大規模，而擔心難於取勝。敵對雙方受藐視的一方往往堅持浴血抗爭，而一些著名的國家和國王卻常被人並不費力地征服。

因為，撇開羅馬徒有其表的顯赫名聲，它還有什麼可與你們相比的？默默地回顧你們20年來以勇敢和成功而著稱的戰績吧，你們從赫拉克勒斯支柱，從大洋和世界最遙遠的角落來到這裡，一路上征服了高盧和西班牙的許多最兇悍的民族；如今你們將同一支缺乏經驗的軍隊作戰，它就在今年夏天曾被高盧人擊敗、征服和包圍過，至今它的統帥還不熟悉他的軍隊，而軍隊也不知道它的統帥。要把我同他作一比較嗎？我的父親是最傑出的指揮官，我在他營帳中出生、長大，我蕩平了西班牙和高盧，我不僅征服了阿爾卑斯山諸國，還征服了阿爾卑斯山本身；而那個就任僅僅6個月的統帥是他的軍隊裡的逃兵。如果把迦太基人和羅馬人的軍旗拿掉，我敢肯定他不知道自己是哪一支軍隊的指揮官。

你們中每一個人都看到了我的累累戰功，同樣地，我作為你們英雄氣概的目擊者，能列舉每一個勇敢人作戰的具體時間和地點。士兵們，我認為這一點很重要。我在成為你們的指揮官以前是你們大家的學生，我將率領曾千百次地受過我表彰和犒賞的士兵，陣容威武地闊步迎擊那支官兵互不熟悉的軍隊。

不論我把眼光轉向何處，我看到的都是鬥志旺盛、精神飽滿的士兵，一支由各個最英勇的民族組成的久經沙場的步兵和騎兵——你們，我們最可靠、最勇敢的盟軍，你們，迦太基人，即將為你們的國家並出於最正義的憤恨而出征。我們是戰爭中的攻擊者，高舉仇恨的旗幟進入義大利，將以遠遠超出敵方的膽量和勇氣發起進攻，因為攻擊者的信心和驍勇總是大於防衛者。此外，我們所受的痛苦、損傷和侮辱燃燒著我們的心：它們首先要求我、你們的領袖，其次要求曾圍攻過薩貢塔姆的你們大家去懲罰敵人；如果我們畏縮怯戰，它們將使我們受到最嚴厲的折磨。

那個最為殘暴、狂妄的民族認為，一切都應歸它所有，聽它擺佈；應當由它決定我們同誰交戰、同誰媾和；它劃定界限，以我們不得逾越的山脈河流把我們封鎖起來，而它卻不遵守自己規定的界限。它還說，不得越過伊比利亞半島，不得干預薩貢廷人；薩貢塔姆在伊比利亞半島，你們不得朝任何方向跨出一步！拿走我們最古老的省份——西西里和薩迪尼亞是件小事嗎？你們還要拿走西班牙嗎？讓我從那裡撤走，以便你們橫渡大海進入阿非利加嗎？

我說他們要橫渡大海，是不是？他們已經派出本年度的兩位執政官，一個派往阿非利加，一個派往西班牙。除了我們用武器保住的地方外，他們什麼地方都沒有給我們留下。有後路的人可能成為懦夫，他們可以通過安全的道路逃跑，回到自己的國土家園請求收容。但你們必須勇敢無畏。你們在勝利和覆滅之間絕無回旋餘地，或者戰勝，或者死亡。如果命運未卜，與其死於逃亡，毋寧死於沙場。如果這就是你們大家確實不變的決心，我再說一遍，你們就已經戰勝了；這是永生的眾神在人們奪取勝利時所賜予的最有力的鼓勵。（發表於公元前二一八年）

〔解說・賞析〕

這篇演講是戰前鼓動演說中頗為成功的典範之作。演講一開始，漢尼拔就明確指出當時的形勢是背水一戰：「你們必須戰勝，否則便是死亡；命運使你們不得不投身於戰鬥。」

漢尼拔以巨大的熱情和堅定的意志，鼓勵將士們奮勇作戰。他從袍澤之情出發，以鮮明的對比向部下傳遞必勝的信心，激勵將士們必戰的決心。這篇演說提振了本來有些低落的士氣，為軍隊取得後來一系列戰役的勝利提供了保障。

接下來，漢尼拔降伏了都靈地區的敵對部落，解除了後方的威脅。隨後在波河流域提契諾附近，他運用騎兵優勢打敗羅馬軍隊，羅馬在當地的統治崩潰。不久，整個義大利北部部落全部倒向迦太基陣營，高盧與利古里亞傭兵也加入了漢尼拔的軍隊，漢尼拔的軍隊達到了全盛狀態。

我們已遍地燃起自由的希望

——西塞羅（西元前一〇六～前四三）／古羅馬政治家、哲學家

羅馬人！在今天這次盛會中，你們遇見了這麼多人，比我記憶中所見過的都要多，這種場面令我急切地渴望去保衛自己的國家，內心燃起重新把它建立起來的偉大希望，雖然我的勇氣一直未曾衰竭過。最令人難熬的時刻，就是像現在——黎明前的微曦時。我恨不得立刻在保衛自由的陣線上，挺身而出成為一位領導者。然而，即使以前我有這種想法並可以去實踐，可現在卻已不是那種時代了。因為像今天，羅馬的子民們（也許你們不相信，這種場面只是我們所面臨許多事務中的一些瑣事罷了），我們已替未來的行動打下了基礎。元老院不再是口頭上把「安東尼」視為敵人，而是以實際的行動表示他們已把他視為一個敵人。直到現在我心裡還一直覺得很高興，相信你們也一樣，我們能夠在這樣完全一致、鼎沸的氣氛中，一致認為他是我們的敵人，並通過了這項宣言。

羅馬人，我讚美你——是的，我非常讚美你們。當你們激起那令人可喜的意志，跟隨那最優秀的年輕人，或者甚至說他只是個孩子。他的名字是年輕人，那是由於他的歲數，他的行為已屬於永恆而不朽。我曾收集到許多事蹟，我曾聽過許多事的情節，我也曾讀過許多故事，但是在這整個世界上，在漫長的歷史中，卻不曾見聞過這樣的事。當我們被奴隸制度所壓迫，當惡魔的數量與日俱增，當我們沒有任何保障，當我們深恐馬可·安東尼採取致命性的報復手段時，這個年輕人承襲了沒有人願意去承擔的冒險計畫，他以超越所有我們所能想像的方式來解決問題，他召集了屬於他父親的，一支所向無敵的軍隊，使安東尼想用武力方式造成國家不幸的那種最不仁義的狂亂遭到了阻力。

只要是在這裡的人，誰不看得非常清楚！要不是多虧了凱撒（此處指屋大維，他是凱撒的外甥也是養子）所召集的軍隊，安東尼的報復不是早將我們夷為平地？因為這次他的回來，意志裡燃燒著對所有人仇恨的火焰，身上更沾染著屠殺過市民的血腥，在他的腦海裡除了全然地予以毀滅的意念之外，什麼也容不下。如果凱撒沒有組成這一支他父親的最勇敢的軍隊，你們的安全保障和你們的自由靠誰來保護？為了表示對他的讚美和崇敬——為了他如神一般不朽精神的表現，他已被冠以最神聖而不朽的榮耀——元老院已接受了我的提議，通過了一項政令，將把最早的最好的頭銜委任於他。

馬可·安東尼啊！你還能玩弄什麼壞主意？凱撒對你宣戰，實在是應該受到極力稱讚的。我們應該極盡最美麗的言辭來讚美這支隊伍，也由此離棄你。這完全是因為你的緣故，如果你不是選擇做我們的敵人而是成為議會的一員，這讚美，會全是你的。

羅馬人！你們面對的不是一個放蕩邪惡的人，而是一頭沒有人性、兇暴的野獸。現在，他既然跌落陷阱之中，就在此地將其焚毀吧！要是讓他逃了出來，你們就再也難逃暗無天日、苦悶的深淵。然而，他現在正被我們已出發的大軍圍困，四面緊緊地包圍了起來。近日，新的執政官將派出更多的軍隊去支援。像你們目前所表現的，繼續獻身於此壯烈之舉。在每一次為理想而戰的戰役中，你們從未表現出比今天更加協同一致，你們從未與元老院之間有過如此誠摯的配合。再也不要彷徨，今天的問題已不再是生活條件的抉擇，而是我們如不能全然光榮地活著，就是面臨放蕩與恥辱的毀滅。

雖然凡人皆難免一死，此乃天性，然而，勇士們卻善於保護自己，除去屬於不遜或殘酷的死。羅馬的種族和名稱是不容被奪取的，羅馬人！我由衷地懇請你們——去保護它！這是我們所留下的產業和象徵。雖然每一事物都是易流逝的，暫時而不確定的，唯有美德能夠深深地紮下它的根基。它永不為狂暴所中傷、侵蝕，它的地位永遠無法動搖。你們的祖先，正是靠了這種精神，才能首先征服了義大利，繼而摧毀迦太基、打敗諾曼第，在這個帝國的統領下，消滅了那最強悍的國王和最好戰的國家。

不久的將來，由於各位與元老院之間史無前例完美而和諧的配合，以及我們的戰士和將領們的英勇的表現和幸運的引導，你們可以看到那甘冒風險淪為盜賊的無名小子安東尼被打敗。現在顯示：很久以來，這是第一次的盛舉，我們已遍地燃起自由的希望。

（發表於公元前四三年3月）

〔解說・賞析〕

西塞羅為了促使人們積極行動起來，置安東尼於死地，他在演講中把安東尼描述成一頭沒有人性、兇暴的野獸，鼓動人們不要彷徨，要為理想而戰。與此相反，他把屋大維頌揚為最優秀的年輕人，認為他的行為已屬於永恆而不朽。西塞羅對二者的刻畫形成鮮明的反差，激起人們強烈的愛憎，不由自主地受到鼓動，拿起武器去進攻那個「邪惡」的敵人。作為一篇具有戰前動員令性質的演說，它成功地激發了人們的鬥志，為討伐安東尼作了心理上的準備。西元前四三年4月，安東尼被元老院與屋大維軍隊打敗，被迫逃往山北高盧。

西塞羅是羅馬最傑出的演說家，整篇演講洋溢著他無處不在的樂觀與自信。在這篇演講中，他針對羅馬平民的特點，專注於調動聽眾的情感，誇張的語句、生動形象的比喻使演講氣勢磅礴、具有很強的感染力。

非戰勝，決不離開戰場

——在法薩盧之役戰前的演講

——尤利烏斯・凱撒（西元前一〇〇～前四四）／古羅馬軍事統帥、政治家

我的朋友們，我們已經克服了我們更可怕的敵人，現在我們所要對抗的不是饑餓和貧乏，而是人。一切決定於今日。記著你們在提累基阿姆時所給我的諾言。記著你們是怎樣當著我的面，彼此宣誓：非戰勝，決不離開戰場。

同伴士兵們啊，這些人就是我們過去在赫丘利的石柱所遇著的那些人，就是在義大利從我們面前溜跑了的那些人。他們就是在我們十年艱苦奮鬥之後，在我們完成那些偉大戰爭之後，在我們取得無數勝利之後，在我們為祖國在西班牙、高盧和不列顛增加了四百個屬國之後，不與我們以榮譽，不與我們以凱旋，不與我們以報酬，而要解散我們

的那些人。我向他們提出公平的條件，不能說服他們；我給他們以利益，也不能爭取他們。你們知道，他們中間有些人是我釋放的，不加傷害，希望我們可以使他們有一點正義感。今天你們要回憶所有這些事實；如果你們對於我有些體會的話，你們也要回憶我對你們的照顧、我的忠實和我所慷慨地給予你們的饋贈。

吃苦耐勞的老練士兵戰勝新兵也是不難的，因為新兵沒有戰鬥經驗，並且他們像兒童一樣，不守紀律，不服從他們的指揮官。我聽說，他害怕，不願作戰。他的時運已經過去了；他在一切行動中，變為遲鈍而猶疑；他已經不是自己發號施令，而是服從別人的命令了。我說這些事情，只是對他的義大利軍隊而言。至於他的同盟軍，不要去考慮他們，不要注意他們，根本不要和他們戰鬥，他們是敘利亞的、福里基亞的和呂底亞的奴隸，總是準備逃亡或做奴役的。我知道得很清楚，你們馬上就會看見的，龐培自己不會在戰鬥行列中給他們以地位的。縱或這些同盟軍像狗一樣向你們周圍跑來威脅你們的時候，你們也只要注意義大利的士兵。當你們已經擊潰敵人的時候，讓我們饒恕義大利士兵，因為他們是我們的同族人，而只屠殺同盟軍，使其他的人感到恐怖。為了使我知道你們沒有忘記你們不勝即死的諾言起見，當你們跑去作戰的時候，首先摧毀你們軍營的壁壘，填起壕溝；這樣，如果我們不戰勝的話，我們就沒有逃避的地方，使敵人看見我們沒有軍營，知道我們不得不在他們的軍營裡駐紮。（發表於公元前四八年6月）

〔解說・賞析〕

一支軍隊取得戰爭的勝利，兵力的多少固然重要，但更重要的是軍隊的戰鬥力，而影響軍隊戰鬥力最重要的因素便是士氣的高低。法薩盧戰役前夕，凱撒的演講成功地鼓舞了軍隊的士氣。面對兩倍於自己的龐培軍，凱撒軍隊最終以少勝多，徹底擊敗龐培。此役之後，凱撒迅速平定了龐培剩餘勢力，勝利結束內戰。西元前四五年，凱撒集大權於一身，實現了他的軍事獨裁統治。

凱撒在演講中首先指出這場戰鬥的重要性「一切決定於今日」，激勵將士們勇敢殺敵，奪取徹底勝利。然後指出龐培軍隊的弱點，堅定將士們必勝的決心。演講語言簡潔幹練，對比鮮明有力，展現了凱撒卓越的演講才華。

在沃姆斯國會上的講話

——馬丁．路德（一四八三～一五四六）／著名的宗教改革家

最尊貴的皇帝陛下、各位顯赫的親王殿下和仁慈的國會議員們：

遵照你們的命令，我今天謙卑地來到你們面前。看在仁慈上帝的分上，我懇求皇帝陛下和各位顯赫的親王殿下，聆聽我為千真萬確的正義事業進行辯護。請寬恕我，要是我由於無知而缺乏宮廷禮儀，那是因為我從未受過皇帝宮廷的教養，而且是在與世隔絕的學府回廊裡長大的。昨天，皇帝陛下向我提出了兩個問題。第一個問題是：我是否就是人們談到的那些著作的作者；第二個問題是：我是想撤回還是捍衛我所講的教旨。關於第一個問題，我已經做了回答，我現在仍堅持這一回答。

關於第二個問題，我已經撰寫了一些主題截然不同的文章。在有些著作中，我既是以純潔而明晰的精神，又是以基督徒的精神論述了宗教信仰和《聖經》，對此，甚至連

我的對手也絲毫找不出可指責的內容。他們承認這些文章是有益的，值得虔誠的人們一讀。教皇的詔書雖然措辭嚴厲（指利奧十世一五二〇年6月簽發的《斥馬丁・路德論》，限路德60天內取消自己的論點，否則施以重罰。路德當眾燒毀詔書，與教廷公開決裂），但又不得不承認這一點。因此，如若我現在撤回這些文章，那我是做些什麼呢？不幸的人啊！難道眾人之中，唯獨我必須放棄敵友一致贊同的這些真理，並反對普天下自豪地予以認可的教義嗎？

其次，我曾寫過某些反對教皇制度的文章。在這些著述中，我抨擊了諸如以謬誤的教義、不正當的生活和醜惡可恥的榜樣，致使基督徒蒙受苦難，並使人們的肉體和靈魂遭到摧殘的制度。這一點不是已經由所有敬畏上帝的人流露出的憂傷得到證實了嗎？難道這還未表明，教皇的各項法律和教義是在糾纏、折磨和煎熬虔誠的宗教徒的良知嗎？難道這還未表明，神聖羅馬帝國臭名昭著的和無止境的敲詐勒索是在吞噬基督徒們的財富，特別是在吞噬這一傑出民族的財富嗎？

如若我收回我所寫的有關那個主題的文章，那麼，除了是在加強這種暴政，並為那些罪惡昭著的不恭敬言行敞開大門外，我是在做些什麼呢？那些蠻橫的人在怒火滿腔地粉碎一切反抗之後，會比過去更為傲慢、粗暴和猖獗！這樣，由於我收回的這些文章，必須會使現在沉重地壓在基督徒身上的枷鎖變得更難以忍受——可以說使教皇制度從而成為合法，而且，由於我撤回這些文章，這一制度將得到至尊皇帝陛下以及帝國政府的確認。天哪！這樣我就像一個邪惡的斗篷，竟然被用來掩蓋各種邪惡和暴政。

第三點，也是最後一點，我曾寫過一些反對某些個人的書籍，因為這些人通過破壞宗教信仰來為羅馬帝國的暴政進行辯護。我坦率地承認，我使用了過於激烈的措辭，這也許與傳教士職業不相一致。我並不把自己看作是一個聖徒，但我也不能收回這些文章。因為，如果我這樣做了，就定然是對我的對手們不敬上帝的言行表示認可，而從此以後，他們必然會乘機以更殘酷的行為欺壓上帝的子民。

然而，我只不過是個凡夫俗子，我不是上帝，因此，我要以耶穌基督為榜樣為自己辯護。耶穌說：「如若我說了什麼有罪的話，請拿出證據來指證我。」（《聖經·新約全書·約翰福音》第18章第23節）我是一個卑微、無足輕重、易犯錯誤的人，除了要求人們提出所有可能反對我教義的證據來，我還能要求什麼呢？

因此，至尊的皇帝陛下，各位顯赫的親王，聽我說話的一切高低貴賤的人士，我請求你們看在仁慈上帝的分上，用先知和使徒的話來證明我錯了。只要你們能使我折服，我就會立刻承認我所有的錯誤，首先親手將我寫的文章付之一炬。

我剛才說的話清楚地表明，對於我處境的危險，我已認真地權衡輕重，深思熟慮，但是我根本沒有被這些危險嚇倒，相反，我極為高興地看到今天基督的福音仍一如既往，引起了動盪和紛爭。這是上帝福音的特徵，是命定如此。耶穌基督說過：「我來，並不是叫地上太平，乃是叫地上動刀兵。」（《聖經．新約全書．馬太福音》第10章第34節）上帝的意圖神妙而可敬可畏。我們應當謹慎，以免因制止爭論而觸犯上帝的聖諭，招致無法解脫的危險，當前災難以至永無止境的淒涼悲慘。我們務必謹慎，使上天保佑我們高貴的少主查理皇帝不僅開始治國，且國祚綿長。我們對他的希望僅次於上帝。我不妨引用神諭中的例子，我不妨談到古埃及的法老、巴比倫諸王和以色列諸王。他們貌似精明，想建立自己的權勢，卻最終導致了滅亡。「上帝在他們不知不覺中移山倒海。」（《聖經．舊約全書．約伯記》第9章第5節）

我之所以這樣講，並不表示諸位高貴的親王需要聽取我膚淺的判斷，而是出於我對德國的責任感，因為國家有權期望自己的兒女履行公民的責任。因此，我來到陛下和諸位殿下尊前，謙卑地懇求你們阻止我的敵人因仇恨而將我不該受的憤怒之情傾瀉於我。

既然至尊的皇帝陛下、諸位親王殿下要求我簡單明白，直截了當地回答，我遵命作答如下：我不能屈從於教皇和元老院而放棄我的信仰，理由是他們錯誤百出，自相矛盾，猶如昭昭天日般明顯。如果找出《聖經》中的道理或無可辯駁的理由使我折服，如果不能用我剛才引述的《聖經》文句令我滿意信服，如果無法用《聖經》改變我的判斷，那麼，我不能夠，也不願意收回我說過的任何一句話，因為基督徒是不能說違心之言的。這就是我的立場，我沒有別的話可說了。願上帝保佑我。阿門！

〔解說・賞析〕

本篇發表於一五二一年，路德的演說在語言上修辭非常謹慎，但是充滿了毋庸置疑的正義感，演講直接針對問題，非常有條理地回答了德皇向他提出的兩個問題，並重點針對第二個問題作了闡釋，其核心主題是他堅持自己的論點的理由，在自己的立場上，路德認為他不能收回自己論點是因為它們是「敵友一致贊同的真理」和「普天下予以認可的教義」。也就是說，他不能夠背叛自己認定的真理。

路德認為自己所寫的反對教皇制度的文章是抨擊「諸如以謬誤的教義、不正當的生活和醜惡可恥的榜樣，致使基督徒蒙受苦難，並使人們的肉體和靈魂遭到摧殘的制度」，如果他收回有關這些主題的文章，就會成為「邪惡的斗篷」；路德認為自己寫過反對某些個人的文字，是因為這些個人「通過破壞宗教信仰來為羅馬帝國的暴政進行辯護」，如果收回這些文章就等於對不敬上帝的人的言行表示認可，他堅持自己的論點是在充分意識到自己處境危險的基礎上作出的選擇，但是他縝密理性的演說表明他的立場是堅定不移的，不可動搖的。

在宗教裁判所審判時的演說

——布魯諾（一五四八～一六〇〇）／
義大利文藝復興時期偉大的思想家、自然科學家和哲學家

整個說來，我的觀點有如下述：

存在著由無限威力創造的無限宇宙。因為，我認為，有一種觀點是跟上帝的仁慈和威力不相稱的，那種觀點認為，上帝雖具有除創造這個世界之外還能創造另一個和無限多個世界的能力，但似乎僅只創造了這個有限的世界。

總之，我莊嚴宣佈，存在著跟這個地球世界相似的無數個單獨世界。我同畢達哥拉斯一樣認為，地球是個天體，它好像月亮，好像其他行星，好像其他恒星，它們的數目是無限的。所有這些天體構成無數的世界，它們形成無限空間中的無限宇宙，無數世界都處於它之中。由此可見，有兩種無限——宇宙的無限大和世界的無限多，由此也就間

接地得出對那種以信仰為基礎的真理的否定。

其次，我還推定，在這個宇宙中有一個包羅萬象的神，由於它，一切存在者都在生活著、發展著、運動著，並達到自身的完善。

我用兩種方式來解釋它。

第一種方式是比作肉體中的靈魂：靈魂整個地處在全部之中，並整個地處在每一部分之中。這如我所稱呼的，就是自然，就是上帝的影子和印跡。

另一種解釋方式，是一種不可理解的方式。借助於它，上帝就其實質、現有的威力說，存在於一切之中和一切之上，不是作為靈魂，而是以一種不可解釋的方式。

至於說到第三種方式的上帝之靈，我不能按照對它應有的信仰來理解它，而是根據畢達哥拉斯的觀點來看待它，這種觀點跟所羅門對它的理解是一致的。即：我把它解釋為宇宙的靈魂，或存在於宇宙中的靈魂，像所羅門的箴言中所說的：「上帝之靈充滿大地和那包圍著萬有的東西。」這跟畢達哥拉斯的學說是一致的，維吉爾在《伊尼德》第六歌中對這一學說作了說明：

「蒼天與大地，太初的萬頃漣漪，
那圓月的光華，泰坦神的耀眼火炬，

在其深處都有靈氣哺育。
智慧充溢著這個龐然大物的脈絡，
推動它運行不息……」

按照我的哲學，從這個被稱做宇宙之生命的靈氣，然後產生出每一個事物的生命和靈魂。每一事物都具有生命和靈魂，所以，我認為，它是不配的，就像所有的物體按其實體說是不配的那樣，因為死亡不是別的，而是分解和化合。這個學說大概是在《傳道書》中講到太陽之下沒有任何新事物的地方闡述的。

真理面前半步也不後退。

前進，我親愛的菲洛泰奧，頤任何東西也不能迫使你放棄宣傳你那美妙的學說，無論是無知之徒的粗野咒罵，無論是苟安庸碌之輩的憤慨，無論是教條主義者和達官貴人的憤怒，無論是群氓的胡鬧，無論是社會輿論的令人震驚，無論是撒謊者和心懷嫉妒者的誹謗，這些都損害不了你在我心目中的崇高形象，決不會使我離開你。

頑強地堅持下去，我的菲洛泰奧，堅持到底不要灰心喪氣，不要退卻，哪怕那笨拙無知、擁有重權的高級法庭用種種陰謀來陷害你，哪怕它妄圖使用一切可能的手段來抵制那美好的意圖、你那種種著作的勝利。

你放心吧，這樣的一天總是會到來的。那時所有的人都會明白我所明白的東西，那時所有的人都會承認：對於每一個人來說，同意你的見解並頌揚你是容易做到，就像要比得上你卻難以做到一樣；所有的人，凡不是從頭壞到腳的人，終有一天會在良心驅使之下給予你應得的讚揚。要知道，打開理性的眼睛的，歸根到底是內心的教師，因為我們理解思想上的財富並不是從外部，而是從內部，從自身的精神得到的。在所有人的心靈中都有健全理智的顆粒，都有天賦的良心，它聳立於莊嚴的理性法庭之上，對善與惡、光明與黑暗進行評判並作出公正的判決。你那良好事業的最忠誠最卓越的捍衛者之所以能從每一個人意識的深處終於點燃起起義之火，要歸功於這樣的判決。

而那不敢與你交朋友的人，那些膽怯地頑固維護自己的卑鄙無知的人，那些堅持充當赤裸裸的詭辯派與真理不共戴天的敵人的人，他們將在自己的良心中發現審判官和劊子手，發現為你復仇的人；這位復仇者將能更加無情地在他們自己的思想深處懲罰他們，使他們再也無法向自己隱藏這些觀點。當敵人給予你的打擊被擊退的時候，讓一大群奇怪而兇惡的愛夫門尼德（希臘神話中的復仇女神，專在地獄中折磨人的靈魂）把他包圍起來，讓其狂怒傾瀉在敵人的內心動機上，並用自己的牙齒將他折磨至死。

前進！繼續教導我們去認識關於天空、關於行星與恒星的真理，給我們講解在無限多的天體中一個與另一個究竟有什麼不同，在無限的空間中無限的原因與無限的作用為什麼不僅是可能的，而且也是必然的。教導我們什麼是真正的實體、物質和運動，誰是整個世界的創造者，為什麼任何有感覺的事物都由同一要素和本原組成。給我們宣講關於無限宇宙的學說，徹底推翻這些假想的天穹和天域——它們似乎應把這麼多的天空和自然領域劃分開來。教導我們譏笑這些有限的天域以及貼在其上的眾星。讓你那些所向披靡的論據萬箭齊發，摧毀群氓所相信的、第一推動者的鐵牆和天殼，打倒庸俗的信仰和所謂的第五本質，賜給人們關於地球規律在一切天體上的普遍性以及關於宇宙中心的學說，徹底粉碎外在的推動者和所謂各層天域的界限。給我們敞開門戶，以便我們能夠通過它一覽廣漠無垠的統一的星球世界。告訴我們其他世界是如何像我們這個世界那樣，在以太的海洋裡疾馳的。給我們講解所有世界的運動，如何由它們自身內部靈魂的力量來支配。並教導我們，在以這些觀點為指導去認識自然的道路上，堅定不移地闊步前進。（發表於一五九二年）

〔解說·賞析〕

一五九二年，堅持『日心說』的布魯諾被騙回威尼斯，不久即遭逮捕，押送到羅馬宗教裁判所。他被囚禁八年，始終堅持自己的學說，終被宗教裁判所判為「異端」，於一六〇〇年2月17日被教皇克萊芒下令燒死在鮮花廣場。

本文是他被捕後在宗教裁判所裡接受審判時發表的演說，他在開篇即重申了自己的觀點：「我莊嚴宣佈，存在著跟這個地球世界相似的無數個單獨世界。」他的觀點並沒有完全擺脫神學說，他在否認『地心說』的同時解釋了靈魂，承認存在著包羅萬象的神，「由於它，一切存在者都在生活著、發展著、運動著，並達到自身的完善。」

陳述了自己的觀點之後，布魯諾的演說開始充滿激情和驕傲，表明了他在真理面前的無比自信和堅強信念：「真理面前半步也不後退。」這種信念用來支持自己所發現的真理，同時表明自己對真理的態度，布魯諾用排比的手法列舉了所有對真理的戕害，他的呼告式的抒情給了自己的戰友，文采飛揚，充滿樂觀的信念和熱烈的激情。暴風雨式的表白顯示著他鬥爭的激情和意志，這大段的嚴正的表白正是漫長蒙昧的中世紀暗夜中一道強烈的智慧閃光，使我們感到人類的文明因為他們的存在而不愧為人類的文明。

地球在轉動

——伽利略（一五六四～一六四二）／

義大利著名物理學家和天文學家，近代實驗科學的奠基人之一

昨天我們決定在今天碰頭，把那些自然規律的性質和功用談清楚，並且儘量地談得詳細一點。關於自然規律，到目前為止，一方面有擁護亞里斯多德和托勒密立場的人提出的那些，另一方面還有哥白尼體系的信徒提出的那些。由於哥白尼把地球放在運動的天體中間，說地球是像行星一樣的一個球，所以我們的討論不妨從考察逍遙學派攻擊哥白尼這個假設不能成立的理由開始，看看他們提出些什麼論證，論證的效力究竟多大。

在我們的時代，的確有些新的事情和新觀察到的現象，如果亞里斯多德現在還活著的話，我敢說他一定會改變自己的看法。這一點我們從他自己的哲學論述方式上，也會很容易地推論出來，因為他在書上說天不變等等，是由於沒有人看見天上產生過新東

西，也沒有看見什麼舊東西消失。言下之意，他好像在告訴我們，如果他看見了這類事情，他就會作出相反的結論；他這樣把感覺經驗放在自然理性之上是很對的。如果他不重視感覺經驗，他就不會根據沒有人看到過天有變化而推斷天不變了。

如果我們是在討論法律上或者古典文學上的一個論點，其中不存在什麼正確和錯誤的問題，那麼也許可以把我們的信心寄託在作者的信心、辯才和豐富的經驗上，並且指望他在這方面的卓越成就能使他把他的立論講得娓娓動聽，而且人們不妨認為這是最好的陳述。但是自然科學的結論必須是正確的、必然的，不以人們的意志為轉移的，我們討論時就得小心，不要使自己為錯誤辯護；因為在這裡，任何一個平凡的人，只要他碰巧找到了真理，那麼一千個狄摩西尼和一千個亞里斯多德都要陷於困境。所以，辛普利邱，如果你還存在著一種想法或者希望，以為會有什麼比我們有學問得多、淵博得多、博覽得多的人，能夠不理會自然界的實況，把錯誤說成真理，那你還是斷了念頭吧。

亞里斯多德承認，由於距離太遠很難看見天體上的情形，而且承認，哪一個人的眼睛能更清楚地描繪它們，就能更有把握地從哲學上論述它們。現在多謝有了望遠鏡，我已經能夠使天體離我們比離亞里斯多德近三四十倍，因此能夠辨別出天體上的許多事情，都是亞里斯多德所沒有看見的；別的不談，單是這些太陽黑子就是他絕對看不到的。所以我們要比亞里斯多德更有把握地對待天體和太陽。

某些現在還健在的先生們，有一次去聽某博士在一所有名的大學裡演講，這位博士聽見有人把望遠鏡形容一番，可是自己還沒有見過，就說這個發明是從亞里斯多德那裡學來的。他叫人把一本課本拿來，在書中某處找到關於天上的星星為什麼白天可以在一口深井裡看得見的理由。這時候那位博士就說：「你們看，這裡的井就代表管子；這裡的濃厚氣體就是發明玻璃鏡片的根據。」最後他還談到光線穿過比較濃厚和黑暗的透明液體使視力加強的道理。

實際的情形並不完全如此。你說說，如果亞里斯多德當時在場，聽見那位博士把他說成是望遠鏡的發明者，他是不是會比那些嘲笑那位博士和他那些解釋的人，感到更加氣憤呢？你難道會懷疑，如果亞里斯多德能看到天上的那些新發現，他將改變自己的意見，並修正自己的著作，使之能包括那些最合理的學說嗎？那些淺薄到非要堅持他曾經說過的一切話的鄙陋的人，難道他不會拋棄他們嗎？怎麼說呢？如果亞里斯多德是他們所想像的那種人，他將是頑固不化、頭腦固執、不可理喻的人，一個專橫的人，把一切別的人都當作笨牛，把他自己的意志當作命令，而凌駕於感覺、經驗和自然界本身之上。給亞里斯多德戴上權威和王冠的，是他的那些信徒，他自己並沒有竊取這種權威地位，或者據為己有。由於披著別人的外衣藏起來比公開出頭露面方便得多，他們變得非常怯懦，不敢越出亞里斯多德一步；他們寧可隨便地否定他們親眼看見的天上那些變

化，而不肯動亞里斯多德的一根毫毛。（發表於一六三二年）

〔解說・賞析〕

這篇演講重在說理，濃烈的理性色彩是其顯著特點。伽利略演講成功的根本在於他抓住了要害，就是「如果亞里斯多德活著，會不會改變自己的觀點，」他首先從亞里斯多德的論述中提煉了其認知方法：「把感覺經驗放在自然理性之上。」這是一個很巧妙的角度，既然亞里斯多德採用這樣的認知方法，並且是科學的，那麼就可以拿來說明目前的問題。

在此基礎之上，伽利略還指出了文學藝術等人文社會科學與自然科學在認知方式上的必然區別，他堅信亞里斯多德的科學方法和科學態度，而盲目信奉亞里斯多德的具體學說的教條者，則並沒有實際上繼承亞里斯多德的科學的認知方法和科學的態度。伽利略從各個角度反覆論證，並且重要論述了他對亞里斯多德人品和其人對學問探究的認識，堅信即使亞里斯多德，如果他還活著，也會在科學事實面前改變自己的觀點。

論出版自由

——彌爾頓（一六〇八～一六七四）／英國詩人、政論家

如果我們想依靠對出版的管制，以達到淳正風尚的目的，那我們便必須管制一切消遣娛樂，管制一切人們賞心悅目的事物。除端肅質樸者外，一切音樂都不必聽，一切歌曲都不編不唱。同樣，舞蹈也必設官檢查，除經獲准，確屬純正者外，其餘一切姿勢動作俱不得用以授徒。此節柏拉圖書中本早有規定（指柏拉圖在其《理想國》一書已有規定）。但要想對家家戶戶的古琴、提琴、吉他逐一進行檢查，此事確乎非動用20個以上檢查官莫辦。這些樂器當然都不能任其隨便絮叨，而只准道其所應道。但是那些寢室之內低吟著的綿綿軟語般的小調戀歌又應由誰去制止？還有窗前窗下、陽臺露臺也都不應漏掉；還有坊間出售的種種裝有危險封皮的壞書，這些又由誰去禁絕？20個檢查官敷用嗎？村裡面自也不應乏人光顧，好去查詢一下那裡的風笛和三弦都宣講了些什麼，再

則都市中每個樂師所彈奏的歌謠、音階等等，也都屬在查之列，因為這些便是一般人的《理想鄉》（《理想鄉》為英國詩人菲力普．錫特尼一五八〇年以古希臘傳說中的理想仙鄉為背景所寫的一本田園浪漫故事，這裡指《理想鄉》這類書籍）與蒙特梅耶（指蒙特梅耶所寫的那類書籍。蒙特梅耶為葡萄牙詩人與作家，代表作為《多情的黛亞娜》，內容寫牧人與牧女間的戀愛故事。這本書是將古希臘傳說中之「理想鄉」移入葡萄牙語的另一嘗試，曾被譯為歐洲許多文字）……脫離現實世界而遁入到那些礙難施行的「大西島」（即《新大西島》，培根所著的一本帶些小說性質的理想國著作）或「烏托邦」式的政體中去，決不會對我們的現狀有所補益。想要有所補益，就應當在這個充滿邪惡的濁世中，在這個上帝為我們所安排的無可逃避的環境中，更聰明地去進行立法。

正像在軀體方面，當一個人的血液活鮮，各個基本器官與心智官能中的元氣精液純潔健旺，而這些官能又復於其機敏活潑的運用中恣騁其心智的巧慧的時候，往往可以說明這個軀體的狀況與組織異常良好。同理，當一個民族心情歡快，意氣欣欣，非但能綽有餘裕地去保障其自身的自由與安全，且能以餘力兼及種種堅實而崇高的爭議與發明的時候，這也向我們表明了它沒有倒退，沒有陷入一蹶不振的地步，而是脫掉了衰朽腐敗的陳皺表皮，經歷了陣痛而重獲青春，從此步入足以垂懿範於今茲的真理與盛德的光輝坦途。

我覺得，我在自己的心中彷彿瞥見了一個崇高而勇武的國家，好像一個強有力者（指力士參孫，見《舊約．士師記》16章13～14節）那樣，正從其沉酣之中振身而起，風鬢凜然。我覺得，我彷彿瞥見它是一隻蒼鷹，正在振脫著它幼時的健翮，它那目不稍瞬的雙眼因睜對中午的炎陽而被燃得火紅，繼而將它久被欺誑的目光疾掃而下，俯瞰蕩漾著天上光輝的清泉本身，而這時無數怯懦群居的小鳥（指當時一些在議會中反對言論自由的保守派人士），還有那些性喜昏暗時分的鳥類，卻正在一片鼓噪，上下翻飛，對蒼鷹的行徑詫怪不已；而眾鳥的這種惡毒的嘰嘰喳喳將預示著未來一年的派派系系。

（發表於一六四四年）

〔解說．賞析〕

彌爾頓的這篇演說非常簡短，但是條理清晰，他在演說中從兩個方面討論了新聞出版自由的必要性，他首先例舉了出版檢查的弊端，用假定的種種可能嘲諷了出版檢查動機的荒唐可笑，「如果我們想依靠對出版的管制，以達到淳正風尚的目的，那我們便必須管制一切消遣娛樂，管制一切人們賞心悅目的事物。」這顯然是不現實的事情，即使真的實現了這個措施，結果可想而知。

彌爾頓只是假設這樣一個與出版管制在實質上一樣的可能，使聽者發現此項立法的荒唐可笑。接著，彌爾頓談論了言論自由的好處所在，通過比方說明一個人、一個國家、一個民族保持其智慧、思想和靈魂自由的重要意義，表明思想言論的自由代表一個民族「沒有陷入一蹶不振的地步，而是脫掉了衰朽腐敗的陳皺表皮，經歷了陣痛而重獲青春，從此步入足以垂懿範於今茲的真理與盛德的光輝坦途。」全篇演說語言生動形象，論述簡潔犀利，準確明白地表達了演講者的態度和立場。

我對這部憲法並不完全贊成

——班傑明．富蘭克林（一七〇六～一七九〇）／
美國開國元勛之一、傑出的政治家、教育家和科學家

我得承認我對目前的憲法並不完全贊成。可是，諸位先生，我可不敢說我以後還會不贊成它，因為，我活得這麼久，我經歷過許多事，這些事都必須在以後借更好的資料或更周密的考慮，來改變甚至是不容易更改的意見，而這些意見我一度認為是對的，現在才發現它的錯誤。因此，我活得越久，就越易懷疑自己對別人的判斷是否正確。說真的，大多數的人和大多數宗教教派一樣，都認為自己才擁有全部真理，別人都跟他們大相迴異，這簡直是大錯特錯！斯蒂爾是位新教徒，他有一次在祝聖禮上對教眾說，他們兩個教會都各自相信自己的教條是顛撲不破的，還是英格蘭的教條絕不會有錯。可是，雖然有許多人就跟相信自己的教派一樣，認為自己是絕不會有錯的，但是卻沒有人能夠

像一位法國小姐在與她姐姐有點小爭執中，很自然地說出這句話：「除了我之外，我所交談的人都認為他們是對的。」

如同我這樣感觸，各位先生，我得同意憲法是有其缺點的——假使這句話不錯——因為我認為我們必須有個一般的政府，假使憲法能好好執行，它就會為公眾帶來福祉；而且我更相信，這個憲法可能會認真執行數年，而且當人民只需要專制政府而不需要別的政府時，它最後也會變成專制政府。同樣的，我也懷疑我們所舉辦的任何大會是否能締造出較好的憲法來；這是因為您得召集一些人，集思廣益，可是不可避免的，您也集結了他們所有的成見，他們的私情，他們意見的謬誤，他們地方的利益和他們自私的想法。像這樣的一個大會，會產生出完美的結果麼？

因此，先生們，我如果發現這部憲法接近完美，我將會大感驚異。我也認為這部憲法也會使我們的敵人大吃一驚。因為我們的敵人正樂於聽到我們的國策顧問們也像建造巴貝爾城的人一樣，因意見不同而內部混亂。他們也樂於見到我國瀕於分裂，以便達到他們扼住我們命運的目的。所以，先生們，我對這部憲法很滿意，因為我們沒有更好的了，同時也因為我確定不了它不是最好的。若有人指責它的錯誤，我也拿來貢獻給國家。我絕不會把這些意見洩漏出去的。它們生於斯，也應死於斯。假使我們一個人能為關心這部憲法，而說出他們指責的意見，並盡力找出和您有同感的同志，我們可以阻止您的意見被廣泛採知，以免在國外和在我們之間，由於我們的意見不一致，而失去它對於國家利益的重大貢獻。一個政府在追求和保障人民的幸福上，是否有成績，是否有效率，大部分要依靠人民是否為政府著想，以及政府人員本身的才智和團結一致。

因此，我希望，為了我們自己，作為一個民眾的立場，也為了我們的繁榮，我們應該熱誠一致，使憲法也能臻於我們影響力所及的地方，並要把握將來的目標，努力去尋求能使憲法貫徹到底的方法。

總而言之，先生們，我總是希望與會的人們當中具有對憲法仍持反對意見的人，在這種情況下，他會跟我一樣，懷疑我們的反對意見是否真的可以成立，而且為了表示我們的意見一致，我希望他也簽他的大名於這個法定文件上。（發表於一七八七年）

〔解說・賞析〕

演講充滿哲理、機智和風趣。演講在技巧運用方面，最大特點就是開宗明義，故作驚人之語。富蘭克林在演講中劈頭就說「我得承認我對目前的憲法並不完全贊成」，使聽眾為之感到震驚，以激發其興趣，吸引其對下文的關注。

演講見解深刻，分析深入，語言表達準確、幽默，構思巧妙。開頭表示自己的見解後，緊接著，演講者以自己思維認識的發展例子和宗教歷史上的例證及個人認識的局限，進一步闡述自己的觀點：「憲法是有其缺點的。」臨近結束時，才峰迴路轉，說出自己的中心意思：「先生們，我對這部憲法很滿意，因為我們沒有更好的了，同時也因為我確定不了它不是最好的。」由批評到充分肯定，先是雲遮霧障，後來雲開霧散，撥雲見日。

這樣的演說，構思角度新穎絕妙，一波三折，大落大起，充滿新鮮感和新奇性，容易引起聽眾的極大注意。

哲學史概說

——康德（一七二四～一八〇四）／
德國古典唯心主義哲學創始人，教育家

哲學由希臘人傳到羅馬人那裡以後，就不再擴展了，因為羅馬人老是停留在學生的階段。

西塞羅在思辨哲學方面是柏拉圖的學生，在道德學方面是斯多葛主義者。愛比克泰德、安托尼都屬於斯多葛派，塞內卡是這一派的最著名代表。在羅馬人中間，除了留下《博物志》的年輕的普林尼之外，沒有自然學者。

文化終於在羅馬人那裡消失，野蠻興起了，直至6～7世紀，阿拉伯人才開始致力於科學，使亞里斯多德（研究）重新繁榮起來。現在，科學又在西方抬頭了，尤其是亞里斯多德的威望，人們以一種奴隸的方式追隨他。11世紀和12世紀出現了經院哲學家，他們注釋亞里斯多德，無盡無休地玩弄機巧。人們所從事的無非是純粹的抽象。經院哲學的這種似是而非的論究方式在改革時代被排擠掉了。折中主義者出現在哲學領域，他們是這樣一批自己思維者，這些人不委身於任何學派，而去尋找真理，並且一旦找到，就予以接受。

近代哲學革新，一部分歸功於對自然界的大量研究，一部分歸功於數學和自然科學的結合。通過研究這些科學，在思維中形成的秩序業已擴展到原來世界智慧的特殊分支和部分以外。近代第一位，也是最偉大的自然研究者，是維魯拉姆的培根。培根在研究中踏上了經驗的道路，注意到觀察和實驗對於揭示真理的重要性和必要性。不過，思辨哲學的革新究竟是從哪裡開始的，這還很難說。在這方面，笛卡兒的功績不容忽視，因為通過提出真理的標準（他以知識的清楚和自明來建立這種標準），他對賦予思維以明晰性作出了很多貢獻。

但是，我們時代最偉大、功勳最卓著的哲學改革者，要推萊布尼茨和洛克。洛克試圖分析人類知性，指出哪些心靈的力量及其作用後於這種或那種知識。雖然洛克為更深入徹底地研究心靈本性提供了便利，但是他並沒有完成自己的研究工作，他的處理方法也是獨斷的。

這種非常錯誤的、哲學思考的獨斷方法，為萊布尼茨和沃爾夫所特有。它帶有如此之多的欺騙性，以致有必要棄而不用，代之以另一種批判的思考方法。後一方法在於研究理性本身的活動方式、分析人類全部知識能力，並考察這些能力所能達到的界限。

自然哲學在我們時代極為繁榮。在那些自然研究者中間，牛頓享有極高名望。近代哲學家不能自詡享有卓越的永久聲譽，因為這裡彷彿一切都在流動。一個人所建立的，另一個人加以拆除。

在道德哲學領域，比起古人我們並未走得更遠。在形而上學方面，對形而上學真理的研究，我們似乎陷入迷惘狀態。現在對於這門科學表現出某種冷淡，因為人們好像引以為榮地把關於形而上學的研究，輕蔑地說成純粹無謂的思慮。然而形而上學卻是本來的、真正的哲學！

我們的時代是批判的時代，必須從我們時代的批判的嘗試來看哲學，特別是形而上學將會成為什麼。（發表於一七六五年）

〔解說・賞析〕

這篇學術演講思辨色彩濃重，思想深刻，觀點鮮明，語言表達準確。演講者宣講了自己的「批判哲學」，批判的物件是人的理性認識能力。他不願盲目相信理性的力量，要對它加以檢查、清理、衡量，看看它到底有多大能力，它的活動到底能達到多大的範圍。這就是「批判的思考方法」。

演講態度認真，語氣堅定。這篇簡短的講演，不僅是康德批判哲學的宣言，而且我們也可從中看出，他的龐大的哲學體系此時已孕育在胸。有兩個概念很重要，即思辨哲學與道德哲學；他後來的哲學體系正是從思辨哲學始到道德哲學終。為了探討人的認識能力，他寫了《純粹理性批判》；為了探討人的道德意志，他寫了《實踐理性批判》；作為二者的橋樑，他晚年又寫了《判斷力批判》。

由於著重在傳達資訊、闡明事理，因此，這篇演講在方法的運用上，採取點面結合、縱橫交叉的方法。概說兩千餘年的哲學史，他以論代史，只點出有代表性的哲學家略加評說。其結構，從古希臘至中世紀是縱觀，跳躍性更大；至近、現代則橫視，逐一評說思辨哲學、自然哲學、道德哲學領域，以顯示他的「批判」的現實性。內容豐富，講述清晰，準確無誤，說明性與說服力強。

華盛頓就職演說

——華盛頓（一七三二～一七九九）／美國首任總統，被尊為美國國父

參議院和眾議院的同胞們，本月14日收到根據兩院指示送達給我的通知。閱悉之餘，深感惶恐。我一生飽經憂患，唯過去所經歷的任何焦慮均不如今日之甚。一方面，因祖國的召喚，要我再度出山，對祖國的號令，我不能不肅然景從。然而，退居林下，系我一心嚮往並已選定的歸宿。我曾滿懷奢望，也曾下定決心，在退隱之地度過晚年。對此退隱的居所，除喜愛之外，已經習慣；看到自己的健康，因長期操勞，隨著時光的流逝而日益衰退之時，對之更感需要和親切。另一方面，祖國委我以重托，其艱巨與繁劇，即使國內最有才智和最有閱歷的人士，亦將自感難以勝任，何況我資質魯鈍，又從未擔任過政府行政職務，更感德薄能鮮，難當重任，處於此種思想矛盾中，但我一直認真致力於正確估量可能影響我執行任務的每一種情況，以確定我的職責，這是我所敢斷

言的。我執行任務時，如因往事留有良好的記憶而使我深受其影響，或因我的當選使我深感同胞對我高度信任，並為此種感情所左右，以致對自己從未擔負過的重任過少考慮自己能力的微薄及缺乏興趣，我希望，我的動機將減輕我的錯誤，國人在判斷錯誤的後果時，也會適當考慮所以產生此種偏頗的根源。

既然這就是我在回應公眾召喚就任現職時所抱有的想法，在此舉行就職儀式之際，如不虔誠地祈求上帝的幫助時極欠允當，因為上帝統治著全宇宙，主宰世界各國，神助能彌補凡人的任何缺陷。願上帝賜福，保佑美國民眾的自由與幸福，及為此目的而組成的政府，並保佑他們的政府在行政管理中順利完成其應盡的職責，在向公眾和個人幸福的偉大締造者謝恩之際，我確信我所表述之意願同樣是諸位及全國同胞的意願。

美國民眾尤應向冥冥之中掌管人間一切的神力感恩和致敬。美國民眾在取得獨立國家地位的過程中，每前進一步，似乎都有天佑的徵象。聯邦政府制度的重要改革甫告完成；雖然性質不同的集團為數眾多，但均能心平氣和，互諒互讓，經過討論，卒底於成。若非我們虔誠的感恩得到回報，若非過去似乎已經呈現出預兆，使我們可以預期將來的賜福，這種方式是無法與大多數國家組建政府時採取的方式相比的。在目前這一緊急關頭，產生這些想法，確系深有所感而不能自已。我相信你們與我會有同感，即沒有任何一個政府像我們這個新的自由政府這樣，從一開始就諸事順利。

根據設立行政機構條款的規定，總統有責「將他認為必要和有益的措施提請你們考慮」。現在和你們會見的這一場合，我無法詳細談論這個問題，我只想提一提我國的偉大憲法，我們就是根據憲法的規定舉行這次會議的。憲法為諸位規定了權力範圍，也指出了諸位應該注意的目標。

在今天這次大會上，我將不向諸位提出某些具體的建議，而是頌揚被選出來考慮和採納這部憲法的代表們的才能、正直和愛國熱忱。這樣才更適合這次會議的氣氛，我的感情也驅使我這樣做。我從諸位這些高尚品德中，看到了最可靠的保證，一方面是，地方偏見或感情以及黨派的分歧，都不能轉移我們統觀全域和一視同仁的視線。我們的視線是理應照顧各方面的大聯合和各方面的利益的。所以，在另一方面，我們國家的政策將建築在純正不移的個人道德原則的基礎上，這個自由政府將以它能博得公民的熱愛與全世界的尊重等特點而顯示出它的優越性。

我對祖國的熱愛激勵我以滿懷愉悅的心情展望未來。這是因為，在我國的體制和發展趨勢中，出現了又有道德又有幸福，又盡義務又享利益；又有公正和寬仁的方針政策作為切實準則，又有社會繁榮昌盛作為豐碩成果的不可分割的統一：這已是無可爭辯的事實。這也因為，我們已充分認識，上帝決不會將幸福賜給那些把他所規定的秩序和權利的永恆準則棄之如糞土的國家。這還因為，人們已將維護神聖的自由火炬和維護共和

政體命運的希望，理所當然地、意義深遠地、也許是最後一次地，寄託於美國民眾所進行的這一實驗上。（發表於一七八九年）

〔解說・賞析〕

這篇演講是華盛頓的首次就任總統的演說詞，作為第一任美國總統，華盛頓的這篇演說開美國總統就職演說之先河。贏得人民的擁戴，接受總統的職務，心情應該是振奮和激昂的，但是華盛頓演講中流露出的卻是一種沉重的任重道遠的責任感和交織著信念與焦慮的複雜心情。

華盛頓是一個偉大的政治家，他在演說中闡釋重大問題，表明對政府的基本立場和政治理想都顯示出一個新生國家和時代的政治高度。這篇就職演說詞語言樸素平實、情感真實，但是思想深刻，見解高遠，顯然所有的話都經過深思熟慮的，演講者的真摯情感和嚴肅的態度使得演講給人以強烈的震撼，並從中得到極大的鼓舞和感動。

華盛頓的演講涉及到許多對國家和社會的重大看法，這些看法都傾注著演講者本人長期花費心血的思索，包含著極大的熱情和責任感，而在這些問題中，憲法是當時人們關注的焦點，也就是，一個國家，能不能真正維護好自己的憲法，關係到這個新生國家的前途和命運，華盛頓對這個問題高度重視，所以他特別提到「我們偉大的憲法」，並指出：「上帝決不將幸福賜給那些把他所規定的秩序和權利永恆的準則棄之如糞土的國家。」這種堅定的信念同樣給聽眾以無限的信心。華盛頓向來口才極好，言談富於幽默感，加上在美國民眾中的崇高威望，其演講必然對民眾產生極大的感染力。

不自由，毋寧死

——帕特里克·亨利（一七三六～一七九九）／
美國獨立戰爭時期重要的演說家和政治家

議長先生：

我比任何人更欽佩剛剛在議會上發言的先生們的愛國精神和才能。但是，對同一事物的看法往往因人而異。因此，儘管我的觀點與他們截然不同，我還是要毫無保留地、自由地予以闡述，並且希望不要因此而被認為是對先生們的不敬。現在不是講客氣的時候，擺在議會代表們面前的問題關係到國家的存亡。我認為，這是關係到享受自由還是蒙受奴役的大問題，而且正由於它事關重大，我們的辯論就必須做到各抒己見。只有這樣，我們才有可能弄清事實真相，才能不辜負上帝和祖國賦予我們的重任。在這種時刻，如果怕冒犯別人而閉口不言，我認為就是叛國，就是對比世間所有國君更為神聖的上帝的不忠。

議長先生，對希望抱有幻覺是人的天性。我們易於閉起眼睛不願正視痛苦的現實，並傾聽海妖惑人的歌聲，讓她把我們化作禽獸。在為自己而艱苦卓絕的鬥爭中，這難道是有理智的人的作為嗎？難道我們願意成為對獲得自由這樣休戚相關的事視而不見、充耳不聞的人嗎？就我來說，無論在精神上有多麼痛苦，我仍然願意了解全部事實真相和最壞的事態，並為之做好充分準備。

我只有一盞指路明燈，那就是經驗之燈。除了過去的經驗，我沒有什麼別的方法可以判斷未來。而依據過去的經驗，我倒希望知道，10年來英國政府的所作所為，憑什麼足以使各位先生有理由滿懷希望，並欣然用來安慰自己和議會？難道就是最近接受我們請願時的那種狡詐的微笑嗎？不要相信這種微笑，先生，事實已經證明它是你們腳邊的陷阱。不要被人家的親吻出賣吧！請你們自問，接受我們請願時的和氣親善和遍布我們海陸疆域的大規模備戰如何能夠相稱？難道出於對我們的愛護與和解，有必要動用戰艦和軍隊嗎？難道我們流露過決不和解的願望，以至為了贏回我們的愛，而必須訴諸武力嗎？我們不要再欺騙自己了，先生們。這些都是戰爭和征服的工具，是國王採取的最後論辯手段。我要請問先生們，這些戰爭部署如果不是為了迫使我們就範，那又意味著什麼？哪位先生能夠指出有其他動機？難道在世界的這一角，還有別的敵人值得大不列顛如此興師動眾，集結起龐大的海陸武裝嗎？不，先生們，沒有任何敵人了。一切都是針對我們的，而不是別人。他們是派來給我們套緊那條由英國政府長期以來鑄造的鐵鍊的。我們應該如何進行抵抗呢？還靠辯論嗎？先生，我們已經辯論了10年了。難道還有什麼新的禦敵之策嗎？沒有了。我們已經從各方面經過了考慮，但一切都是枉然。難道我們還要苦苦哀告，卑詞乞求嗎？難道我們還有什麼更好的策略沒有使用過嗎？先生，我請求你們，千萬不要再自欺欺人了。為了阻止這場即將來臨的風暴，一切該做的都已經做了。我們請願過，我們抗議過，我們哀求過；我們曾拜倒在英王御座前，懇求他制止國會和內閣的殘暴行徑。可是，我們的請願受到蔑視，我們的抗議反而招致更多的鎮壓和侮辱，我們的哀求被置之不理，我們被輕蔑地從御座邊一腳踢開了。事到如今，我們怎麼還能沉迷於虛無縹緲的和平希望之中呢？沒有任何希望的餘地了。假如我們想獲得自由，並維護我們多年以來為之獻身的崇高權利，假如我們不願徹底放棄我們多年來的鬥爭，不獲全勝，決不收兵。那麼，我們就必須戰鬥！我再重複一遍，我們必須戰鬥！我們只有訴諸武力，只有求助於萬軍之主的上帝。

議長先生，他們說我們太弱小了，無法抵禦如此強大的敵人。但是我們何時才能強大起來？是下周，還是明年？難道要等到我們被徹底解除武裝，家家戶戶都駐紮英國士兵的時候？難道我們猶豫遲疑、無所作為就能積聚起力量嗎？難道我們高枕而臥，抱著虛幻的希望，待到敵人捆住了我們的手腳，就能找到有效的禦敵之策了嗎？先生們，只要我們能妥善地利用自然之神賜予我們的力量，我們就不弱小。一旦三百萬人民為了神聖的自由事業，在自己的國土上武裝起來，那麼任何敵人都無法戰勝我們。此外，我們並非孤軍作戰，公正的上帝主宰著各國的命運，他將號召朋友們為我們而戰。先生們，戰爭的勝利並非只屬於強者。他將屬於那些機警、主動和勇敢的人們。何況我們已經別無選擇。即使我們沒有骨氣，想退出戰鬥，也為時已晚。退路已經切斷，除非甘受屈辱和奴役。囚禁我們的枷鎖已經鑄成。叮噹的鐐銬聲已經在波士頓草原上迴響。戰爭已經不可避免——讓它來吧！我重複一遍，先生們，讓它來吧！

企圖使事態得到緩和是徒勞的。各位先生可以高喊：和平！和平！但根本不存在和平。戰鬥實際上已經打響。從北方刮來的風暴把武器的鏗鏘迴響傳到我們的耳中。我們的弟兄已經奔赴戰場！我們為什麼還要站在這裡袖手旁觀呢？先生們想要做什麼？他們會得到什麼？難道生命就這麼可貴，和平就這麼甜蜜，竟值得以鐐銬和奴役作為代價？全能的上帝啊，制止他們這樣做吧！我不知道別人會如何行事；至於我，不自由，毋寧死！（發表於一七七五年）

〔解說．賞析〕

著名革命家帕特里克．亨利（另譯：派翠克．亨利）的這篇講演《不自由，毋寧死》發表於維吉尼亞州第二屆議會，當時北美殖民地正面臨歷史性的抉擇。本篇演講直接指出了武裝爭取獨立的必要性，對美國獨立戰爭的爆發產生過重要的積極影響，這篇演講以熱烈激昂的情緒和對事實的分析，在揭露殖民者對殖民地的各種手段的事實之後得出一個無可辯駁的結論，唯有以生命的代價獲得真正的獨立和自由，才是殖民地擺脫壓迫和奴役，獲得真正和平幸福生活的途徑。

緊接著帕特里克．亨利鏗鏘有力地說：「對希望抱有幻覺是人的天性。我們易於閉起眼睛不願正視痛苦的現實，並傾聽海妖惑人的歌聲，讓她把我們化作禽獸。在為自己而艱苦卓絕的鬥爭中，這難道是有理智的人的作為嗎？難道我們願意成為對獲得自由這樣休戚相關的事視而不見、充耳不聞的人嗎？就我來說，無論在精神上有多麼痛苦，我仍然願意了解全部事實真相和最壞的事態，並為之做好充分準備。」一旦有了這樣一種衝鋒陷陣的大無畏精神，則後面所談的一系列問題就不至於成為紙上談兵。在會上，亨利熱血沸騰地疾呼：「難道生命就這麼可貴，和平就這麼甜蜜，竟值得以鐐銬和奴役作為代價？」他的喊聲未落，獨立戰爭的第一槍就在三個星期後打響了。

傑弗遜就職演說

——傑弗遜（一七四三～一八二六）／
美國第三任總統，著名的政治家和思想家

朋友們、同胞們：

我應召擔任國家的最高行政長官。值此諸位同胞集會之時，我衷心感謝大家寄予我的厚愛。誠摯地說，我意識到這項任務非我能力所及，其責任之重大，本人能力之淺薄，自然使我就任時感到憂懼交加。一個沃野千里的新興國家，帶著豐富的工業產品跨海渡洋，同那些自恃強權、不顧公理的國家進行貿易，向著世人無法預見的天命疾奔——當我冥思這些超凡的目標，當我想到這個可愛的國家，其榮譽、幸福和希望都系於這個問題和今天的盛典，我就不敢再想下去，並面對這宏圖大業自慚形穢。確實，若不是在這裡見到許多先生在場，使我想起無論遇到什麼困難，都可以向憲法規定的另一高級機構尋找智慧、美德和熱忱的源泉，我一定會完全心灰意懶。因此，負有神聖的立法職責的先生們和各位有關人士，我鼓起勇氣期望你們給予指引和支持，使我們能夠在亂世紛爭中同舟共濟，安然航行。

在我們過去的意見交鋒中，大家熱烈討論，各揚其長，以至於有時情況相當緊張，忽略了這些行為可能對那些不慣於自由思想和自由言論的人施加了一些影響。但如今這種意見爭執的結果已由全國的民意作出決定，而且根據憲法的規定予以公布，所有的意志當然會在法律的意志下，彼此妥善安排，並且為共同的幸福團結一致共同努力。大家當然也不會忘記那個神聖的法則，這就是雖然在任何情況下多數人的意見會被採納，但是那些意見，必須合理而正當，而且其他的少數人也擁有同樣的權利，平等地受到法律的保護。如果予以侵犯，那無異於高壓手段。

因此，讓我們一心一意地團結起來！讓我們恢復和諧與友愛的社會！因為如果沒有和諧和友愛，那麼自由，甚至於生活的本身，就將成為枯燥而無味的事情。讓我們仔細想想，那些使人類長期流血、受苦的宗教偏見，已被我們驅逐於國土之外。如果我們讓政治上的偏見存在，使之成為與宗教上的不寬容一樣專制與邪惡，並造成痛苦與流血的迫害，那麼我們的努力便會付之東流。

當舊世界經歷痛苦和激變時，當盛怒的人們掙扎著想通過流血和戰爭尋找他們失去已久的自由時，那種波濤般的激動，甚至會衝擊到遙遠而和平的彼岸，這些都不足為奇的了。它會引起某些人頗深的感慨與恐懼，而某些人卻不會。因此，對安全的衡量，不同人就會有不同的意見。但是，並非每一個意見上的差異都是原則上的差異，只是在同一原則上，我們有不同的說法罷了。我們都是共和黨成員，我們也都是聯邦主義者。如果我們當中有人想解散這一聯邦，或改變它的共和形式，那就讓他們不受干擾，以便使其有言論自由的保障。這樣錯誤的意見能被容忍，而我們則可根據理智加以判斷並作出抉擇。

我知道，事實上，有些正直的人士擔心共和政府無法強大，恐怕這個政府不夠強大。但是一個最誠實的愛國者，在成功試驗的大潮中，難道會因一種理論和空想的疑懼，就以為這個政府，這個全世界最高的希望，可能缺乏力量維護自己，從而放棄這個到目前為止帶給我們自由和安全的政府嗎？我相信不會。相反，我相信這是世界上最強大的政府。我相信，在這個政府之下，無論何人，一經法律的召喚，就會按照法律的要求，將公共秩序所受到的侵犯視為個人的事。有些人可能會認為，人自己管自己都是不可靠的，那麼，難道受別人的管束就很可靠嗎？或者說，在國王的管理下，我們就能發現天使嗎？就讓歷史來回答這個問題吧！

因此，讓我們以勇氣和信心，追尋我們自己的聯邦與共和的原則，並熱愛我們的聯邦和代議制政府。由於大自然和大洋仁慈的阻隔，我們得以倖免於地球另一區域毀滅性的災害；我們品格高尚，不能容忍他人的墮落；我們擁有幅員廣闊的國土，足以容納千萬代的子孫。我們充分意識到，在發揮自己的才能，爭取我們的勞動所得，博取同胞對我們的行為而不是我們的出生背景的尊敬與信心等方面，我們都享有同等的權利。我們有良好的宗教，雖然各以不同的形式自稱和實踐，但出發點都是教育人們誠實、坦白、自制、感恩和愛他人。我們承認和崇拜萬能的上帝，由於他的支配管理，使這裡的人們享受著幸福而且直到永遠。有了這所有的恩賜，還有什麼比這更能使我們成為一個幸福和繁榮的民族呢？

同胞們！還有一點，那就是我們仍需要一個睿智和廉潔的政府，它能制止人們互相傷害，使人們自由地從事自己的工作並進行改善，而且不剝奪任何人以勞動所賺取的報酬。這是一個良好的政府所要具備的，也是我們達到幸福圓滿所必需的條件。

同胞們，我即將開始履行職責，它包括了一切對你們而言珍貴而有價值的東西。此時你們應當了解，什麼是我們政府所堅持的主要原則，以及接下來制定政策的依據。我將把這些原則，儘量簡要地加以講述，只講一般原則，而不涉及其所有的限制。不論其地位、觀點、宗教的或政治的派別，所有人一律公正和平等；與所有國家和平相處，相互通商，並保持真誠的友誼，但不與任何國家結盟；維護各州政府的一切權利，使其成為處理內政方面最勝任的行政機構，並成為抵抗反共和勢力的堅強堡壘；維護聯邦政府在憲法上的地位，作為對內安定與對外安全保障的最後依靠；注意維護人民的選舉權——對於革命戰爭中由於缺乏和平手段所產生的權利濫用的弊端，要以一種溫和而安全的方式予以矯正；絕對服從多數人的決議，是共和制的重要原則，如果為推翻這項決議而施以強制手段，就是獨裁統治的主要原則和直接根源；維持一支訓練有素的民兵，作為和平時期和戰爭初期的最好依靠，直到正規軍來接替；民權高於軍權；節省公共開支，以減輕公民負擔；誠實償付我們的債務，以鄭重維持人民對政府的信心；鼓勵農業，並促進商業發展，協助農業；傳播知識，並在公共理性的審判席上控訴一切弊端；保障宗教自由及出版自由，並根據人身保障法保障民眾自由；公正地選出陪審員以從事審判和判決。這些原則在革命和改革時期，已成為我們的指明燈光，為我們指引前進的道路。

先哲的智慧和英雄們的鮮血，都是為了這些理想的實現。它們應當是我們政治信仰的信條，公民教育的範本，檢驗我們工作的試金石。如果我們因為一時的錯誤想法或過分警覺而背棄了這些原則，就應當趕快調整腳步，重返這唯一通向和平、自由與安全的大道。

同胞們！我現在開始擔負起你們所委派給我的職務。根據以往在其他任職中所獲得的經驗，我已覺察到這是所有任務中最艱巨的一項。我知道，一個不盡完美的人，當其卸任時，很少能夠得到他在任時所享有的聲望與榮譽。我不敢要求大家對我也能像過去對我們的第一位也是最偉大的革命元勛一樣抱以高度的信任，他卓越的功績使他深受全國人民的愛戴，他的英名在歷史上享有最崇高的地位。我僅要求大家給我相當的信任，使我在處理你們全體的事務時，能夠滿懷信心並力求完美。由於判斷失誤，我將時常出現差錯。即使我的想法是對的，那些不是站在統籌全局的立場上看問題的人，也會認為我是錯的。我希望大家能寬容我所犯的錯誤，那絕不是有意的；也希望大家能支持我，以修正他人因未能從大局著眼而對我產生的誤解。從大家的投票結果來看，我知道我過去的表現已獲得大家的贊許，使我感到莫大的安慰。

我所渴望的未來是，如何使那些已經給我嘉許的人，繼續保持著良好的印象；對其他人，如何在自己力所能及的情況下，盡最大的努力，以博得他們對我的好感與尊敬。同時，我要為所有同胞的幸福與自由而努力。

最後，仰承諸位善意的恩惠，我將盡忠職守，一旦大家感覺到在你們權力範圍內可做好更好的選擇，我便準備辭去此職。同時，祈求主宰宇宙命運的神靈，使我們的行政機構日臻完善，並且給我們一個良好的開端，使大家能享受和平與昌盛。（發表於一八〇一年）

〔解說・賞析〕

湯瑪斯・傑弗遜去宣誓就職的那天，他仍像往常去上班一樣，跟幾個朋友同事走在一起，也不坐馬車，穿過兩條爛泥街道，向國會走去。他認為自己不過是個受雇於人民做事的打工仔，多餘的排場毫無必要，因此他總是儘量把總統形象平民化，被人們稱為平民總統。他的就職演說真誠、樸素、謙虛、坦白，同時具有政治家的胸有成竹，充滿資產階級民主思想。

他在演講中強調「各種意見的分歧並不就是原則的分歧」，「我們都是共和黨人，我們都是民主黨人」，並提出了一系列符合當時時代潮流的「傑弗遜民主」的施政原則。從演講中可以注意到傑弗遜在自由問題上花了大量的篇幅，他不遺餘力地對聽眾闡明了他對民主的理解和對有關民主具體實施的建議和設想。作為美利堅合眾國的第一代政治家，傑弗遜同他的戰友一樣注意維護憲法的權威性和有效實施，這在使得美國的自由民主得以薪火相傳的過程中具有非同尋常的意義。真誠和謹慎的品質及政治上的現實能力，使得傑弗遜的演說同樣出色並感染聽眾，贏得信任。

莎士比亞紀念日的講話

——歌德（一七四九～一八三二）／德國著名文學家

我覺得我們最高尚的情操是：當命運已經把我們帶向正常的消亡時，我們仍希望生存下去。先生們，對我們的心靈來說，這一生是太短促了，理由是：每一個人，無論最低賤或最高尚，無論是最無能或最尊貴，只有在他厭煩了一切之後，才對人生產生厭倦；同時沒有一個人能達到他自己的目的，儘管他渴望著這樣做，因為他雖然在自己的旅途上一直很幸運，往往能親眼看到自己所嚮往的目標，但終於還是掉入只有上帝才知道是誰替他挖好的坑穴，並且被看成一文不值。

一文不值啊！我！我就是我自己的一切，因為我只有通過我自己才能了解一切！每個有所體會的人都這樣喊著，他闊步走過這個人生，為彼岸無盡頭的道路做好準備。當然各人按照自己的尺度。這一個帶著最結實的旅杖動身，而另一個卻穿上了七里靴，並趕過前面的人，後者的兩步就等於前者一天的進程。不管怎樣，這位勤奮不倦的步行者仍是我們的朋友和夥伴，儘管我們對他的闊步表示驚訝與欽佩，儘管我們跟隨著他的腳印並以我們的步伐去衡量著他的步伐。

先生們，請踏上這一征途！對這樣的一個腳印的觀察，比起那國王入城時帶來的千百個駕從的腳步更會激動我們的心靈，更會開闊。

今天我們來紀念這位最偉大的旅行者，同時也為自己增添了榮譽，在我們身上也蘊藏著我們所公認的那些功績的因素。

你們不要期望我寫出許多像樣的話來！心靈的平靜不適合作為節日的盛裝，同時現在我對莎士比亞還想得很少；在我的熱情被激發起來之後，我才能臆測出，並感受出最高尚的。我讀到他的第一頁，就使我這一生都屬於他了；當我首次讀完他的一部作品時，我覺得好像原來是一個先天的盲人，這時的一瞬間，一隻神奇的手賦予了我雙目的視力。我認識到，他很清楚地領會到我的生活是被無限地擴大了，一切對於我都是新鮮的，陌生的，還未習慣的光明刺痛著我的眼睛。我慢慢學會看東西，這要感謝天資使我具有了識別能力！我現在還能清楚地體會到我所獲得的是什麼東西。

我沒有躊躇過一剎那，去放棄那遵循格律的戲劇。地點的一致對我猶同牢獄般的可怕，情節的統一和時間的一致是我們想像力的沉重桎梏。我跳到了自由的空氣裡，這才感到自己的手和腳。現在，當我認識到那些講究規格的先生們從他們的巢穴裡給我硬加上了多少障礙時，以及看到有多少自由的心靈還被圍困在裡面時，如果我再不向他們宣戰，再不每天尋找機會以擊碎他們的堡壘的話，那麼我的心就會憤怒得碎裂。

法國人用作典範的希臘戲劇，按其內在的性質和外表的狀況來說，就是這樣的：讓一個法國侯爵效仿那位亞爾西巴德卻比高乃依追隨索福克勒斯要容易得多。

形象開始是一段敬神的插曲，然後悲劇莊嚴隆重地以完美的單純樸素，向人民大眾展示出先輩們的各個驚心動魄的故事情節，在各個心靈裡激動起完整的、偉大的情操：因為悲劇本身就是完整的，偉大的。

在什麼樣的心靈裡啊！

希臘的！我不能說明這意味著什麼，但我感覺出這點。為簡明起見，我在這裡根據的是荷馬、索福克勒斯及忒俄克里托斯，他們教會我去感覺。

同時，我還要連忙接著說：小小的法國人，你要拿希臘的盔甲來做什麼？它對你來說是太大了，而且太重了。

因此所有的法國悲劇本身就變成了一些模仿的滑稽詩篇。不過那些先生們已從經驗裡知道，這些悲劇如同鞋子一樣，只是大同小異，它們中間也有一些乏味的東西，特別是經常都在第四幕裡，同時他們也知道這該又是如何按照格律來進行的。這方硯就無需多花筆墨了。

我不知道是誰首先想出把這類政治歷史大事題材搬上舞臺的。對這方面有興趣的人，可以借此機會寫一篇論文，加以評論。這發明權的榮譽是否屬於莎士比亞，我表示懷疑，總而言之，他把這類題材提高到至今似乎還是最高的程度，眼睛向上看是很少的，因此也很難設想，會有一個人能比他看得更遠，或者甚至能比他攀登得更高。

莎士比亞，我的朋友啊！如果你還活在我們當中的話，那我只會和你生活在一起；我是多麼想扮演配角匹拉德斯，假如你是俄來斯特的話！而不願在德爾福斯廟宇裡做一個受人尊敬的司祭長。

先生們，我想停筆，明天再繼續寫下去：因為現在滋長在我內心裡的這種心情，你們也許不容易體會到。莎士比亞的戲劇是個美妙的萬花鏡，在這裡面，世界的歷史由一根無形的時間線索串連在一起，從我們眼前掠過。他的構思並不是通常所談的構思；但他的作品都圍繞著一個神妙的點，在這裡我們從願望出發所想像的自由，同在整體中的必然進程發生衝突。可是我們敗壞了的嗜好是這樣迷糊住了我們的眼睛，我們幾乎需要一種新的創作，來使我們從這暗影中走出來。

所有的法國人及受其傳染的德國人，甚至於維蘭也在這件事情上和其他一些更多的事情一樣，做得不太體面。連向來以攻擊一切崇高的權威為職業的伏爾泰在這裡也證實了自己是個十足的台爾西特。如果我是尤利西斯的話，那他的背脊定要被我的王笏打得稀爛！

這些先生當中的大多數人對莎士比亞的人物性格表示特別反感！

我卻高呼：自然，自然！沒有比莎士比亞的人物更自然的了！

這樣一來，於是乎他們一起來扭住我的脖子。

鬆開手，讓我說話！

他與普羅米修斯競爭著，以對手做榜樣，一點一滴地刻畫著他的人物形象，所不同的是賦予了巨人般的偉大——正因為如此，我們才認不出他們是我們的兄弟——然後以他的智力吹醒了他們的生命。他的智力從各個人物身上表現出來，因此大家看出他們之間的親屬關係。

我們這一代憑什麼敢於對自然加以評斷？我們從什麼地方來了解它？我們從幼年起在自己身上感到的以及在別人身上所看到的，這一切都是被束縛住的和矯揉造作的東西。我常常站在莎士比亞面前，內心感到慚愧，因為有時發生這樣的情形：在我看了一眼之後，我就想到，要是我的話，一定會把這些處理成另外一個樣子！接著我便認識到自己是個可憐蟲，從莎士比亞描繪出的是自然，而我所塑的人物卻都是肥皂泡，是由虛構狂所吹起的。

雖然我還沒有開過頭，可是我現在卻要結束了。

那些偉大的哲學家們關於世界所講的一切，也適用於莎士比亞；我們所稱之為惡的東西，只是善的另外一個面，對善的存在是不可缺少的，與之構成一個整體，如同熱帶要炎熱，拉伯蘭要上凍，以致產生了一個溫暖的地帶一樣，莎士比亞帶著我們去周遊世界；而我們這些嬌生慣養、無所見識的人遇到每個飛蝗卻都要驚叫起來：先生，它要吃我們呀！

先生們，行動起來吧！請你們替我從那所謂高尚嗜好的樂園裡喚醒所有的純潔心靈，在那裡，他們飽受著無聊的愚昧，處於半睡半醒的狀態，他們內心裡雖充滿激情，可是骨頭裡卻缺少勇氣，他們還未厭世到致死的地步，便是又懶到無所作為，所以他們就躺在桃金娘和月桂樹叢中，過著他們的萎靡生活，虛度光陰。（發表於一七七一年）

〔解說・賞析〕

這篇是歌德於一七七一年10月4日在德國法蘭克福的莎士比亞命名日紀念大會上的演講，當時歌德只有22歲。看看這個慷慨激昂、文采飛揚的少年之作，它幾乎使許多過往者和後來者羞愧難當。歌德的演講完全是針對詩和莎士比亞的，他在演說中表現出使人信服的對莎士比亞在學識上和美學領悟上的把握，這是最難得的。這篇演講交織著理性的學識和感性的慷慨情緒，表達了歌德對莎士比亞的高度認同和無限熱愛。

作者的表達盛滿充沛的詩意，事實上它就是一首完美的詩，一個即將形成的美學和藝術哲學的宣言。作者在極力稱頌莎士比亞，高度讚揚他的藝術成就。同時，以莎士比亞本身為參照，批判了法國小市民粗淺的所謂悲劇或喜劇的藝術。

作者有機會把這次演講當成一次美學鬥爭，文章開頭即劈頭蓋臉、無可置疑地說出：「我覺得我們最高尚的情操是：『當命運看來已經把我們帶向正常的消亡時，我們仍希望生存下去。』」歌德這樣說當然有他的目的，接下來他肯定了莎士比亞的生命和創造所造就的偉大激情和生命的意蘊，並且以莎士比亞作為武器，來批判一種世俗萎縮的靈魂處境和它的衍生物——「所有的法國的悲劇本身就變成了一些模仿的滑稽詩篇。」而歌德宣稱：「沒有比莎士比亞的人物更自然的了。」高呼著：「鬆開手，讓我說話。」一個屬於思想和藝術鬥爭的時代便開始了。

捍衛自由

——安德魯．傑克森（一七六七～一八四五）／美國第七任總統

公民們：

在我即將承擔一個自由的民族經過挑選所委派於我的艱巨職責時，我謹利用這一合乎慣例而又莊嚴的時刻來表達我被你們的信任所激起的感激之情，並接受我的職守所規定的責任。你們極大的關注使我深信，任何感謝之詞都不足以報答你們所授予我的榮譽；同時又告誡我，我所能作出的最好的報答，就是將我微薄的能力熱忱地奉獻給為你們謀福利盡義務的事業。

作為聯邦憲法的工具，在一段規定的時期內，執行合眾國的法律，主管外交及聯邦各州關係，管理稅收，指揮武裝部隊，通過向立法機構傳達意見，普遍保護並促進其利益等職責將移交給我。現在由我簡要地解釋一下我將賴以努力完成這一系列職責的行動

準則是頗為適當的。

在實施國會的法律時，我將始終銘記總統權力的限制及範圍，希望藉以執行我的職能而不越權。在與外國的交往方面，我將致力於研究調停各種可能存在和可能產生的爭端，以更多地表現出適合於一個大國的克制而不只是一個勇敢的民族所具有的敏感，在公正和體面的條件下維護和平及締結邦交。

在我可能被要求執行的有關各州權利的措施裡，我希望對我們合眾國各個自主州的適當尊敬將能激勵我工作，我將小心翼翼，絕不混淆他們為自己保留的權利和他們賦予聯邦政府的權力。

國家稅收的管理——在所有的政府中這都是一件棘手的工作——是我們政府中最微妙和最重要的職責之一，它當然不會只引起我無足輕重的關注。從各個方面來考慮厲行節約，看來將大有裨益。我之所以熱切希望能達到這個目標，是因為它既有利於償清國債，而不必要的漫長期限是同真正的獨立不相容的，也由於它將能抵制政府和個人恣意浪費的趨勢，而政府的龐大開支是極易造成這種浪費的。國會明智地制定了關於公款的撥用和政府官員欠帳償付期限責任的規定，這將大大有助於達到這一良好的目的。

至於旨在充實國家納稅對象的適當選擇，我以為構成憲法的公正、謹慎和互讓的精神，要求農業、商業和製造業的巨大利益應當受到同樣的關照（亞當斯於一八二八年簽署了「可憎的關稅率」法案，引起南方強烈不滿。傑克遜競選時曾對這一稅率大加攻擊，得到了南方支持。）也許這一原則唯一的例外在於，對其中任何一種於民族獨立必不可缺的產品給以特殊的鼓勵。

國內的進步以及知識的傳播是極其重要的，它們將能受到聯邦政府憲法條例的盡力鼓勵。考慮到常備軍在和平時期對自由政府構成的危險，我將不尋求擴大現在的編制，我也不會無視政治經驗提供的有益教訓，即軍方必須隸屬於文官政府。我國海軍要逐步增強，讓它的戰旗在遙遠的海域飄揚，顯示出我們航海的技術和武器的聲譽；我們的要塞、軍火庫和碼頭要得到維持，我們的兩個兵種在訓練和技術上要採用先進的成就等等，這些都有審慎的明文規定，恕我在此不絮談其重要性。但是我們的國防堡壘是全國的民兵，在我國目前的才智和人口的狀況下，它一定會使我們堅不可摧。只要我們的政府為民眾謀福利，按他們的意志進行管理；只要它保障我們人身和財產的權利，保護信仰自由和出版自由，它定將值得捍衛；只要它值得捍衛，一支愛國的民兵將以堅不可摧的盾來護衛它。我們可能會遭受部分的傷害和偶爾的屈辱，但是成百萬掌握作戰方法的武裝的自由人絕不會被外國敵人所征服。因此，對任何以加強國家的這個天然屏障為目標的正義制度，我都樂於盡力給以支持。

對我們境內的印第安部落，我真誠地永久希望遵循一項公正和寬容的政策，我們將對他們的權利和要求給予人道的和周到的考慮，而這種權利和要求是同我國政府的習慣和人民的感情相一致的。

最近表露出來的公眾情緒已經在行政任務表裡銘刻了改革的任務，字字清晰，不容忽視。這項任務特別要求糾正那些使聯邦政府的保護同選舉的自由發生衝突的濫用職權的弊端，並抵制那些擾亂合法的任命途徑和將權力交給或繼續留在不忠實和不稱職的人的手中的情況。

在執行這樣大致闡述過的任務時，我將努力選擇這樣一些人，他們的勤勉和才幹將確保他們在各自的崗位上有效和忠實地進行合作，為了推進這項公職，我將更多地仰賴政府官員的廉正和熱忱，而不在於他們的數量。

我對自己的資格缺乏自信，也許這是正確的，這將教導我對我傑出的前任留下的公德的榜樣無比敬仰，對那些締造和改革我國制度的偉人們的光輝思想敬慕不已。這種缺乏自信同樣促使我希望得到與政府並列的各個部門的教誨和幫助，以及廣大公民們的寬容和支持。

我堅定地仰賴著上帝的仁慈，它的天佑保護了我們的民族於襁褓之中，迄今為止在各種盛衰榮枯之中維護我們的自由，這將激勵我奉獻熱忱的祈禱，願上帝繼續給我們可愛的國家以神佑和美好的祝福。（發表於一八二九年）

〔解說・賞析〕

本文是傑克森一八二九年發表的就職演說。其最大的特點在於簡單務實，語言簡練，所談的事情無一例外都是與國家和政府以及民眾生活密切相關的事情，看上去像是一篇例行公事的演說。傑克森在闡明自己對將擁有的權力的認識之後，面面俱到地說明了自己在外交、州與聯邦政府之間的權力分配關係、國家的稅收管理、文化教育、軍隊建設、與少數民族關係、政治改革等方面的打算，其中稅收管理和軍隊建設以及政府改革在演講中被著重強調，傑克森表明自己將「從各個方面來考慮厲行節約」，在稅收對象的原則上將堅持「公正、謹慎和互讓的精神」，「對其中任何一種於民族獨立必不可缺的產品給予特殊的鼓勵」。

顯然地，這些問題都不是泛泛而談，而是具有現實意義和針對性。傑克森對國防表示出極大的信心，他闡明了自己對國家和軍隊關係的認識：「只要我們的政府為民眾謀福利、按他們的意志進行管理；只要它保障我們人身和財產的權利，保護信仰和出版的自由，它定將值得捍衛；只要它值得捍衛，一支愛國的民兵將以堅不可摧的盾來護衛它。」這篇演講看似簡單樸實，但是細讀會發現其中蘊含的嚴謹和實際的力量。

在米蘭的演說

——拿破崙（一七六九～一八二一）／法國近代史上著名的軍事家和政治家，法蘭西第一帝國皇帝

士兵們：

你們像山洪一樣從亞平寧高原上迅速地猛衝下來。

你們戰勝並消滅了一切阻擋你們前進的敵人。

從奧地利暴政下解放出來的皮埃蒙特，表現了與法國和平友好相處的天然感情。

米蘭是你們的，在全倫巴迪亞上空，到處都飄揚著共和國的旗幟。

帕爾馬公爵和莫德納公爵能夠保留政治生命，完全歸功於你們的寬宏大量。號稱能夠威脅你們的敵軍，再也找不到更多的可以憑藉的障礙物，來抵擋你們的勇氣了。波河、提契諾河和阿達河不再阻擋你們前進了。義大利這些所謂了不起的堡壘看來都是不

經一擊的，你們像征服亞平寧山脈一樣迅速地征服了它們。

你們取得這樣多的勝利使祖國充滿喜悅。你們的代表們規定了節日，以表示對你們勝利的慶賀，共和國所有的公社都在慶祝這個節日。你們的父親、母親、妻子、姊妹以及你們所有心愛的人，都為你們的勝利而歡欣鼓舞，他們都以自己是你們的親人而感到自豪！

是的，士兵們！你們做了許多事情。可是，這是不是說你們再沒有什麼事可做了呢？人們在談到我們時會不會說，我們善於取得勝利，卻不善於利用勝利呢？後代會不會責備我們，說我們在倫巴迪亞碰上了卡普亞呢？不過我已經看見你們在拿起武器，懦夫般的休養生活已經使你們煩惱啦！你們為榮譽而花去的時光，也就是為了自己的幸福而花去的時光。

總而言之，讓我們前進吧！目前我們還需要急行軍，我們必須戰勝殘敵，我們要給自己戴上桂冠，必須報復敵人給我們的侮辱！

讓那些準備在法國挑起內戰的人等著吧！讓那些卑鄙地殺死我們的駐外使節和燒毀我們土倫軍艦的人等著吧！復仇的時刻到了。

但是，要叫老百姓放心。我們是一切老百姓的朋友，特別是布魯圖家族、西庇阿家族和一切我們奉為典範的大人物的後裔的忠實朋友。恢復卡皮托利小山上的古蹟，在那兒恭敬地豎起一些能使古蹟馳名的英雄雕像。喚醒羅馬人，使他們擺脫幾百年的奴役造成的昏沉欲睡的狀態。

這些將是你們的勝利果實，這些果實將在歷史上創造一個新的時代。不朽的榮譽將歸於你們，因為你們改變了歐洲這一最美麗地方的面貌。

自由的、受全世界尊敬的法國人民正在給全歐洲帶來光榮的和平，這種和平將補償它在六年中所忍受的一切犧牲。那時你們回到自己的家鄉，你們的同胞就會指著你們說：他是在義大利方面軍服過役的！（發表於一七九六年）

〔解說・賞析〕

本篇演講是一七九六年5月15日拿破崙和他的軍隊進駐米蘭後他對士兵發表的演說，拿破崙的演說非常富於激情，具有極大的鼓動性和號召力，他在演說中高度讚揚了士兵們在戰爭中英勇的表現和所建立的卓越功勛：「你們戰勝並消滅了一切阻擋你們前進的敵人。」「號稱能夠威脅你們的敵軍，再也找不到更多的可以憑藉的障礙物，來抵擋你們的勇氣了。」這些華麗壯美的語言充分體現了拿破崙在演講和修辭方面的天賦，「他們都以自己是你們的親人而感到自豪。」

拿破崙在演講中對前景勝利的期許和對前景的展望極大地鼓舞了士兵，更加激發了他們無畏的戰鬥精神和堅強的戰鬥力量。「人們在談到我們時會不會說，我們善於取得勝利，卻不善於利用勝利呢？」這樣的反問實際上更大地起到了激勵的作用，「讓我們前進吧！目前我們還需要急行軍，我們必須戰勝殘敵，我們要給自己戴上桂冠，必須報復敵人給我們的侮辱！」拿破崙的這篇演講大量使用呼告和排比，充滿戰鬥的激情和意志力。

哲學開講詞

——黑格爾（一七七〇～一八三一）／德國著名哲學家

諸位先生：

我所講授的對象是哲學史。而今天我又是初次來到本大學，所以請諸位讓我首先說幾句話，就是我感到特別愉快，恰好在這個時機我能夠在大學裡面重新恢復我講授哲學的生涯。因為這樣的時候似乎業已到來，即可以期望哲學重新受到注意和愛好，這門幾乎消沉的科學可以重新揚起它的呼聲，並且可以希望這個對哲學久已不聞不問的世界又將傾聽它的聲響。時代的艱苦使人對於日常生活中平凡的瑣屑興趣予以大大的重視，現實上很高的利益和為了這些利益而作的鬥爭，曾經大大地佔據了精神上一切的能力和力量以及外在的手段，因而使得人們沒有自由的心情去理會那較高的內心生活和較純潔的精神活動，以致許多較優秀的人才都為這種艱苦環境所束縛，並且部分地被犧牲在裡面。因為世界精神太忙碌於現實，所以它不能轉向內心，回復到自身。

現在現實的這股潮流既然已經打破，日爾曼民族既然已經從最惡劣的情況下開闢出道路，且把它自己的民族性——一切有生命的生活的本源——拯救過來了：所以我們可以希望，除了那吞併一切興趣的國家之外，教會也要上升起來，除了那為一切思想和努力所集中的現實世界之外，天國也要重新被思維到，換句話說，除了政治的和其他與日常現實相聯繫的興趣之外，科學、自由合理的精神世界也要重新興盛起來。

我們將在哲學史裡看到，在其他歐洲國家內，科學和理智的教養都有人以熱烈和敬重的態度在從事鑽研，唯有哲學，除了空名字外，卻衰落了，甚至到了沒有人記起，沒有人想到的情況，只有在日爾曼民族裡，哲學才被當作特殊的財產保持著。我們曾接受自然的較高的號召去做這個神聖火炬的保持者，如同雅典的優摩爾披德族是愛留西的神秘信仰的保持者，又如薩摩特拉克島上的居民是一種較高的崇拜儀式的保存者與維持者，又如更早一些，世界精神把它自己最高的意識保留給猶太民族，俾使它自己作為一個新精神從猶太民族裡產生出來。

但是像前面所提到的時代的艱苦和對於重大的世界事變的興趣，都曾阻遏了我們深徹地和熱誠地去從事哲學工作，分散了我們對於哲學的普遍注意。這樣一來堅強的人才都轉向實踐方面，而淺薄空疏就支配了哲學，並在哲學裡盛行一時。我們很可以說，德國自有哲學以來，哲學這門科學的情況看起來從來沒有像現在這樣壞過。空洞的詞句、虛驕的氣焰從來沒有這樣飄浮在表面上，而且以那樣自高自大的態度在這門科學裡說出來做出來，就好像掌握了一切的統治權一樣。為了反對這種淺薄思想而工作，以日爾曼人的嚴肅性和誠實性來工作，把哲學從它所陷入的孤寂境地中拯救出來——去從事這樣的工作，我們可以認為是接受我們時代的較深精神的號召。讓我們共同來歡迎這一個更美麗的時代的黎明。

在這時代裡，由此向外馳騁的精神將回復到它自身，得到自覺，為它自己固有的王國贏得空間和基地，在那裡人的性靈將超脫日常的興趣，而虛心接受那真的、永恆的和神聖的事物，並以虛心接受的態度去觀察和把握那最高的東西。

我們老一輩的人是從時代的暴風雨中長成的，我們應該贊羨諸君的幸福，因為你們的青春正是落在這樣一些日子裡，你們可以不受擾亂地專心從事於真理和科學的探討。我曾經把我的一生貢獻給科學，現在我感到愉快，因為我得到這樣一個地方，可以在較高的水準，在較廣的範圍內，與大家一起工作，使較高的科學興趣能夠活躍起來，並幫助引導大家走進這個領域。我希望我能夠值得並贏得諸君的信賴。但我首先要求諸君只須信賴科學，信賴自己。

追求真理的勇氣和對於精神力量的信仰是研究哲學的第一個條件。人既然是精神，則他必須而且應該自視為配得上最高尚的東西，切不可低估或小視他本身精神的偉大和力量。人有了這樣的信心，沒有什麼東西會堅硬頑固到不對他展開。那最初隱蔽蘊藏著的宇宙本質，並沒有力量可以抵抗求知的勇氣；它必然會向勇毅的求知者揭開它的秘密，而將它的財富和寶藏公開給他，讓他享受。（發表於一八一六年）

〔解說．賞析〕

這篇演講是黑格爾於一八一六年10月28日在海德堡大學講授哲學史的開講詞。

黑格爾用通俗樸素的語言首先說明了哲學的社會人生價值，「科學、自由合理的精神世界也要重新興盛起來。」黑格爾從哲學的探究和維護出發，讚美了日爾曼民族，號召他們來做一樣工作，「在這時代裡，由此向外馳騁的精神將回復到它自身，得到自覺，為它自己固有的王國贏得空間和基地，在那裡人的性靈將超脫日常的興趣，而虛心接受那真的、永恆的和神聖的事物，並以虛心接受的態度去觀察和把握那最高的東西。」儘管從言語方式上來講，談論哲學並不能完全回避邏輯嚴密的概念和判斷，但是在本篇演講裡，我們得到的對黑格爾的印象卻是一個談笑風生的、隨意自如的人，他使一個相對枯燥的事物變得不再使人望而生畏。

讓更多的人獲得幸福

——羅伯特．歐文（一七七一～一八五八）／英國空想社會主義者

今天我到這裡來，不是為了滿足無聊和無用的虛榮心。我來到大家面前，是為了完成一項莊嚴而極其重要的任務。我所重視的，不是要博得大家的好感和未來的名望。這兩項在我看來都沒有什麼價值。支配我行動的唯一動機，是希望看到你們和全體同胞到處都能實際享受到大自然所賦予我們享受的極其豐厚的幸福。這是我終身抱定、至死不移的願望。

世人如果具有智慧的話，在以往許多世代中早就會發現：人們一向追求的這種恩惠，這種非財富所能購買的天賜，一直是掌握在世人手中，甚至連那些歷來最不受尊敬的人也能具有這種幸福。幸福的條件雖然遍地皆是，但愚昧卻擋住了我們的視線，它用荒謬絕頂的精神環境重重圍住這些條件，這種環境嚴密萬分，而且牢牢地擋住了任何大

膽的冒險者，因此連世代積累的經驗也一直未能突破它的重重陰影。

這種黑暗環境的統治雖然有無數奇形怪狀的毒蛇猛獸防衛著，但終於成為過去了。經驗將它的形跡深深地印在以往的時代中，並毫不疲倦、毫無恐懼、毫不鬆懈地在它那正義的道路上堅持到底。當敵人睡著的時候，它在前進；當敵人沒有注意它的行動時，它在悄悄地往前爬。它前進時雖然步步艱巨而又危險，但終於使敵人驚慌失措、狼狽不堪地看到它跨到外層的障礙上來了。一切黑暗勢力馬上開始了凶險可怖的活動，準備對這個膽大妄為的來犯者實行報復。

但經驗是真知與灼見之母，因而它的一切舉止都是明智而又堅定的。以往它一直把自己的偉大和力量隱藏起來，現在它突然展示出它那萬能的真理之鏡，鏡上閃耀出這樣神聖的光輝，使得黑暗的全體妖魔看了以後都在這種耀眼逼人的光芒下驚駭退縮，而這種光芒卻一下就刺中了他們的心房。這些妖魔完全絕望地潰逃了，甚至現在還在慌忙地向四面八方逃跑，永遠離開我們的住處，讓我們能充分地享受完整的團結、真正的美德、持久的和平和實際的幸福。

朋友們，今天我希望你們都投到「經驗」這位勝利的領導者的旗幟下面來。請不要為這一建議而感到驚恐。由於原先曾受到這位永無過失的教師的教導，我甚至在目前就要更前進一步。現在我要向你們說：你們將在今天這個日子裡被迫歸於經驗的旗幟之下，今後你們將永遠無法背離它，而今天這個日子後世也將永志不忘。這位領導者的統治和管轄，將使你們感到十分公平和正確，你們將不會感到任何壓迫。在經驗的城池中絕不會有饑餓和貧困的危機。由於愚昧和迷信而興建的監獄，將永遠敞開大門，監獄的刑具將留作經驗的應得的戰利品。在它的永無差錯的規律下，你們的體力和智力都將得到發展，你們將得到良好的教育和工作，這一切對於你們自己和旁人都將是有用的、愉快的和有利的，因而使你們再也不想離開你們的正義道路。

在發生懷疑時候，事實總是隨時準備提供證據的。事實說：大不列顛與愛爾蘭聯合帝國現在所遭受的苦難、貧困和悲慘狀況比以往許多世紀曾經實際遭受的都更為嚴重。大不列顛與愛爾蘭聯合帝國從來沒有過這樣多得不可勝數的條件可以使全體人民解除這種苦難、墮落和危險。

我國當政者還沒有提出任何合理辦法，對成千上萬在貧困中掙扎的人進行一勞永逸的實際救濟，他們的家卻不必要地成了危害人權和各種苦難的淵藪。

這些當政者沒有其他方面的幫助，對這個問題便無法具有充分的權力和實際的知識來適當地運用國家豐盈有餘的條件，使人民擺脫愚昧和邪惡，而這兩者又是一切現存禍害的來源。

這種權力和實際知識的幫助，只能由社會上各地區最善於思考、最為明智和最有教養的那部分人明確表示的輿論提供。

事實也證明，輿論應當提出以下各點：

1. 一個國家如果供養一大部分勞動階級過著無所事事的貧困生活或者從事無謂的工作，就永遠不能富強。

2. 任何國家如果存在著偏見和貧困，而僅有的教育又壞到不堪設想的程度，那就必然會使人民的道德敗壞。

3. 在這些人民中如果酒店林立，公開賭博的誘惑一應俱全，那麼他們就必然會變得低能無用，或是作惡、犯罪和危害他人。

4. 這樣一來，就必然要使用強制手段並使用嚴峻、殘酷和不公平的懲罰。

5. 接著人民就會對當政者產生不滿、怨恨和各種反抗情緒。

6. 政府如果允許和縱容一切惡習、壞事和犯罪行為的誘因存在，而又大談宗教，大談改善貧民和勞動階級的生活狀況，大談提高他們的道德，那就簡直是在嘲笑人們沒有常識了。

7. 這種行動和教化是欺騙群眾的無聊和愚蠢的辦法，現在群眾已不再受這些言行欺騙了，將來這種矛盾百出和無意義的廢話也騙不了任何人。

8.如果讓這類條件保存下去，而又希望國家進步，那就像是看到天下江河日夜奔向海洋，還在等待海洋乾涸一樣愚蠢而無遠見。

9.如果要消除這些禍害，並養成良好的習慣，培養有價值的知識和建立永久的幸福，那就必須把陷於貧困、邪惡、犯罪、苦難和不良習慣之中而又聚在一起的廣大群眾逐步加以隔離，分成若干可以管理的部分，分配到全國去。

10.如果改善低級階層以至整個社會的狀況，就絕對必須擬定辦法使勞動階級的子女受到良好的教育，以有利的方式雇用他們，並為他們提供一切生活必需品和有益的享用品。

11.我們必須作出安排，使勞動階級在穩健和公平的法律下通過自己節制有度的勞動獲得這一切幸福。在廣大人民的品行和知識提高時，這種法律就將相應地擴大他們的自由。

12.現在著手進行這種安排的經驗和條件都已具備；這種變革絲毫不會損及任何人，相反，它會使每個人，從最受壓迫和最卑下的人直到國家的最高統治者，都將從這種變革中獲得實際的和持久的利益。

事實還說明，現代有學識而無經驗的人，如果認為目前行將公開提出的關於消除貧窮、邪惡和犯罪行為的計畫會產生、增加和延續貧窮的現象，那他們就完全想錯了。

這些先生們把聰明機智的人所能提出的一切反對意見都提到公眾面前來了，我個人十分感謝。我所希望的是整個計畫能受到充分的考察和研究，使它的直接效果和最間接的後果沒有一點不為世人所知。它將經受住最強烈和最穩定的光芒的照射，否則我就不會為它做辯護了。

在這裡我要請問這些先生們：

如果對兒童從最小的時候起，就小心地好好加以培養，這會不會是產生、增加並延續貧窮現象的做法呢？

如果用正確和精密的實際知識來教導兒童，這會不會是產生、增加並延續貧窮現象的做法呢？

如果使兒童獲得健康，養成仁慈的性情和其他良好習慣，並使他們養成積極而愉快的工作作風，這會不會是產生、增加並延續貧窮現象的做法呢？

假如在勞動階級中教導每一個男人，使他們學會園藝、農業以及至少另一種行業、工業或職業的實際業務和有關知識；假如我們教導每一個婦女，使她學會用最好的方法看管小孩、培養兒童並操持所有的日常家務，使自己和旁人都生活得舒適；假如我們還教導婦女，使她們學會園藝以及某種有用的、輕鬆的、合乎健康的工業勞動的實際操作和有關知識，請問這個計畫中的這些部分或其中任何一部分會不會是產生、增加並延續貧窮現象的做法呢？

假如消除了愚昧、忿怒、報復和其他一切邪惡情欲的根源，這會不會是產生、增加並延續貧窮現象的做法呢？

如果把一個國家的全體人民培養得節制有度、勤勉而有道德，這會不會是產生、增加並延續貧窮現象的做法呢？

如果以精誠團結和互相合作的精神使大家結合在一起，並使任何人都沒有一點點不信任的感情，這會不會是產生、增加並延續貧窮現象的做法呢？

如果使世界的財富增加3倍、10倍以至於100倍，這會不會是產生、增加並延續貧窮現象的做法呢？

我還可以對這些先生們提出許多其他問題，他們的答案也許不會像答覆剛才提出的問題那樣現成，但我只要提出一個就夠了。

他們能提出什麼辦法使我國人民擺脫全國舉目皆是的愚昧、貧困和墮落的現象呢？這些現象如果不迅速加以制止，就必然很快會使所有的階層淹沒在一片混亂和毀滅的景象中。

我有這種看法，而且它在我的心目中就像我現在看到大家一樣清楚。這樣我難道還能袖手旁觀、無動於衷嗎？難道我應當講究毫無意義的形式和習慣而閉口不言嗎？不，就我目前所能獲得的知識來說，假定我為了任何一種個人打算而不設法讓大家聽到迄今仍然微弱的真理之聲，那我豈不是成了人類的頭號罪魁了嗎？這種真理之聲已經像方舟上的鴿子一樣飛出去，再也不會回來了。

這一真理在前進中永不停步，直到它走遍和充塞世界各地為止。它的影響將驅散和消滅一切瘴癘和一切污穢邪惡的東西。朋友們，它將使我國和其他一切國家變成理性動物的樂園。（發表於一八一七年）

〔解說・賞析〕

在這篇演講中，歐文闡述了他的社會政治理想：讓更多的人獲得幸福。歐文的空想社會主義在某種程度上是成熟的，雖然他本人後來做過幾次建立這樣一個理想社會的實踐，均以失敗告終。

在這篇演講中我們可以看到，歐文對他所設想的社會主義極富熱情，他對社會的觀察和分析也是非常認真詳細的，而且給出的解決方案也是非常具體的。他在演講中所闡述的問題非常具有針對性，他開篇即指出「大不列顛與愛爾蘭聯合帝國現在所遭受的苦難、貧困和悲慘狀況比以往許多世紀曾經實際遭受的都更為嚴重！」並且實際上的貧困和墮落卻正在發展，而且將繼續發展。歐文指出，當政者在這些問題面前是平庸和無能的。接著，他非常有條理地列舉了大量問題產生的具體原因和解決途徑，這些論述都非常具有現實依據和切實可行性。

但是，歐文並沒有找到根本的導致問題產生的社會制度根源所在，他的觀察、分析、判斷和設想過分依賴福利和教育，並且寄希望於現有政府，這就是他被稱為空想社會主義者的原因。

從演講本身來說，歐文才思敏捷，知識淵博，大量的排比和反問形成排山倒海的磅礴氣勢，對當時的社會現實和政治現狀給予了猛烈的抨擊。

生命的最後一刻

——約翰・布朗（一八〇〇～一八五九）／美國廢奴運動領袖

如果法庭允許的話，我有幾句話要說。

首先，除了我始終承認的，即我的解放奴隸計畫之外，我否認其他一切指控。我確實有意完全消滅奴隸制。如去年冬天我曾做過的，當時我到密蘇里，在那裡雙方未放一槍便帶走了奴隸，通過美國，最後把他們安置在加拿大。我計畫著擴大這行動的規模。這就是我想做的一切。我從未圖謀殺人、叛國、毀壞私有財產或鼓勵、煽動奴隸造反、暴動。

我還有一個異議，那就是：我受這樣的處罰是不公平的。我在法庭上所承認的事實已經得到相當充分的證明，我對於證人提供的大部分事實的真實和公允是很欽佩的。但是，假如我的作為，是代表那些富人、有權勢者、有才智者，即所謂大人物的人，或者是代表他們的朋友——無論是其父母、兄弟、姐妹、妻子、兒女，或其中任何人的利益，並因此而受到我在這件事上所受到的痛苦和犧牲，那就會萬事大吉。這法庭上的每個人都認為，我的行為不但不應受罰，而且值得獎賞。

我想，這法庭也承認上帝的法律是有效的。我看到這裡有一本你們吻過的書，我想是《聖經》或至少是《新約全書》。它教導我：要人怎樣待我，我也要怎樣待人；它還教導我：記著縲紲中的人們，就如同和他們被監禁在一起一樣。我努力遵循這訓條行事。我說，我還太年輕，不能理解上帝是會偏袒人的。我相信，我一直坦率地為上帝窮苦子民所做的事，並沒有錯，而且是正確的。現在，在這個奴隸制的國度裡，千百萬人的權利全被邪惡、殘暴和不義的法制所剝奪，如果認為必要，我應當為了貫徹正義的目的付出我的生命，把我的鮮血、我子女的鮮血和千百萬人的鮮血流在一起，我請求判決，那就請便吧！

請讓我再說一句。

我對在這次審訊中所受到的處置感到完全滿意。考慮到各種情況，它比我所料想的更為寬大。但是，我不認為我有什麼罪。我開始時就已經說過什麼是我的意圖，什麼不是我的意圖。我從未想過要去破壞別人的生活、要去犯叛國罪、去煽動奴隸造反或發動全面起義。我從未鼓動任何人去這樣做，卻總是打消任何這種想法。

請還允許我說一句那些與我有關的人們所說的話。我聽到他們中有人說我引誘他們與我聯合，但事實恰恰相反。我這樣說並非要傷害他人，而是深為他們的軟弱感到遺憾。他們與我的聯合沒有一個人不是出於自願的，而且他們中大部分是自費與我聯合的。他們中間有很多人直到來找我的那天，我從未與他們見過面，也沒有與他們交談過，這就是為了我已經闡明的目的。

現在，我的話已經說完了。（發表於一八五九年）

〔解說·賞析〕

美國獨立後，北部各州先後廢除黑人奴隸制。但南部諸州由於棉花種植業的迅速發展，種植園奴隸制不斷擴大，威脅著美國人民的民主權利。19世紀20年代前後，廢奴運動的組織在美國開始出現。

廢奴運動白人領袖約翰·布朗一八五九年10月16日在維吉尼亞州發動武裝起義，遭到奴隸主的殘酷鎮壓，布朗受傷後被俘。同年11月2日，州法院以「謀反罪」判處他絞刑。本篇演說是他被判處死刑後在法庭上即興發表的。

本篇演說的最大特點是突破了一般演講的程式，沒有什麼開場白，也沒有嚴謹的結構，各段落之間似乎沒有什麼邏輯上的必然聯繫，每段各陳述和論證一個問題。但是閱讀全篇，就會發現，布朗通篇都是在用事實設辯，以譴責敵人濫殺無辜為主旨，無情地揭露了在「公允」論辯後面的政治偏見和階級私利，斷然否認法庭強加給他的一切「叛國」指控，演說在這樣的一個主題下渾然成為一個整體。

演說的語言樸實無華，用詞準確犀利，具有很強的論辯性質。演說的最後，布朗以雙方都承認的權威理論《聖經》設辯：「我看到這裡有一本你們吻過的書，我想是《聖經》或至少是《新約全書》。」「要人怎樣待我，我也怎樣待人。」

布朗通過這樣的引證嚴正地指控法庭的非正義和不公正，充分地發揮了引證法在辯論中的作用。整篇辯護演講層層深入，表現了一位廢奴領袖為真理和正義而獻身的大無畏精神。

巴爾扎克葬詞

——雨果（一八〇二～一八八五）／法國著名詩人、小說家、政治活動家

各位先生：

方才入土的人是屬於那些有公眾悲痛送殯的人。在我們今天，一切虛構都消失了。從今以後，眾目仰望的不是統治人物，而是思維人物。一位思維人物不存在了，舉國為之震動。今天，人民哀悼的，是死了有才的人；國家哀悼的，是死了有天才的人。

各位先生，巴爾扎克的名字將打入我們的時代，給未來留下光輝的線路。

巴爾扎克先生參與了19世紀以來在拿破崙之後的強有力的作家一代，正如17世紀一群顯赫的作家，湧現出黎希留之後一樣（黎希留，法王路易十三的宰相，執政期間注意網羅人才使他們服務於王權。「17世紀一群顯赫的作家」是指法國17世紀古典主義作家高乃依、拉辛、莫里哀和拉封丹等，他們在黎希留之後共同促成了法國17世紀古典主義

文學的興盛。），就像文化發展中，出現了一種規律，促使精神統治者承繼了武力統治者一樣。

在最偉大的人物中間，巴爾扎克是第一等的人；在最優秀的人物中間，巴爾扎克是最高的一個。他的理智是壯麗的，成就不是眼下說得盡的。他的全部書僅僅形成了一本書：一本有生命的、有光亮的、深刻的書，我們在這裡看見我們的整個現代文化走動、來去，帶著我說不清楚的、和現實打成一片的驚惶與恐怖的感覺。一部了不起的書，他題作喜劇，其實就是題作歷史也沒有什麼，這裡有一切形式與一切風格，超過塔席特，上溯到徐艾陶諾（塔希特、徐艾陶諾：羅馬帝國時期的歷史學家）；經過博馬舍，上溯到拉伯雷；一部又是觀察又是想像的書，這裡有大的真實、親切、家常、瑣碎、粗鄙，但是驟然之間就是現實的帷幕撕開了，留下一條寬縫，立時露出最陰沉和最悲壯的理想。願意也罷，不願意也罷，同意也罷，不同意也罷，這部龐大而又奇特的作品的作者，就在自己不知道的時候，加入了革命作家的強大行列。巴爾扎克筆直地奔到目的地，抓住了現代社會脈搏。他從各方面揪過來一些東西，有虛像，有希望，有呼喊，有假面具。他發掘惡習，解剖熱情。他探索人、靈魂、心、臟腑、頭腦與各個人有的深淵。巴爾扎克由於他天賦的自由而強壯的本性，由於理智在我們的時代所具的特權，身經革命，更看出了什麼是人類的末日，也更了解了什麼是天意，於是面帶微笑！心胸爽朗，擺脫開了那些令人望而生畏的研究，不像莫里哀，陷入憂鬱，也不像盧梭，起憎世之心。

這就是他在我們中間的工作。這就是他給我們留下來的作品，高大而又堅固的作品，金剛岩層雄偉的堆積——紀念碑！從今以後，他的聲名在作品的頂尖熠熠發光。偉大人物給自己安裝基座，未來負起安放雕像的責任。

他的去世驚呆了巴黎。他回到法蘭西有幾個月了。他覺得自己快要死了，希望再看一眼祖國，就像一個人出遠門之前，要吻抱一下自己的親娘一樣。

他的一生是短促的，然而也是飽滿的——作品比歲月還多。

唉！這強有力的、永不疲倦的工作者，這哲學家，這思想家，這詩人，這天才，在我們中間，過著暴風雨的生活，充滿了鬥爭、爭吵、戰鬥，一切偉大人物在每一個時代遭逢的生活。今天，他安息了。他走出了紛擾與仇恨。他在同一天步入了光榮，也步入了墳墓。從今以後，他和祖國的星星在一起，熠耀於我們上空的雲層之上。

你們站在這裡，有沒有羨慕他的心思？

各位先生，面對著這樣一種損失，不管我們怎樣悲痛，就忍受一下這些重大打擊吧。打擊再傷心、再嚴重，也先接受下來再說吧。在我們這樣一個時代，不時有偉大的死亡刺激充滿了疑問與懷疑論的心靈，因而對宗教發生動搖。這也許是適宜的，這也許是必要的。上天使人民面對著最高的神秘，對死亡加以思維，知道自己做的是什麼。死亡是偉大的平等，也是偉大的自由。

上天知道自己做的是什麼，因為這是最高的教訓。一個崇高的心靈，氣象萬千，走進另一個世界，他本來扇著天才的看得見的翅膀，久久停在群眾的上空，忽而展開人看不見的另外的翅膀，驟然投入了不可知。這時候個個人心所能有的，只是莊嚴和嚴肅的思想。不，不是不可知！不，我在另一個沉痛的場合已經說過了，我就不疲倦地再說一遍吧：不，不是夜晚，而是光明！不是結束，而是開始！不是空虛，而是永生！你們中間有誰嫌我這話不對嗎？這樣的棺柩，表明的就是不朽。面對著某些顯赫的死者，人更清清楚楚地感到這種神聖的命運，走過大地為了受難、為了洗淨自己。大家把這種理智叫作人，還彼此說：那些生時是天才的人，死後就不可能不是神靈！

〔解說・賞析〕

巴爾扎克一八五〇年8月18日逝世，8月20日，在拉歇斯神甫公墓舉行了隆重的葬禮。雨果面對冒雨前來送葬的人們發表了這篇演講，它是一個文學天才對另一個先行離開的文學天才的蓋棺論定，於法國而言，那是一個文學和思想雙重幸運的年代。在巴爾扎克墓前，雨果窮盡了讚美之詞，但絲毫沒有誇張，「從今以後，眾目仰慕的不是統治人物，而是思維人物。一個思維人物不存在了，舉國為之震動。今天，人民哀悼的，是死了有才的人；國家哀悼的，是死了有天才的人。」

雨果對巴爾扎克的全部讚美之詞是建立在他對巴爾扎克的全部理解之上的，它是一個偉大靈魂對另一個偉大靈魂的理解：「他的全部的書僅僅形成了一本書：一本有生命的、有光亮的、深刻的書，我們在這裡看見我們的整個現代文化走動、來去，帶著我說不清的、和現實打成一片的驚惶與恐怖的感覺。」

雨果認為巴爾扎克的著作是「一部了不起的書」，「有一切形式與一切風格」，「一部既是觀察又是想像的書，這裡有大的真實、親切、家常、瑣碎、粗鄙，但是驟然之間就是現實的帷幕撕開了，留下一條寬縫，立時露出最陰沉和最悲壯的理想」。「他的作品比歲月還多。」對於演講本身來講，雨果不愧是浪漫主義的天才人物，他敏銳的洞察力使他在巴爾扎克的葬禮上迅速地捕捉了時代變化的脈搏，他的語言是激動和無法節制的，爆發著詩性的智慧和激情。

林肯就職演說

——林肯（一八〇九～一八六五）／美國第16任總統

合眾國的國民們：

按照一個與政府本身同時產生的慣例，我來到你們面前發表簡短的講話，並遵照合眾國憲法對總統在「就職前」必須宣誓的規定，當著你們的面宣誓。

我想，我現在不必討論那些並不特別令人憂慮或激動的行政問題。

南方各州人民似乎擔心，共和黨一旦執政，將會危及他們的財產、和平與個人安全。這種擔心從來就沒有什麼合理的根據。實際上，足以說明相反事實的充分證據卻一直存在著，並且隨時可以進行檢查。這種證據在現在向你們講話的這個人的幾乎所有發表過的演說中都可以找到。我只引述其中的一篇，我曾宣佈——

「我無意直接或間接地干涉各蓄奴州的奴隸制度。我認為我沒有那樣做的合法權利，而且也沒有那樣做的意向。」

提名並選舉我的那些人完全知道我作過這一聲明和許多類似的聲明，而且我從未宣布撤回這些聲明；不僅如此，他們還把一個鮮明有力的決議列入競選政綱，並為我所接受，作為彼此都應遵守的準則，我現在讀一讀這個決議：

維護各州的各種權利不受侵犯，特別是每一個州完全根據自己的判斷決定並管理其內部機構的權利不受侵犯，這對我們政治結構的完善與持久所依賴的權力平衡是必不可少的；我們譴責非法使用武力侵犯任何一個州或准州的領土，不論其憑藉何種藉口，都是最嚴重的罪行。

我現在重申這些看法，我這樣做只是提請公眾注意有關這一情況的最確實的證據，即任何地區的財產、和平與安全都不會受到即將掌權的政府的危害。我還要補充一下，所有各州如果合法提出要求，政府都樂於給予符合憲法和法律的保護，而不論其出於什麼原因——不分地區都一樣愉快地對待。

關於從勞務或勞役中逃亡出來的人的引渡問題，人們有著許多爭論。我現在要讀的這個條款和憲法其他條款一樣清楚：

「凡依一州法律應在該州服勞務或勞役者逃往他州時，不得依後者任何法律或法規解除該項勞務或勞役，而應依享有該項勞務或勞役的當事人的要求予以引渡。」

毫無疑問，制定這一條款的那些人的意圖在於要求歸還我們所說的逃奴；而立法者的意圖就成了法律。所有國會議員都宣誓擁護全部憲法——包括這一條款和其他任何條款。對於把符合該條款所列條件的奴隸「予以引渡」的主張，他們的誓言是一致的。那麼，如果他們能心平氣和地進行努力，難道就不能以幾乎同樣的一致來草擬並通過一項法律，以便使那個一致的誓言同樣有效嗎？

關於這一條款究竟應由聯邦政府抑或由州政府來執行，現在存在某些分歧。如果奴隸要被遣返事宜，這對該奴隸或其他人來說並沒有什麼差別。難道會有人僅因在履行誓言的方式上存在無關緊要的爭議就願意違背誓言嗎？

應該不應該把文明的、人道的法學中保證自由的所有規定都列入與這個問題有關的任何法律，以便使一個自由人在任何情況下都不會淪為奴隸？與此同時，可以不可以通過法律使憲法中關於保證「每州公民在其他各州均應享有公民的一切特權和豁免權」的條款得以實施？

我今天正式宣誓時，並沒有保留意見，也無意以任何苛刻的標準來解釋憲法和法律；儘管我不想具體指明國會通過的哪些法案是適合施行的，但我確實要建議，所有的人，不論處於官方還是私人的地位，都得遵守那些未被廢止的法令，這比泰然認為其中某個法案是違背憲法的而去觸犯它，要穩當得多。

自從第一任總統根據我國憲法就職以來已經72年了。在此期間，有15位十分傑出的公民相繼主持了政府的行政部門。他們在許多艱難險阻中履行職責，大致說來都很成功。然而，雖有這樣的先例，我現在開始擔任這個按憲法規定任期只有短暫四年的同一職務時，卻處在巨大而特殊的困難之下。聯邦的分裂，在此以前只是一種威脅，現在卻已成為可怕的行動。

從一般法律和憲法角度來考慮，我認為由各州組成的聯邦是永久性的。在各國政府的根本法中，永久性即使沒有明確規定，也是不言而喻的。我們有把握說，從來沒有哪個正規政府在自己的組織法中列入一項要結束自己執政的條款。繼續執行我國憲法明文規定的條款，聯邦就將永遠存在，毀滅聯邦是辦不到的，除非採取憲法本身未予規定的某種行動。

再者：假如合眾國不是名副其實的政府，而只是具有契約性質的各州的聯盟，那麼，作為一種契約，這個聯盟能夠毫無爭議地由締約各方中的少數加以取消嗎？締約的一方可以違約——也可以說毀約——但是，合法地廢止契約難道不需要締約各方全都同意嗎？

從這些一般原則往下推，我們認為，從法律上來說，聯邦是永久性的這一主張已經為聯邦本身的歷史所證實。聯邦的歷史比憲法長久得多。事實上，它在一七七四年就根據《聯合條款》組成了。一七七六年，《獨立宣言》使它臻於成熟並持續下來。一七七八年，《邦聯條款》使聯邦愈趨成熟，當時的13個州都信誓旦旦地明確保證聯邦應該永存。最後，一七八七年制定憲法時所宣佈的目標之一就是「建設更完善的聯邦」。

但是，如果聯邦竟能由一個州或幾個州按照法律加以取消的話，那麼聯邦就遠不如制憲前完善了，因為它喪失了永久性這個重要因素。

根據這些觀點，任何一個州都不能只憑自己的決議就能合法地脫離聯邦；凡為此目的而作出的決議和法令在法律上都是無效的，任何一個州或幾個州反對合眾國當局的暴力行動都應根據情況視為叛亂或革命。

因此，我認為，根據憲法和法律，聯邦是不容分裂的；我將按憲法本身明確授予我的權限，就自己能力所及，使聯邦法律得以在各州忠實執行。我認為這僅僅是我分內的職責，我將以可行的方法去完成，除非我的合法主人——美國人民，不給予我必要的手段，或以權威的方式作出相反的指示。我相信大家不會把這看作是一種威脅，而只看作是聯邦已宣佈過的目標：它一定要按照憲法保衛和維護它自身。

進行這項工作不需要流血或訴諸暴力，除非強加於國家當局，流血和暴力絕不會發生。委託給我的權力將被用來保持、占有和掌握屬於政府的財產和土地，征以普通稅和關稅；但是，除了為達到這些目的所必需進行的工作外，將不會對人民有任何侵犯，不會對任何地方的人民或在他們之間使用武力。在國內任何地方，如果對聯邦的敵意非常強烈而普遍，致使有能力的當地公民不能擔任聯邦公職，在那種地方就不要企圖強使引起反感的外地人去擔任那些職務。儘管政府握有強制履行這些職責的合法權利，但那樣做會激怒大眾，它幾乎是行不通的，所以我認為目前還是放棄履行這些職責為好。

郵件，除非被人拒收，將繼續投遞至聯邦各地。我們要盡力使各地人民獲得最有助於冷靜思考和反省的充分的安全感。這裡表明的方針必將得到貫徹，除非當前的一些事件和經驗表明需要我們作適當的修正或改變。對任何事件和變故，我都將根據實際存在的情況，抱著和平解決國家困難並恢復兄弟般同情與友愛的觀點和希望，以最慎重的態度加以處理。

某些地區有人企圖破壞聯邦，並且愛用各種藉口去實現這一點，對此我既不肯定也不否認；但若真有這樣的人，對他們我什麼話都不必講。然而，對於真心熱愛聯邦的那些人，我能不說點什麼嗎？

在開始討論關係到我國的政體、它所帶來的一切利益、美好的往事以及未來的希望都面臨著毀滅這樣一個嚴重問題之前，先弄清我們究竟為什麼要這樣做，難道不是一種明智的做法嗎？當你想要逃避的災難可能並不真正存在時，你還會不顧一切地去冒險嗎？你如果是走向一個比你所躲避的災難更大的不幸，你還甘願冒風險去犯這麼大的錯誤嗎？

大家都聲稱，如果憲法所規定的各項權利都能得到保證，就願意留在聯邦內。那麼，憲法明文規定的權利是否真有哪一項被否定了呢？我認為沒有。幸運得很，人腦的構造使得任何一方都不敢那樣做。你們能找出一個例子來說明憲法中明文規定的條款有哪一條曾被否定掉嗎？如果多數人只靠數目上的力量就去剝奪少數人應該享受的任何一項明文規定的憲法權利，就道德觀點而言，這就可以證明進行革命是有理的；如果那是一項重要的權利，當然應該進行革命。但是我們的情況並非如此。少數人和個人的一切重要權利都得到憲法中所列的各種肯定和否定、保證和禁止的明確保障，在這方面從未引起過任何爭議。但是，任何組織法都不能在制定時就針對實際行政工作中可能出現的每一個問題都提出專門適用的條款。對於一切可能發生的問題，沒有那樣的先見之明，也沒有任何篇幅適當的文獻容得下那麼多明文規定。逃避勞役的人應由聯邦政府抑或由州政府遣還？憲法未作明確規定。國會可以禁止各個准州的奴隸制嗎？憲法未作明確規定。國會應保護各個准州的奴隸制嗎？憲法未作明確規定。

從這類問題中產生了我們有關憲法的各種爭議，由於這些爭議我們分成了多數派和少數派。如果少數派不能默然同意多數派，多數派就得默然同意少數派，否則政府就不能存在下去。別無其他選擇，因為要使政府能繼續存在，就必須有這一方或那一方默然同意對方。在這種情況下，如果少數派寧願退出聯邦而不肯默然同意多數派，他們就創立了一個導致自我分裂和毀滅的先例，因為他們本身也有多數少數之分，一旦多數派拒絕接受少數派的控制，他們自己的少數派便會退出。舉例來說，正如我們現在這個聯邦的某些部分日前要求退出一樣，一個新聯盟的任何部分一二年後為什麼就不可以任意退出呢？一切懷有分裂情緒的人正在接受著這樣的薰陶。

在想要組成一個新聯盟的各個州之間，是否有著完全一致的利益，足以使它們和睦相處而不會重新發生退出聯盟的事呢？很明顯，退出聯邦的中心思想實質上是無政府主義。一個接受憲法所規定的檢查和限制，並經常按照公眾輿論和情緒的審慎變化而轉變的多數派，乃是自由人民的唯一真正的統治者。凡拒絕接受它的人，必然走向無政府主義或者專制主義。完全一致的意見是不可能有的。由少數人實行統治，並作為一種永久的辦法，是完全不能接受的；因此，如果否定少數服從多數這條原則，那麼剩下的就只有某種形式的無政府主義或專制主義了。

我沒有忘記某些人認為各種有關憲法的問題應由最高法院進行裁決的主張，我也不否認這樣的裁決在任何案例中對訴訟各方以至訴訟的目的都具有約束力，同時它們在所有類似案例中也值得受到政府其他各部門的高度尊重與考慮。儘管在某一特定案例中，這樣的裁決可能明顯有誤，但隨之而來的不良後果卻只限於這個案例，且有被駁回的可能，而絕不會成為其他案例可借鑒的先例，因而同採取其他措施所產生的後果相比，這還是比較可以接受的。與此同時，誠實的公民必須承認：如果政府在那些影響到全體人民的重大問題上的政策也得由最高法院的裁決來確定的話，那麼，個人之間的普通訴訟案件一經裁定，人民就不再享有自主權，因為到了那種程度，人民實際上已經將政府交給了那個顯赫的法庭。上述看法不是對法院和法官的攻訐。他們無可推卸的責任便是裁定以正當方式提交給他們的案件，如果別人想把他們的裁決轉用於政治目的，那絕不是他們的過錯。

我國一部分地區認為奴隸制是正確的，應該得到擴展，而另一部分地區認為它是錯誤的，不應得到擴展。這就是唯一的實質性爭論。在人民的道德觀念並不完全支持法律的社會裡，憲法中有關逃亡奴隸的條款和禁止販賣外籍奴隸的法律都得和其他任何法律一樣嚴格執行。人民中的大多數能夠遵行這兩項枯燥的法律義務，但每一項都被少數人觸犯。我認為這是無法完全糾正的。這兩種情況在上述兩種地區分離之後還會更糟。如外籍奴隸販賣，現在沒有完全遭到禁止，最終會在一個地區不受限制地恢復起來；而逃亡奴隸，另一地區現在只是部分地遣返，那時就根本不會遣返。

以自然條件而言，我們是不能分開的。我們無法把各地區彼此挪開，也無法在彼此之間築起一堵無法逾越的牆垣。夫妻可以離婚，不再見面，互不接觸，但是我們國家的各地區就不可能那樣做。它們仍得面對面地相處，它們之間還得有或者友好或者敵對的交往。那麼，分開之後的交往是否可能比分開之前更有好處，更令人滿意呢？外人之間訂立條約難道還比朋友之間制定法律容易嗎？外人之間執行條約難道還比朋友之間執行法律忠實嗎？假定你們進行戰爭，你們不可能永遠打下去；在雙方損失慘重，任何一方都得不到好處之後，你們就會停止戰鬥，那時你們還會遇到諸如交往條件之類的老問題。

這個國家及其機構，屬於居住在這個國家裡的人民。一旦他們對現存政府感到不能容忍，就可以行使他們的憲法權利去改組政府，或者行使革命權利去解散或推翻政府。我當然知道：許多可貴的、愛國的公民渴望憲法能得到修改。儘管我未提出修改憲法的建議，但我完全承認人民對整個這一問題所具有的合法權力，他們可以施行憲法本身所有的兩種方式中的任何一種；在目前情況下，我應該贊同而不是反對公平地為人民提供對此採取行動的機會。我願大膽補充說明：在我看來，採取會議的形式是可行的，因為它可以讓人民自己提出修正案，而不是只讓人民去採納或反對別人所提出的某些方案，那些人不是專為這一目的而被推選出來的，那些方案也並非恰恰就是人民想要接受或拒絕的。我知道，國會已經通過一項憲法修正案——但我尚未看到那項修正案，其大意是：聯邦政府永遠不得干涉各州的內部制度，包括對應服勞役者規定的制度。為了避免對我所說的話產生誤解，我放棄不談某些特定修正案的打算，而只是提出：鑒於這樣一項條款現在已意味著屬於憲法中的條款，我不反對使它成為明確的、不可改變的規定。

總統的一切權力來自人民，但人民沒有授權給他為各州的分離規定條件。如果人民有此意願，那他們可以這樣做，而作為總統來說，則不可能這樣做。他的責任是管理交給他的這一屆政府，並將它完整地移交給他的繼任者。

為什麼我們不能對人民所具有的最高的公正抱有堅韌的信念呢？世界上還有比這更好或一樣好的希望嗎？在我們目前的分歧中，難道各方都缺乏相信自己正確的信心嗎？如果萬能的主將以其永恆的真理和正義支持你北方這一邊，或者支持你南方這一邊，那麼，那種真理和那種正義必將通過美國人民這個偉大法庭的裁決而取得勝利。

就是這些美國人民，通過我們現有的政府結構，明智地只給他們的公僕很小的權力，使他們不能為害作惡，並且同樣明智地每隔很短的時間就把那小小的權力收回到自己手中。只要人民保持美德和警惕，無論怎樣作惡和愚蠢的執政人員都不能在短短4年的任期內十分嚴重地損害政府。

我的同胞們，大家平靜而認真地思考整個這一問題吧。任何寶貴的東西都不會因為從容對待而喪失。假使有一個目標火急地催促你們隨便哪一位採取一個措施，而你絕不能不慌不忙，那麼那個目標會因從容對待而落空；但是，任何好的目標是不會因為從容對待而落空的。你們現在感到不滿意的人仍然有著原來的、完好無損的憲法，而且，在敏感問題上，你們有著自己根據這部憲法制定的各項法律；而新的一屆政府即使想改變這兩種情況，也沒有直接的權力那樣做。那些不滿意的人在這場爭論中即使被承認是站在正確的一邊，也沒有一點正當理由採取魯莽的行動。理智、愛國精神、基督教義以及對從不拋棄這片幸福土地的上帝的信仰，這些仍然能以最好的方式來解決我們目前的一切困難。

不滿意的同胞們，內戰這個重大問題的關鍵掌握在我手中。政府不會對你們發動攻擊。你們不當挑釁者，就不會面臨衝突。你們沒有對天發誓要毀滅政府，而我卻要立下最莊嚴的誓言：「堅守、維護和捍衛合眾國憲法」。

我不願意就此結束演說。我們不是敵人，而是朋友。我們一定不要成為敵人。儘管情緒緊張，也決不應割斷我們之間的感情紐帶。記憶的神秘琴弦，從每一個戰場和愛國志士的墳墓伸向這片廣闊土地上的每一顆跳動的心和家庭，必將再度被我們奏響！（發表於一八六一年）

〔解說・賞析〕

作為共和黨人領袖的亞伯拉罕．林肯，在一八六〇年當選為美國總統，但是他面臨的困難也是空前的，因為當時南方和北方的關係已經十分緊張，內戰不可避免。林肯在首任總統儀式上發表的就職演說也著重地談論了與此相關的問題，使得這篇演講的主題無比沉重，它關係到一個國家的存亡。

在這篇張揚著自由和民主精神的演說中，林肯開篇即闡明了國家政府與人民的關係，指出「人民有改組或推翻政府的絕對權力」，「在目前情況下，我應該贊同而不是反對公平地為人民提供對此採取行動的機會」。這是一個前提，這個前提是為了說明「人民沒有授權給他（總統）為各州的分離製造條件」。在關鍵的歷史時期，林肯需要民眾的支持，所以他強調：「如果全能的主以其永恆的真理和公正支持北方這一邊，或者支持南方這一邊，那麼，真理和公正必將通過美國人民這個偉大法庭的裁決而取得勝利。」

林肯是非常善於演講的，作為一個國家的總統，他即使深知內戰無法避免，也還堅持在演講中呼籲和平解決問題。這是一種負責的態度。他在演講中反覆說理，用極其真誠的態度來對待聽眾，其中傾注著對民族、國家和人民的感情，使演講達到非常良好的效果。

在蓋茲堡公墓的演說

——林肯（一八〇九～一八六五）／美國第16任總統

八十七年前，我們的先輩們在這個大陸上創立了一個新國家，它孕育於自由之中，現在我們正從事一場偉大的內戰，以考驗這個國家，或者任何一個孕育於自由和奉行上述原則的國家是否能夠長久存在下去。我們在這場戰爭中的一個偉大戰場上集會，烈士們為使這個國家能夠生存下去而獻出了自己的生命，我們來到這裡，是要把這個戰場的一部分奉獻給他們作為最後安息之所。我們這樣做是完全應該而且非常恰當的。

但是，從更廣泛的意義上來說，這塊土地我們不能夠奉獻，不能夠聖化，不能夠神化。那些曾在這裡戰鬥過的勇士們，活著的和去世的，已經把這塊土地聖化了，這遠不是我們微薄的力量所能增減的。我們今天在這裡所說的話，全世界不大會注意，也不會長久地記住，但勇士們在這裡所做過的事，全世界卻永遠不會忘記。毋寧說，倒是我們這些還活著的人，應該在這裡把自己奉獻於勇士們已經如此崇高地向前推進但尚未完成的事業。倒是我們應該在這裡把自己奉獻於仍然留在我們面前的偉大任務——我們要從這些光榮的死者身上汲取更多的獻身精神，來完成他們已經完全徹底為之獻身的事業；我們要使國家在上帝福佑下得到自由的新生，要使這個民有、民治、民享的政府永世長存。（發表於一八六三年）

〔解說・賞析〕

這篇演說被公認為演講史上的典範之作！偉大的演講必須誕生於偉大的智慧和偉大的人格。林肯演講的成功正好包含這兩方面的因素，作為一個正直的人，他懇切的言辭能夠被民眾信任，他智慧的表達能夠被聽眾接受，並且被進一步感動。在這篇演講中，林肯熱情謳歌了勇士們為自由民主而獻身的精神，鼓舞活著的人完成他們未竟之事業，為民有、民治、民享的政治理想而奮鬥。

這篇演講的詞語運用非常簡潔凝練，但是充滿了強烈的感情色彩，非常真切深沉，包含著對烈士的崇敬和緬懷之情，因此深深地打動了在場的所有聽眾。

只有民主的波蘭才能獲得獨立

——馬克思（一八一八～一八八三）／
國際無產階級革命導師、馬克思主義創始人之一

先生們！

歷史上常常有驚人的相似之處。一七九三年的雅各賓黨人成了今天的共產主義者。一七九三年俄羅斯、奧地利、普魯士瓜分波蘭的時候，這三個強國就以一七九一年的憲法為藉口，據說這個憲法具有雅各賓黨的原則因而遭到一致的反對。

一七九一年的波蘭憲法到底宣布了什麼呢？充其量也不過是君主立憲罷了，例如宣布立法權歸人民代表掌握，宣布出版自由、信仰自由、公開審判、廢除農奴制等等。所有這些當時竟被稱為徹頭徹尾的雅各賓原則！因之，先生們，你們看到了吧，歷史已經前進了。當年的雅各賓原則，在現在看來，即使說它是自由主義的話，也變成非常溫和

的了。三個強國的時代並駕齊驅。一八四六年，因為把克拉柯夫歸併給奧地利而剝奪了波蘭僅存的民族獨立，它們把過去曾稱為雅各賓原則的一切東西都說成是共產主義。

克拉柯夫革命的共產主義到底是什麼呢？是不是由於這革命的目的是光復波蘭民族，因而就是共產主義的革命呢？要是這麼說，歐洲同盟為拯救民族而反對拿破崙的戰爭何嘗不可以說成共產主義的戰爭，而維也納會議又何嘗不可以說成是由加冕的共產主義者所組成的呢？也許由於克拉柯夫革命力圖建立民主政府，因而就是共產主義的革命吧？可是，誰也不會把共產主義意圖妄加到伯爾尼和紐約的百萬豪富身上去。

共產主義否認階級存在的必要性，它要消滅任何階級，消除任何階級的差別。而克拉柯夫革命家只希望消除階級間的政治差別：他們要給不同的階級以同等的權利。

到底在哪一點上說克拉柯夫的革命是共產主義的革命呢？

也許是由於這一革命要粉碎封建的鎖鏈，解放封建勞役的所有制，使它變成自由的所有制，現代的所有制吧？

要是對法國的私有主說：「你們可知道波蘭的民主主義者要求的是什麼嗎？波蘭民主主義者企圖採用你們目前的所有制形式。」那麼，法國的私有主會回答說：「你們幹得很好。」但是，要是和基佐先生一同再去向法國私有主說：「波蘭人要消滅的是你們一七八九年革命所建立的，而且如今依然在你們那裡存在的所有制。」他們定會叫喊起來：「原來他們是革命家，是共產主義者！必須鎮壓這些壞蛋！」在瑞典，廢除行會和同業公會，實行自由競爭現在都被稱為共產主義。《辯論日報》還更進一步，它說：「剝奪二十萬選民出賣選票的收益，這就意味著消滅收入的來源。消滅正當獲得的財產，這就意味著是一個共產主義者。」毋庸置疑，克拉柯夫革命也希望消滅一種所有制。但這究竟是怎麼樣的所有制呢？這就是在歐洲其他地方不可能消滅的東西，正如在瑞士不可能消滅分離派同盟一樣，因為兩者都已不再存在了。

誰也不會否認，在波蘭，政治問題是和社會問題聯繫著的。它們永遠是彼此不可分離的。但是，最好你們還是去請教一下反動派吧！難道在復辟時期，他們只和政治自由主義及作為自由主義必然產物的伏爾泰主義這一沉重的壓力戰鬥嗎？

一個非常有名的反動作家坦白承認，不論德．梅斯特爾或是博納德的最高的形而上學，最終都可以歸結為金錢問題，而任何金錢問題難道不就是社會問題嗎？復辟時期的活動家們並不諱言，如要回到美好的舊時代的政治，就應當恢復美好的舊的所有制，封建的所有制，道德的所有制。大家知道，不納什一稅，不服勞役，也就說不上對君主政體的忠誠。

讓我們再回顧一下更早的時期。在一七八九年，人權這一政治問題本身就包含著自由競爭這一社會問題。在英國又發生了什麼呢？從改革法案開始到廢除穀物法為止的一切問題上，各政黨不是為改變財產關係而鬥爭又是為了什麼呢？他們不正是為所有制問題、社會問題而鬥爭嗎？就在這裡，在比利時，自由主義和天主教的鬥爭不就是工業資本和大土地所有制的鬥爭嗎？

難道這些討論了17年之久的政治問題，實質上不正是社會問題嗎？

因而不論你們抱什麼觀點，自由主義的觀點也好，激進主義的觀點也好，甚至貴族的觀點也好，你們怎麼能責難克拉柯夫革命把政治問題和社會問題聯繫在一起呢？

領導克拉柯夫革命運動的人深信，只有民主的波蘭才能獲得獨立，而如果不消滅封建權利，如果沒有土地運動來把農奴變成自由的私有者，即現代的私有者，波蘭的民主是不可能實現的。要是你們使波蘭貴族去代替俄羅斯專制君主，那只不過是使專制主義改變一下國籍而已。德國人就是在對外的戰爭中也只是把一個拿破崙換成了三十六個梅特涅的。即使俄羅斯的地主不再壓迫波蘭的地主，騎在波蘭農民脖子上的依舊是地主，誠然，這是自由的地主而不是被奴役的地主。這種政治上的變化絲毫也不會改變波蘭農民的社會地位。克拉柯夫革命把民族問題和民主問題以及被壓迫階級的解放看作一回事，這就給整個歐洲作出了光輝的榜樣。

雖然這次革命暫時被雇用兇手的血手所鎮壓，但是現在它在瑞士及義大利又以極大的聲勢風起雲湧。在愛爾蘭，證實了這一革命原則是正確的，那裡狹隘的民族主義政黨已經和奧康奈爾一起死亡，而新的民族政黨首先就要算是改革派和民主派的政黨了。

波蘭又重新表現了主動精神，但這已經不是封建的波蘭，而是民主的波蘭，從此波蘭的解放將成為歐洲所有民主主義者的光榮事業。（發表於一八四八年）

〔解說・賞析〕

這篇演講的開頭非常簡潔有力，直接提出一個顯而易見又發人深省的問題：反動派常常把一切革命的舉動都稱為共產主義，那麼到底什麼是共產主義？在這篇演說中，馬克思借用了大量反面的事實和說辭，並一一予以反駁，而且分析了在人民的心中記憶猶新的克拉柯夫（另譯：克拉科夫）人民起義的性質和意義，進一步有力地闡述了共產主義的本質，高度概括地分析了所有政治制度和經濟制度的本質，實際上都是財產問題、所有制問題。

語言激烈，邏輯嚴密，充滿極強的感染力和激烈的鬥爭精神。歷史的、現實的、正面和反面的、世界各國的材料在馬克思的演說中都是信手拈來，加以深刻的分析，充分顯示了他的博學和睿智，馬克思的語言風趣幽默，但是非常具有鋒芒和戰鬥力，尖銳地提問、反問以及深邃的思考都能達到振聾發聵的效果。

在馬克思墓前的講話

——恩格斯（一八二〇～一八九五）／馬克思主義的創始人之一、國際無產階級的偉大導師

3月14日下午兩點三刻，當代最偉大的思想家停止思想了。讓他一個人留在房裡總共不過兩分鐘，等我們再進去的時候，便發現他在安樂椅上安靜地睡著了——但已經是永遠地睡著了。這個人的逝世，對於歐美戰鬥著的無產階級，對於歷史科學，都是不可估量的損失。這位巨人逝世以後所形成的空白，在不久的將來就會使人感覺到。

正像達爾文發現有機界的發展規律一樣，馬克思發現了人類歷史的發展規律，即歷來為繁茂蕪雜的意識形態所掩蓋著的一個簡單事實：人們首先必須吃、喝、住、穿，然後才能從事政治、科學、藝術、宗教等等；所以，直接的、物質的生活資料的生產，一個民族或一個時代的一定的經濟發展階段，便構成為基礎，人們的國家制度、法的觀

念、藝術以至宗教觀念，就是從這個基礎上發展起來的，因而，也必須由這個基礎來解釋，而不是像過去那樣做得相反。

不僅如此，馬克思還發現了現代資本主義生產方式和它所產生的資產階級社會的特殊的運動規律。由於剩餘價值的發現，這裡就豁然開朗了，而先前無論資產階級經濟學家或者社會主義批評家所做的一切研究都只是在黑暗中摸索。

一生中能有這樣兩個發現，該是很夠了。甚至只要能作出一個這樣的發現，這已經是幸福的了。但是馬克思在他所研究的每一個領域都有獨到的發現，這樣的領域是很多的，而且其中任何一個領域他都不是膚淺的研究的。

這位科學巨匠就是這樣。但是這在他身上遠不是主要的。在馬克思看來，科學是一種在歷史上起推動作用的、革命的力量。任何一門理論科學中的每一個新發現，即使它的實際應用甚至還無法預見，都使馬克思感到衷心喜悅，但是當有了立即會對工業、對一般歷史發展產生革命影響的發現的時候，他的喜悅就完全不同了。例如，他曾密切注意電學方面各種發現的發展情況，不久以前，他還注意了馬賽爾·德普勒的發現。

因為馬克思首先是一位革命家。以某種方式參加推翻資本主義社會及其所建立的國家制度的事業，參加賴有他才第一次意識到本身地位和要求，意識到本身解放條件的現代無產階級的解放事業——這實際上就是他畢生的使命。鬥爭是他得心應手的事情，而他進行鬥爭的熱烈、頑強和卓有成效，是很少見的。最早的《萊茵報》（一八四二年）、巴黎的《前進報》（一八四四年）、《德意志——布魯塞爾報》（一八四七年）、《新萊茵報》（一八四八～一八四九年）、《紐約每日論壇報》（一八五二～一八六一年），以及許多富有戰鬥性的小冊子，在巴黎、布魯塞爾和倫敦各組織中的工作，最後是創立偉大的國際工人協會。作為這一切工作的完成——老實說，協會的這位創始人即使別的什麼也沒有做，也可以拿這一成果引以自豪。

正因為這樣，所以馬克思是當代最遭嫉恨和最受誣衊的人。各國政府——無論專制政府或共和政府——都驅逐他；資產者——無論保守派或極端民主派——都紛紛爭先恐後地誹謗他、詛咒他。他對這一切毫不在意，把它們當作蛛絲一樣輕輕抹去，只是在萬分必要時才給予答覆。現在他逝世了，在整個歐洲和美洲，從西伯利亞礦井到加利福尼亞，千百萬革命戰友無不對他表示尊敬、愛戴和悼念，而我敢大膽地說：他可能有過許多敵人，但未必有一個私敵。

他的英名和事業將永垂不朽！（發表於一八八三年）

〔解說・賞析〕

一八八三年3月14日下午，當恩格斯走進馬克思的房間時，發現馬克思坐在安樂椅上，已經安詳地、毫無痛苦地與世長辭了。噩耗傳來，全世界無產者為之悲痛。3月17曰，馬克思生前的親密戰友、學生及親屬來到倫敦郊區的海格特公墓，把他和夫人燕妮合葬在一起，為他舉行了簡樸而莊嚴的葬禮。在葬禮上，恩格斯以極其悲痛和崇敬的心情發表了這篇演講。

作為馬克思的親密戰友，恩格斯對馬克思是最熟知了解的，他們之間的友誼也是別人不大能體會的。恩格斯在演講的開頭並沒有簡單直接地報告馬克思去世的消息，而是滿含深情地使用了一個描述性的日常情形，體現了他們之間的親密無間。

在通篇演講中，恩格斯並沒有直接使用陳述悲痛的字眼，然而他的情感是非常使人信服並且打動聽眾的。恩格斯在評價馬克思的歷史貢獻時也是非常客觀的，他列舉了馬克思的具體學術成果並且進一步分析了其意義，同樣使人信服。在這裡，恩格斯還使用了形象的語言，講述馬克思對待來自各方面的嫉恨和誣衊「毫不在意」，「把它們當作蛛絲一樣輕輕抹去」，簡單的幾句話，就將馬克思的形象生動地表現出來了，使聽眾認識到馬克思是一個胸懷博大和無畏的戰鬥者。恩格斯的演說顯然是非常成功的，這個成功一方面是因為他與馬克思之間非同一般的關係，另一方面是因為他毋庸置疑的才華。

論婦女選舉權

——蘇珊・安東尼（一八二〇～一九〇六）／
美國女權運動先驅，全美婦女選舉協會主席

朋友們、公民們：

今晚我站在你們面前，被控在上次總統選舉中，因沒有法定權利參加投票而犯有所謂的選舉罪。今晚我要向你們證明，我參加這次選舉不但沒有犯罪，相反只是行使了我的公民權。我國憲法保證我和全體合眾國公民擁有公民權，任何一個州都無權剝奪。

聯邦憲法的序言寫道：「我們合眾國人民，為建設更完善的聯邦，樹立正義，保證國內安定，籌設共同防務，增進公共福利，確保我們自己和子孫後代永享自由幸福，特為美利堅合眾國制定本憲法。」

組成聯邦的是我們人民，不是男性白人，也不是男性公民，而是全體人民。我們組成聯邦，不是為了賜予自由幸福，而是為了確保自由幸福，不是為了確保我們中的一半人及子孫後代中的一半人的自由幸福，而是為了確保全體人民的自由幸福——女人和男人都包括在內的自由幸福。參加投票是這個民主共和政體所提供的、確保自由幸福的唯一手段。因此，一方面侈談婦女享有自由幸福，另一方面卻又剝奪她們的投票權，這是一個極大的諷刺。

任何州政府，如果把性別作為參加選舉的資格，必然導致人口中的整整一半被剝奪公民權。這等於通過一項剝奪公民權的法令，或一項具有追溯效力的法令。因此，這樣做違背了我國最高法律，使婦女及其後代中的所有女性被永遠剝奪了自由幸福。對婦女來說，這個政府也就沒有來自被統治者贊同的正常權力。對她們來說，這個政府就不是民主政體，不是共和政體，而是可憎的專制，是可惡的性別獨裁，是地球上迄今為止最可恨的專制。因為，富人統治窮人的富人獨裁，有教養者統治無知者的勞心者獨裁，甚至撒克遜人統治非洲人的種族獨裁，人們或許尚能忍受；而這種性別獨裁，卻使得每家每戶的父親、兄弟、丈夫、兒子，成為母親、姐妹、妻子、女兒的統治者，使一切男人至高無上，一切婦女淪為奴婢，因而給全國每家每戶帶來了不和、紛爭和反叛。

韋伯斯特、伍斯特和布維爾都認為，所謂合眾國公民，就是有權投票和有權供職的美國人。

現在唯一要解決的問題是：婦女是不是人？我相信，任何反對我們的人都不敢斗膽說婦女不是人。婦女既然是人，那麼就是公民。任何州都無權制定某種法律，或重操某種舊法律，來剝奪婦女的特權和豁免權。因此，今天，某些州的憲法和法律中所有歧視婦女的條款，正如所有歧視黑人的條款一樣，都是無效的。（發表於一八七三年）

〔解說．賞析〕

作為早期美國女權主義運動的領袖，蘇珊．安東尼在一八七二年的總統大選中帶領一群紐約州的婦女到當地投票地點參加投票。因為當時婦女投票是非法的，所以她被逮捕，並於一八七三年6月被傳訊。在此之前，她前往紐約州北部大部分地區進行了演講，說明剝奪女性的選舉權是不合理的。

蘇珊．安東尼的這篇演講簡潔有力，邏輯論證嚴密，她依據合眾國憲法，使反對者沒有反駁的餘地。在演說中，蘇珊開篇就直接講明了事情的原委：因為在選舉中投了票而被指控有罪。但是她說：「今晚我站在你們面前，被控在上次總統選舉中，因沒有法定權利參加投票而犯有所謂的選舉罪。今晚我要向你們證明，我參加這次選舉不但沒有犯罪，相反只是行使了我的公民權。」

接著，她引述了憲法的內容來說明她使用權利的正當性，這些都是正面的論述，在於說明：如果一個國家因為性別而剝奪人權，就是一個獨裁的性別寡頭統治。蘇珊·安東尼的下一個詰問是，如果憲法承認人權，那麼，女人是人嗎？這是一個非常嚴厲而諷刺的提問，必然使被問者瞠目結舌，蘇珊繼續推論：女人既然是人，那麼按照憲法，她就是一位公民，因此，一切歧視女人的在憲法之下的法律法規都是無效的。

在這篇演說中，我們找不到一句廢話，蘇珊·安東尼也不依靠情感來打動人，她只是依據根本的憲法和邏輯力量。

成功之路

——安德魯・卡內基（一八三五～一九一九）／卡內基公司創始人

年輕人應該從頭學起，擔當最基層的職務，這是件好事。匹茲堡有許多大企業家在創業之初都肩負過重任。他們與掃帚結伴，以清掃辦公室度過了企業生涯的最初時光。我注意到現在的辦公室都配備了男女工友，這使我們的年輕人不幸失去了這個有益的企業教育的內容。不過，比如哪一天早晨專業清掃工碰巧沒來，某一位具有未來合夥人氣質的青年就會毫不猶豫試著拿起掃帚。有一天，一位頗為時髦、溺愛孩子的密西根母親問一位小夥子是否見過像她女兒普里茜拉那樣的女郎如此瀟灑地在房間裡打掃衛生。小夥子說從未見過，那位母親高興得樂不可支。但小夥子頓了頓說：「我想看到的是她在室外清掃。」如有必要，新來者在辦公室外清掃對他絲毫無損。我本人就曾打掃過的。

假如你們都得到了聘用，我對你們的忠告是「志存高遠」。對那些還沒有把自己視為某家重要公司的合夥人或領軍人物的年輕人，我會不屑一顧。你們在思想上一刻也不要滿足於充當任何企業的首席職員、領班或總經理，不管這家企業的規模有多大。你們要對自己說：「我的位置在最高處。」你們要夢寐以求登峰造極。

獲得成功的首要條件和最大秘密是：把精力、心思和資本完全集中於所從事的事業上。一旦開始幹一行，就要下決心幹出個名堂來，就要獨佔鰲頭，就要不斷進取，就要採用最好的機器，而且要精通此行。失敗的企業往往是那些分散了資本的企業，即分散了精力的企業。它們這裡投一下，那裡投一下，遍地開花。「別把所有的雞蛋都放進一個籃子」之說大錯特錯。

我告訴你們，「要把所有的雞蛋都放進一個籃子，然後照管好那個籃子。」瞻前顧後，時時留神，能這樣做的人往往就會立於不敗之地。管好並提好那一個籃子很容易。在我們這個國家，想多提籃子的人才打碎最多的雞蛋。有三個籃子的人就得把一個籃子頂在頭上，這樣就很容易摔倒。美國企業家往往犯的一個錯誤就是未能全力以赴。

一言以蔽之，樹立遠大的目標，千萬不要涉足酒吧；千萬不要酗酒，即使僅在用餐時也別貪杯；千萬不要投機；簽署支付的款項時，千萬不要透支。取消訂貨的目的永遠在於挽救貨主的利益；集中精力，把所有雞蛋放進一個籃子並照管好那個籃子；永遠不要超前消費；最後，不要失去耐心，因為正如愛默生所說，「除了你自己，沒有人能哄

騙你離開最後的成功。」（發表於一八八五年）

〔解說．賞析〕

鋼鐵大王安德魯．卡內基是一位成功的企業家，本篇演講是他經商多年以來總結的經驗。卡內基指出，通往成功之路的基本條件和重大秘密是：把精力、思想和資本全部集中於你所從事的事業之上。此外，他還在演講之中提到走向成功之路需要注意的幾個問題，如把公司的利益看成是你自己的、要專注、「要把所有的雞蛋都放進一個籃子，然後照管好那個籃子。」這其中的每一點，卡內基都作了認真、仔細的介紹，以便讓學生們理解得更深刻。

整篇演講沒有什麼豪言壯語，也沒有一個成功的企業家訓斥自己後輩的那種盛氣凌人，有的只是樸實的語言和懇切的語氣。總之，卡內基的演講讓人覺得很親切，聽眾會不由自主地追隨他的思路，並根據演講，做出自己的判斷。在演講的最後，卡內基進一步強調了自己的觀點，同時也增強了聽眾的記憶。卡內基的演講是他多年經營的心得，是寶貴的商業財富，對於每個立志從商的人，具有永恆的價值和積極的指導意義。

命運與歷史

——尼采（一八四四～一九〇〇）／德國著名哲學家

如果我們能夠用無拘無束的自由目光審視基督教學說和基督教會史，我們就一定會發表某些違背一般觀念的意見。然而，我們從嬰兒開始就被束縛在習慣與偏見的枷鎖裡，童年時代的印象又使我們的精神無法得以自然發展，並確定了我們的秉性的形成，因此，我們如若選擇一種更為自由的觀點，以便由此出發，對宗教和基督教作出不偏不倚，符合時代的評價，我們會認為這幾乎是大逆不道。

試圖作出這樣一個評價，可不是幾個星期的事，而是一生的事。

因為，我們怎麼能夠用青年人苦思冥想的成果去打倒有二千年之久的權威和破除各個時代有識之士的金科玉律呢？我們怎麼能夠因幻想和不成熟的觀點而對宗教發展所帶來的所有那些深深影響世界歷史的痛苦與祝福置之不理呢？

要想解決幾千年來一直爭論不休的哲學問題，這純粹是一種恣意妄為：推翻只把追隨有識之士的信念的人抬高為真正的人的觀點，對自然科學和哲學的主要成果一無所知卻要把自然科學與哲學統一起來，在世界史的統一和最原則的基礎尚未向精神顯露自己的時候最終從自然科學和歷史中提出一種實在體系。

一無指南針，二無嚮導，卻偏偏要冒險駛向懷疑的大海。這是愚蠢的舉動，是頭腦不發達的人在自尋毀滅。絕大多數人將被風暴捲走，只有少數人能發現新的陸地。那時，人們從浩瀚無垠的思想大海之中，常常渴望著返回大陸：在徒勞的冥想中，對歷史和自然科學的渴望心情常常向我襲來！

歷史和自然科學——整個以往時代遺贈給我們的奇異財富，預示我們未來的瑰寶，獨自構成了我們可以在其上面建造冥想的塔樓的牢固基礎。

我常常覺得，迄今為止的整個哲學，多麼像是巴比倫一座宏偉塔樓；高聳入雲乃是一切偉大追求的目標；人間天堂何嘗不是這樣。民眾中極度的思想混亂就是沒有希望的結局；倘若民眾弄明白整個基督教是建立在假設基礎上的，勢必會發生巨大變革；什麼上帝的存在，什麼永生，什麼聖經的權威，什麼靈感，等等，都將永遠成為問題。我曾經試圖否定一切：啊，毀壞易如反掌，可是建設難於上青天！而自我毀滅顯得更為容易；童年時代的印象，父母親的影響，教育的薰陶，無不牢牢印在我們的心靈深處，以致那些根深蒂固的偏見憑理智或者純粹的意志是不那麼容易消除的。習慣的勢力，更高的需求，同一切現存的東西決裂，取消所有的社會形式，對人類是不是已被幻想引入歧途兩千年的疑慮，對自己的大膽妄為的感覺——所有這一切在進行一場勝負未定的鬥爭，直至痛苦的經驗和悲傷的事件最終再使我們的心靈重新樹起兒童時代的舊有信念。但是，觀察這樣的疑慮給情感留下的印象，必定是每個人對自己的文化史的貢獻。除了某種東西——所有那些冥想的一種結果之外，不可能會有其他東西銘刻在心了，這種結果並不總是一種知識，也可能是一種信念，甚至是間或激發出或抑制住一種道德情感的東西。

如同習俗是一個時代、一個民族或一種思想流派留下的結果，道德是一般人類發展的結果。道德是我們這個世界裡一切真理的總和。在無限的世界裡，道德可能只是我們這個世界裡的一種思想流派留下的結果而已；可能從各個世界的全部真理結論中會發展起一種包羅萬象的真理！可是，我們幾乎不知道，人類本身是否不單單是一個階段、一個一般的、發展過程中的時代，人類是不是上帝的一種任意形象。人也許僅僅是石塊通過植物或者動物這種媒介而發展起來，不是嗎？人已經達到了盡善盡美的程度嗎，而且其中不也包含著歷史嗎？這種永無止境的發展過程難道永遠不會有個盡頭？什麼是這只巨大鐘錶的發條呢？發條隱藏在裡面，但它正是我們稱之為歷史的這只巨大鐘錶裡的發條。鐘錶的表面就是各個重大事件。指標一小時一小時從不停歇地走動，12點鐘過後，它又重新開始新的行程；世界的一個新時代開始了。

人作為那種發條不能承載起內在的博愛嗎（這樣兩方面都可以得到調解）？或者，是更高的利益和更大的計畫駕馭著整體嗎？人只是一種手段呢，還是目的呢？

我們覺得是目的，我們覺得有變化，我們覺得有時期和時代之分。我們怎麼能看到更大的計畫呢？我們只是看到：思想怎樣從同一個源泉中形成，怎樣從博愛中形成，怎樣在外部印象之下形成；怎樣獲得生命與形體；怎樣成為良知、責任感和大家的共同精神財富；永恆的生產活動怎樣把思想作為原料加工成新的思想；思想怎樣塑造生活，怎樣支配歷史；思想怎樣在鬥爭中相互包容，又怎樣從這種龐雜的混合體中產生新的形態。各種不同潮流的鬥爭浪濤，此起彼落，浩浩蕩蕩，流向永恆的大海。

一切東西都在相互圍繞著旋轉，無數巨大的圓圈不斷地擴大。人是最裡面的圓圈之一。人倘若想估量外面圓圈的活動範圍，就必須把自身和鄰近的其他圓圈抽象化為更加廣博的圓圈。這些鄰近的圓圈就是民族史、社會史和人類史。尋找所有圓圈共有的中心，亦即無限小的圓圈，則屬於自然科學的使命。因為人同時在自身中，並為了自身尋找那個中心，因此，我們現在認識到歷史和自然科學對我們所具有的唯一的深遠意義。

在世界史的圓圈捲著人走的時候，就出現了個人意志與整體意志的鬥爭。隨著這場鬥爭，那個極其重要的問題——個人對民族、民族對人類、人類對世界的權利問題就顯露了出來；隨著這場鬥爭，命運與歷史的基本關係也就顯露了出來。

對人來說，不可能有關於全部歷史的最高見解。偉大的歷史學家和偉大的哲學家一樣都是預言家，因為他們都從內部的圓圈抽象到外部的圓圈。而命運的地位還沒有得到保證；我們要想認清個別的，乃至整體的權利，還需要觀察一下人的生活。

什麼決定著我們的幸福生活呢？我們應當感謝那些捲動我們向前的事件嗎？或者，我們的稟性難道不是更像一切事件的色調嗎？在我們的個性的鏡子裡所反映的一切不是在與我們作對嗎？各個事件不是彷彿僅僅定出我們命運的音調，而命運藉以打擊我們的那些長處和短處僅僅取決於我們的稟性嗎？愛默生不是讓我們問問富有才智的醫生，稟性對多少東西不起決定作用以及對什麼東西壓根兒不起決定作用？

我們的稟性無非是我們的性情，它鮮明地顯示出我們的境遇和事件所留下的痕跡。究竟是什麼硬是把如此眾多的人的心靈降為一般的東西，硬是如此阻止思想進行更高的騰飛呢？——是宿命論的頭顱與脊柱結構，是他們父母親的體質與氣質，是他們的日常境遇，是他們的平庸環境，甚至是他們的單調故鄉。我們受到了影響，我們自身沒有可以進行抵擋的力量，我們沒有認識到，我們受了影響。這是一種令人痛心的感受：在無意識地接受外部印象的過程中，放棄了自己的獨立性；讓習慣勢力壓抑了自己心靈的能力，並違背意志讓自己心靈裡播下了萌發混亂的種子。

在民族歷史裡，我們又更廣泛地發現了這一切。許多民族遭到同類事情的打擊，他們同樣以各種不同方式受到了影響。

因此，給全人類刻板地套上某種特殊的國家形式或社會形式是一種狹隘做法。一切社會思想都犯這種錯誤。原因是，一個人永遠不可能再是同一個人；一旦有可能通過強大的意志推翻過去整個世界，我們就會立刻加入獨立的神的行列，於是，世界歷史對我們來說只不過是一種夢幻般的自我沉迷狀態；幕落下來了，而人又會覺得自己像是一個與外界玩耍的孩子，像是一個早晨太陽升起時醒過來，笑嘻嘻將噩夢從額頭抹去的孩子。

自由意志似乎是無拘無束、隨心所欲的，它是無限自由、任意遊蕩的東西，是精神。而命運——如若我們不相信世界史是個夢幻錯誤，不相信人類的劇烈疼痛是幻覺，不相信我們自己是我們的幻想玩物——卻是一種必然性。命運是抗拒自由意志的無窮力量。沒有命運的自由意志，就如同沒有實體的精神，沒有惡的善，是同樣不可想像的，因為，有了對立面才有特徵。

命運反覆宣傳這樣一個原則：「事情是由事情自己決定的。」如果這是唯一真正的原則，那麼人就是暗中在起作用的力量的玩物，他不對自己的錯誤負責，他沒有任何道德差別，他是一根鏈條上必不可少的一個環節。如果他看不透自己的地位，如果他在羈絆自己的鎖鏈裡不猛烈地掙扎，如果他不懷著強烈的興趣力求搞亂這個世界及其運行機制，那將是非常幸運的！

正像精神只是無限小的物質，善只是惡自身的複雜發展，自由意志也許不過是命運最大的潛在力量。如果我們無限擴大物質這個詞的意義，那麼，世界史就是物質的歷史。因為必定還存在著更高的原則，在更高的原則面前，一切差別無一不匯入一個龐大的統一體；在更高的原則面前，一切都在發展，階梯狀的發展，一切都流向一個遼闊無邊的大海——在那裡，世界發展的一切槓桿，重新匯聚在一起，聯合起來，融合起來，形成一個整體。（發表於一八六二年）

〔解說・賞析〕

發表這篇演講的時候，尼采只有18歲，但是他已經在相當深入地思索著世界存在和發展的本源問題，並嘗試著強調個人在與客觀社會、物質世界的對立和衝突中具有的意義。他把人看做是世界歷史的中心存在，認為人的意志力和能動性在與宇宙萬物的鬥爭中，是世界變化發展的基本動力。他高揚人的意志，強調「世界歷史對我們來說只不過是一種夢幻般的自我沉迷狀態」。

尼采簡練的語言中包涵了深邃博大的思想，他鮮明的觀點、明快的節奏、嚴謹的邏輯，讓聽眾像沉浸在一部情節環環相扣的電影之中，不捨得放過其中任何一個細節。為了加強演講的感染效果，尼采還運用排比、比喻、設問、反問等手法，一步步地把主題思想向縱深推進。另外，值得一提的是，尼采的演講辯證之精彩，語句之優美，氣勢之酣暢是很少有人能夠超越的。

工人要求什麼

——塞繆爾．岡伯斯（一八五〇～一九二四）／美國工人運動領袖

朋友們，我們今天在這裡集會，為實行八小時工作日制度的要求 喊。在國內，這一要求已促使路易斯維爾和新奧爾巴尼成千上萬的工人們上街遊行，激勵了芝加哥的工人一批又一批地行動起來，激發了紐約工薪勞動大軍的熱忱，並使他們意識到這個問題的重要性。在國際上，這一要求鼓舞了英國、愛爾蘭、德國、法國、義大利、西班牙和澳大利亞的勞動者，他們不顧世界上專制君主的禁令，宣布在一八九〇年5月1日，全世界的工人將舉行罷工，聲援美國工人的鬥爭，要求實行8小時工作日制度，讓工人有8小時睡眠、8小時自由支配的時間。

有人一再指責說，要是我們有更多的閒暇時間，我們只會狂飲暴食，養成惡習，也就是說，我們會喝得爛醉。我想用下面的話來回敬這種指責：一般來說，社會上喝醉酒

的人有兩種：一種是錢太多遊手好閒的人；另一種是失業無活可幹的人，後一種人表面上看起來醉了。我認為在我們的社會中，最清醒的是這一階層的人：他們能夠靠一天合理的勞動時數爭取合理的工資而又不過分勞累。每天勞動了12、14甚至16小時的人需要一些人為的刺激來使他們的身體從一天的疲勞中得到恢復。

我們應該能夠在更高的水準上來討論這個問題，我很高興地說，我們所從事的運動將促使我們朝這一方向前進。他們對我們說無法實行8小時工作日制度，原因是這將妨礙工商業的發展。我認為我國在工商業方面的歷史所表明的事實恰恰與此相反，這個問題不是經濟問題而是社會問題，我們應該把它作為社會問題來討論。要是他們把這個問題說成是經濟問題，我願意和他們辯論，如果這運動意味著使工商業停滯不前，我願意回顧我為推動這一運動的發展所採取的每一個步驟。可是，事情不是這樣，8小時工作日運動將使工商業更加繁榮，使民族更加進步，使人民更加先進、聰明、高尚……

他們說他們擔負不了減少工作時數所造成的損失。事情真是這樣嗎？讓我們稍稍想一想，假如減少工作時數會導致工商業的衰退，那麼很自然地可以由此得出結論，增加工作時數能促進工商業的繁榮。假如事情確實如此，那麼在文明的排行榜上，英國和美國應該是最後一名……

在日工作時數為8、9或10小時的英國和美國，雇主和工人們工作效率更高，更富有成果，這難道不是事實嗎？難道我們沒有發現他們的產品售價更低嗎？我們用不著讓現代的說教家來告訴我們這些事情。在所有勞動時間長的工業中，人們會發現那裡工人的發明創造力發揮得最差。哪裡的勞動時間長，哪裡的勞動力就便宜；哪裡的勞動力價廉，哪裡就不存在發明創造的必要性。我們怎能期望一個人在每天勞動10、12或14小時之後還有精力發明機器或發現新規律或動力？他要是有幸拿起報紙閱讀，也許連兩三行都看不完就要睡著了。

當勞動時數減少時，比如說每天減少一小時，想一想這意味著什麼。如果讓原來每天工作10小時的人把日工作時數減少到9小時，或者讓原來每天工作9小時的人把日工作時數減少到8小時，這意味著什麼呢？這意味著有無數絕好的時刻與機會讓人們思考。有的人也許會說，你們會去睡大覺。好吧，有的人也許一天能睡16個小時，一般的人可以試試看，他會發現無法長期這樣做，他總得做些事情。晚上，他也許會去看看戲，聽聽音樂會，但是他也無法每天晚上都這樣做。他也許會對某一方面的研究產生興趣，那麼他就會把減少體力勞動的時間花在腦力勞動上，他一小時腦力勞動所創造的財富將大大超過他12個小時體力勞動所創造的財富。

在日工作時間較短的制度下，人們不僅有機會自我提高，而且有可能為他們的雇主帶來更大的成功，我認為這是千真萬確的。朋友們……西班牙、印度、俄國、義大利的情形又是如何呢？放眼看看世界，觀察一下迫使大自然為人類生產必需品的工業，你們將會發現，哪裡的工作時間最短，哪裡的機器發明創造就發展得最快，人民的生活就最富裕。雇用廉價勞力是發展的最大阻礙，哪裡的勞力便宜，哪裡的發展就遲緩。正是由於我們偉大的勞工聯合會的影響，我們富有理智的會員們才能夠往前，往高處繼續前進，我們的進步與改革運動正為世人所密切關注。

日工作時間長的人，除了維持最低的生活水準以便能繼續勞動外沒有別的需求。他睡覺夢見幹活，早上起床去上班，帶著節儉的午餐去幹活，回到家又躺在那勉強拼起的床上稍稍休息，以便能再去上班幹活。他只不過是一台名副其實的機器，他活著是為了幹活，而不是幹活為了生活。

朋友們，除了生活必需品外，勞動人民需要的唯一的東西是時間。我們的生命隨著時間開始亦隨之結束。我們需要用於陶冶自身情操的時間，需要用於使我們的家庭充滿歡樂的時間。時間把我們從最低級的原始社會帶到最先進的文明社會，我們需要時間來把我們推向更高級的社會。

朋友們，你們將會發現這一事實：已查明，我們有一百多萬的兄弟姐妹——身強力壯的男女——流落在街頭、大路和偏僻的鄉村小路旁，他們願意工作卻找不到活幹。大家知道，我們政府的理論是我們可以隨心所欲地決定要就業或要辭職，這只是理論而已，不是事實。我們確實可以辭職，如果我們要這麼做，可是，只要還有一百萬失業的男女流落在街頭尋找工作，我就不認為我們想就業就可以找到工作。可以隨意就業或辭職的說法是騙局、圈套，是個彌天大謊。

我們要考慮的有：第一，使我們的職業更有保障；第二，使工資更加固定；第三，為窮人們提供就業的機會。勞動者一直被當做生產物品的機器……而在勞動這一現象後面還有人的靈魂、真正的目的和抱負。你們不能像政治經濟學家和大學教授那樣把勞動說成是可以買賣的商品。我們是繼承了我們偉大先輩的傳統的美國公民，我們的先輩為了事業犧牲了除榮譽之外的一切東西。我們的敵人希望看到勞工運動夭折，到寒冷的陰間去見閻王爺，他們希望在天氣稍微暖和一些時看到這。可是，我要對大家說，勞工運動已經扎下根不走了。像《麥克白》中班柯的鬼魂一樣，勞工運動永不消逝。勞工運動是既成的事實，它由於人們的需要而產生，雖然有些人希望它失敗，可是它依然在人們心中牢牢地扎下了根。我們將繼續努力直至取得勝利。

我們要求完全實行8小時工作日制度。有人譴責我們自私，說我們會得寸進尺提出更多的要求，說我們去年日薪提高了10美分，現在又要求更多一些。我們確實要求更多一些。人的欲望通常是無止境的。去問問流浪漢要些什麼，假如他不要飲料，他會要一頓豐盛的飯菜；問一天掙兩美元的工人要什麼，他會要求把日薪提高10美分；要是問一天掙5美元的人，他會要求每天增加15美分；要是問年薪為五千美元的人，他會要求將年薪增加到六千美元；而擁有80萬或90萬美元的人會想再要10萬美元湊成一百萬；而百萬富翁還想擁有每一樣能弄到手的東西，然後提高嗓門，反對想每天多掙10美分的窮光蛋。我們生活在財富成百倍地增長的電力和蒸汽的時代，我們認為這些財富是勞動者的聰明才智和辛勤勞動的結晶，而當我們感到生產比以往更容易時，卻發現生活越來越艱難。我們確實要求更多，而且當我們得到更多後，我們還要進一步要求更多。在我們得到我們應得的勞動成果之前，我們決不會停止要求更多一些……（發表於一八九〇年）

〔解說·賞析〕

美國工人領袖塞繆爾·岡伯斯在演講的開始就用事實激勵和鼓舞了工人們的士氣，他說紐約、芝加哥、英國、愛爾蘭、德國、法國、義大利等全世界的勞動者，都齊集在一八九〇年5月1日這一天——聲援美國爭取8小時工作日的制度。接著他針對有些人指責工人們如果有更多的閒暇時間會狂暴飲食、養成惡習等的說法，作出了自己的回敬。他幽默而又尖銳的語言獲得了工人們的掌聲。他說，養成惡習的人只會是那些遊手好閒、無活可幹的人，不是工人。他還認為8小時工作制是社會問題，而不是某些人所說的經濟問題。他說8小時工作制，只會讓工人們的效率變高，提高他們的創造力。

岡伯斯通俗、風趣的語言很快就調動起了聽眾的情緒。之後，他借著高漲的情緒把工人們和上百萬的失業人群聯繫起來，強調「工人不是機器」，不是「為了幹活而活著」，道出了工人們的心聲，從而引導工人要為自己的權利而繼續鬥爭。

岡伯斯的這篇演講，在當時的情況下極大地鼓舞了工人們，是工人階級為生存和鬥爭所發出的吶喊，是勞工運動中一件無形但卻鋒利的武器。

精神分析的起源

——佛洛伊德（一八五六～一九三九）／
奧地利精神病醫生及精神分析學家

女士們，先生們：

在新世界的學生面前舉辦這種講座對我來說是新的經驗，從某種意義上講也使我感到為難。我有幸使自己的名字與精神分析聯繫在一起，我的演講便以精神分析為題。我要對這項新的研究與治療方法的起源和進一步發展，向你們作一番極其簡要的歷史回顧。

當我還是學生，正忙於畢業考試時，一位維也納的醫師，約瑟夫·布羅伊爾博士正在試驗治療歇斯底里病人的方法。布羅伊爾博士的病人是位21歲的姑娘，才智出眾。她的病經過兩年發展之後出現了一系列身心紊亂，需要認真治療。她的右側肢體麻木、嚴重癱瘓，有時左側身體也呈同樣的病症，還出現了眼球運動障礙，視力也大大減弱。當她想吃東西時，難以保持頭部位置，並伴隨強烈的神經性咳嗽、噁心。有一次，她接連幾個星期喪失了飲水的能力，儘管她遭受乾渴的折磨。她的語言能力也減退了，甚至無法說自己的母語，也無法理解。最後，她處於一種「失神」、混亂、譫妄的狀態，整個個性發生了改變。我在後面還要詳細論述這些狀態。這些病症最初出現在她照料父親的時候。她很愛自己的父親，嚴重的疾病後來導致了他的死亡。但她被迫放棄照料父親的義務，因為她自己發病了……

你們不要以為，診斷出病人患了歇斯底里而不是腦組織疾病時，最好採用藥物治療。對於嚴重的大腦疾病，藥物往往無濟於事。醫生對於歇斯底里完全無能為力。他只能使其保持良性狀態，但不知道何時能夠治癒、如何才能治癒。因此，確診一種疾病為歇斯底里，病人的處境沒有多大變化，醫生的態度卻會有很大的變化。我們可以發現，他對歇斯底里病人採取的行動與對待器質性疾患的病人不同。他對前者沒有對後者一樣的興趣，以為他們遭受的痛苦遠不如後者那樣嚴重，對這種看法有必要重新作出認真的評價……

在這個病例中，布羅伊爾是無可指責的。他對自己的病人表示同情和興趣。雖然一開始不知道如何幫助她……滿懷同情的觀察使他很快就發現了一些辦法，首次有可能為病人提供幫助。值得注意的是，病人處於「失神」或心理變態時，常常自言自語地重複幾個詞。這些詞好像是從她那紛亂繁忙的思緒聯想中洩漏出來的。這位醫生聽出這些詞之後就讓她處於被催眠的狀態，一再對她重複那幾個詞，並觀察由此引起的聯想。這些提示使那些在「失神」狀態時控制她思想的心理產物又重新出現了，並通過簡單的言辭洩露出來。

老實說，這是一種幻想，往往有詩一般的美。我們可以把它稱做白日夢。我們通常把它看成這位守護父親的姑娘的轉捩點。每當她產生這些幻想時，她便獲得解放，恢復了正常的心理生活。這種健康狀況可以持續幾小時。第二天又出現新的「失神」狀態，可以用同樣辦法與新的幻想聯繫起來而解除。這就給人留下印象，在「失神」時表現出來的心理變態源自這類感情衝動的幻覺的興奮的結果。奇怪的是這位病人發病時能夠理解英語，並且只能講英語。這種新療法被稱為「談話療法」，或者是被戲稱為「打掃煙囪」。

這位醫生很快意識到，用這種方法不僅可以暫時驅散重複出現的心理「烏雲」，而且可以淨化靈魂。如果在催眠時，病人能夠回憶起它們最初出現的情形以及有關的聯想，就能為它們所引起的情緒提供發洩口，從而使疾病的症狀消失。「在一個炎熱的夏天，病人渴得要命，卻突然不能喝水了。並且看不出有什麼明顯的理由。她手裡拿著一杯水，可是一碰到嘴唇就把它推開，就像得了恐水症一樣。顯然，在這幾秒鐘內，她處於失神的狀態。她只能吃水果、瓜以及諸如此類的東西來減輕乾渴的煎熬。約六星期之後，她終於在催眠中極其厭惡地談到了自己討厭的英國保姆。她說，當她走進那位保姆的屋子時，發現保姆的可憎的小狗從杯子裡喝水。她出於禮貌保持了沉默。醫生發現，在她表達了這種被抑制的強烈憤怒之後，她又想喝水了，而且毫無困難地喝了大量的水。當她從催眠中醒來時，杯子就在她的嘴唇旁邊。那些症狀就這樣永遠消失了。」

請允許我對這個試驗再囉嗦幾句。以前從未有人用這種方法治好過歇斯底里病，或者如此深入地理解它的病因。如果這種猜測能夠進一步得到證實，那就是一項意義深遠的發現，很可能以類似方式產生的主要症狀都可以用這種辦法解除。布羅伊爾不遺餘力地證明這一點，並以井然有序的方式研究其他更嚴重症狀的病理。情況的確如此，幾乎所有的症狀都是由帶感情色彩的經驗產生的，如果你們願意，可以把它看成一種殘餘物、沉澱物。我們後來稱之為「心理創傷」。把這些症狀與當時產生它們的情景聯繫在一起，就可以更清楚地看到他們的本質。用專業術語來講，這些症狀是留下記憶痕跡的情景「決定」的，不能作隨心所欲的解釋或者把它們描述成神經症莫名其妙的作用。

只有一種例外的情況我們必須提及。引起這種症狀的往往不是一種經驗，而是幾種經驗，也許是許多類似的、重複的心理創傷的共同作用造成了這種後果。這就有必要按照時間的順序再現記憶中發病的全部過程，當然是以相反的順序，最初的成為最後的，最後的成為最初的。在沒有清除那些後來的記憶之前，要想直接觸及最主要最基本的創傷是不可能的……

幾年之後，我開始對自己的病人採用布羅伊爾的研究方法和治療方法，我的經驗與他的經驗完全吻合……如果你們允許我加以推廣的話——在簡潔的表述中，這是必不可少的——那麼我們可以把這些結果用一句話來表達：歇斯底里病人受到記憶恢復的折磨。他們的症狀是某種（創傷性）經驗的記憶符號或殘跡……他們無法擺脫過去也無法忽略對自己有利的現實。心理生活決定致病創傷的固戀，這實際上是精神病最重要的特點。我應該承認，當你考慮到布羅伊爾的病人的歷史時可能會提出異議。認為她的所有創傷都是在她照料自己病重的父親時造成的，因此她的所有症狀只能看成是他患病和死亡的記憶符號；認為與悲傷，與關於死亡的想法的固戀對應的症狀，在病人死亡之後不久產生不能說是病理性的，而是正常的情緒行為。我承認：布羅伊爾的病人顯示的創傷性情感固戀的確沒有什麼異常的地方……

認識到這一點，我們就可以完成關於歇斯底里的純心理學理論了，這裡我們把情感過程放在第一位。布羅伊爾後來的觀察迫使我們把它們歸因於另一種意識條件，它在決定該疾病的特徵方面起著重要的作用。他的病人在正常狀態之外，表現出多種精神狀態，「失神」、混亂和性格變化。當她處於正常狀態時，完全記不起使她犯病的情景及其與症狀之間的聯繫。她忘記了這些情景，或者說使它們與發病脫離關係。當病人被催眠時（這是有可能的），可以很費力地使她回憶起這些情景，這種回憶可以使那些症狀解除。若不是催眠的實踐和試驗，對這個事實的解釋，將會使人感到極為困惑，通過對催眠現象的研究，一個初看起來有點怪的概念逐漸為人們所熟悉，這就是幾種心理組合在同一個人身上是可能的。它們可以是相對獨立的，彼此「完全不相干」，這就可能導致意識分裂……以同樣的方式完全可以解釋歇斯底里病例中的事實。布羅伊爾得出結論，歇斯底里的症狀源自特殊的精神狀態，他稱為「催眠狀態」……以後，我還要說明除催眠狀態外的其他影響和過程，但布羅伊爾僅限於這個因素。

或許，你也會感到布羅伊爾的研究只是給了你一種不完備的理論和對你所觀察到的現象的不充分的解釋。但是，完備的理論並不是從天而降的，如果有人觀察伊始就有給你提供一種沒有漏洞的圓滿理論，那麼你就有更充分的理由表示懷疑。這樣的理論只可能是他思辨的產物，而不是對事實公正研究的成果。

〔解說・賞析〕

「精神分析的起源」是一個非常深奧的科學命題，如果只是純理論上的論述，聽眾將不容易理解和接受。佛洛伊德在簡單的描述之後，便詳細講述布羅伊爾博士用「談話療法」治癒一位21歲姑娘的歇斯底里症的病例，並且這個病例貫穿整場演講。聽眾不僅沒有感到喧賓奪主，相反都覺得非常流暢和生動。

除了運用生動詳盡的典型病例來說明問題外，佛洛伊德還儘量拋開那些生澀的專業術語，改用簡單形象的語言，如把「談話療法」稱做是「打掃煙囪」——為情緒提供「發洩口」等。佛洛伊德用簡潔、新穎的語言，講解了一個深奧的科學命題，受到了學生們的熱烈歡迎。

佛洛伊德的演講，思路清晰，內容有趣，敘述精彩，很吸引聽眾。他自己對此也頗為得意，這次演說之後，他如此自我評價說：「我的感覺就像是難以置信的白日夢獲得實現那樣：精神分析已不再是一種幻想的產物，它已是現實中極有價值的一部分。」

關於對德宣戰在國會的講話

——伍德羅．威爾遜（一八五六～一九二四）／美國第二十八任總統

今年1月3日我正式通知你們，德意志帝國政府發表了異乎尋常的通告，宣稱從1月1日起它的宗旨是把法律的限制或仁慈的考慮統統拋置一邊，用它的潛艇去擊沉任何駛近英國和愛爾蘭港口的船隻，或駛近歐洲西海岸或地中海內德國的敵人所控制的任何港口的船隻。這似乎是德國潛艇戰在大戰之初的目標。在這以前，德意志帝國對其潛艇指揮官們多少有所限制，以實踐當時它對我們許下的諾言，即不擊沉客輪，對其他的潛艇可能摧毀的船隻，只要不作抵抗、留在原地，便會向它們預先發出警告，而且讓它們的船員至少有機會在不設防的船上逃生。在殘酷無情的戰爭中，一樁樁令人悲痛的事件證明，德方的克制是很不夠的，而且帶有任意性，但確實有一定程度的節制。而新政策把任何限制都取消了，任何種類的船隻，不論它掛什麼旗，具有什麼性質，載什麼貨，

駛向何處，完成什麼使命，全都被擊沉，不給預先警告，也全然不顧船上人員的死活；友好中立國的船隻與敵國的船隻同樣對待。甚至連醫護船以及向比利時死傷慘重的人民運送救濟物資的船隻——後者被德國政府允許安全通過禁海而且帶有明確無誤的標記——同樣也被喪失同情心和原則性的德軍擊沉。

有一度我無法相信，這種行徑竟然真是一個一貫贊同文明世界人道慣例的政府的所作所為。國際法起源於人類試圖制訂的某種的海洋上得到尊重和遵守的法律，該法律規定，任何國家無權統治海洋，世界各國的船隻都可以在海上自由航行……德國政府以報復和必需為藉口，已將這起碼的法律規定一腳踢開，因為德國在海上除了毫不顧忌人道，蔑視對國際交往的共識，窮兵黷武之外，幹不了什麼別的事。我現在想到的不是德國在海上造成的財產損失，儘管損失慘重，而是對大批平民生命肆無忌憚的屠殺，而這些男人、婦女和兒童所追求的目標向來——甚至在現代歷史最黑暗的時期——被認為是無辜和合法的。財產可以賠償，而和平無辜人民的生命則無法賠償。目前德國對付海上貿易的潛艇戰其實是以人類為敵。

這是針對所有國家的戰爭。美國船隻被擊沉，美國公民葬身海底，消息傳來令人震驚。但其他中立或友好國家的船隻和人員在海上遭到相同的厄運，沒有什麼差別。這是對整個人類的挑戰。每個國家必須獨自決定它應如何對付這一挑戰。我們必須適應我國的特點和宗旨審時度勢，謹慎考慮，以作出我們自己的決定。我們絕對不應感情用事。我們的動機既非為復仇也不是為了耀武揚威，而僅僅是為維護權利，維護人權，在這場鬥爭中我們國家僅僅是一名鬥士……

我深刻認識到我正採取的步驟的嚴重乃至悲劇的性質，以及它所包含的重大責任，但是我對履行自己由憲法規定的義務毫不遲疑。正是以這樣的態度我建議國會宣布，德意志帝國最近的行動事實上已是對美國政府和人民發動了戰爭；美國正式接受已強加於它的交戰國地位；美國將立即行動，不僅使國家處於完全的防禦狀態，而且將竭盡全力，使用一切手段迫使德國政府屈服，結束戰爭。

當我們採取行動，這些重大行動的時候，我們自己應當清楚，也應讓全世界明白我們的動機和目的是什麼……我們的目的……是維護國際生活的和平與正義的原則，反對自私和專制的力量，我們要在世界上真正自由和自治的各國人民之中確立一種意志與行動的概念，有了它就能保證這些原則得到遵循。當問題涉及世界和平，涉及世界各國人民的自由時，當組織起來的勢力支援某些專制政府按自己的意志而非人民的意志獨斷專行從而對世界人民的和平與自由構成威脅時，中立便不再是可行或可取的了。我們看到，在這種情況下中立已成為歷史。我們處在一個新時代的開端，在這個時代中人們堅決要求，凡文明國家每個公民遵循的關於行為和承擔罪責的準則，各個國家和它們的政府也必須同樣遵循。

我們與德國人民之間不存齟齬。對他們，我們除了同情和友誼沒有別的情感。他們的政府投入戰爭並不是因為人民的推動，他們事先一無所知，並未表示贊同。決定打這場戰爭與過去不幸的歲月中決定打一場戰爭的方式相同。舊時統治者從不徵求人民的意見，戰爭的挑起和發動全都是為著王朝的利益或是為野心勃勃的人組成的小集團的利益，這些人慣於利用同胞作為走卒和工具……

我們接受這一敵意的挑戰，因為我們知道與這樣一個採用這種手段的政府是絕對不可做朋友的；只要它組織起來的力量埋伏著準備實現不可告人的目的，世界上一切民主政府便無法得到安全保障。我們接受的將是一場與這個自由的天敵展開的宏大戰役，如有必要，將動用我國的全部力量去制止和粉碎敵人的意圖和勢力。我們感到欣慰，因為敵人撕去偽善的面紗，使我們看清了真相，這樣我們將為世界最終和平，為世界各國人民包括德國人民的解放而戰：為大大小小各國的權利和世界各地人們選擇自己的生活與服從權威的方式的特權而戰。世界應該讓民主享有安全。世界和平應建立在政治自由歷經考驗的基礎上。我們沒有什麼私利可圖。我們不想要征服，不想要統治。我們不為自己索取賠償，對我們將慷慨作出的犧牲不求物質補償。我們只不過是為人類權利而戰的鬥士之一。當各國的信念和自由能確保人類權利不可侵犯之時，我們將心滿意足。

在我們面前很可能有曠日持久的戰火考驗和慘重犧牲。把我們偉大、愛好和平的人民領入戰爭是件可怕的事。因為這場戰爭是有史以來最血腥最殘酷的，甚至文明自身似已岌岌可危。然而權利比和平更寶貴。我們將為自己一向最珍惜的東西而戰——為了民主，為人民服從權威以求在自己的政府中擁有發言權，為弱小國家的權利和自由，為自由的各國人民和諧一致共同享有權利以給所有國家帶來和平與安全，使世界本身最終獲得自由。為完成這樣一個任務，我們可以獻出我們的生命財產，獻出我們自己以及我們所有的一切；我們滿懷自豪，因為我們知道，這樣的一天已經到來：美國有幸得以用她的鮮血和力量捍衛那些原則，正是它們給予她生命和快樂，給予她一向珍視的和平。上帝保佑她，她別無選擇。（發表於一九一七年）

〔解說・賞析〕

單從這篇演講詞來看，威爾遜的演講可謂義正詞嚴，感人肺腑。在演講中，威爾遜列舉了德國發動潛艇戰所犯下的瘋狂罪行，說明了德國已經成為全人類的敵人。那麼，美國對德宣戰便是向人類的敵人宣戰，美國也因此昇華為一個為維護人類利益而戰鬥的角色。雖然當時，多數美國人支持參戰，但卻不了解戰爭的起因和目的。

針對美國民眾的心態和思維習慣，威爾遜在演講中有意識地運用了大量美國人酷愛的有關理想主義的詞句來說明戰爭的目的，成功地激發了美國人民的參戰熱情，如：「我們接受這一敵意的挑戰，因為我們知道與這樣一個採用這種手段的政府是絕對不可做朋友的；只要它組織起來的力量埋伏著準備實現不可告人的目的，世界上一切民主政府便無法得到安全保障。」

這次演講標誌著美國正式參加第一次世界大戰。而美國的參戰，增強了協約國的力量，加速了同盟國的失敗。這場大戰削弱了英、法、德、義，而適時參戰的美國在戰爭中大獲其利，一舉成為世界頭號經濟強國。

反對參戰

——諾里斯（一八六一～一九四四）／美國政治家，國會議員

為數眾多的美國公民覺得，加入這場戰爭是我們對人類應盡的義務。其實交戰雙方皆有許多殘酷無情的劣跡。但人們常因自己的感情和利益在判斷中帶有偏見。我認為，我們從一開始就應嚴守中立。假如我們以前按此行事，現在也就不會瀕臨戰爭。作為一個國家我們有權在自己認為需要的時候中止中立立場。我們根據法律有權尊重英國的海上戰區，無視德國的海上戰區，但我們不能既這麼做又保持中立。我並不想跟那個不願讓我國保持中立的人爭吵。我相信，有許多誠實、愛國的公民往往因為誤解了現實情況才認為我們應該投入這場戰爭，支援總統關於對德宣戰的要求。我認為，這些人判斷失當，而且由於大財團幾乎完全一致的要求的錯誤誘導，他們在很大程度上沒能弄清歷史和現實的實際情況。在這場爭論中我們已向盟國借出若干億美元。這種行動是國際法所

允許和鼓勵的，但同時我也確信我國向盟國提供的大量貸款已被用來造成一種公眾情緒，它支持我國採取一個能使每張一美元債券值一百美分，使每筆債務能得到可靠償還的方針。借助這一手段以及其他人——他們不僅在製造軍火中大發橫財，而且一旦我國被拖入戰禍，他們將指望賺更多的錢——的手段，大批美國著名報紙和新聞社身不由己地投入了世界歷史上最大的宣傳攻勢，以煽起贊成戰爭的情緒。現在有人要求將美國公民當做保險單用以確保軍火安全交付給交戰各國。我們參戰肯定會進一步增加軍火製造商、證券和債券經紀人的巨額利潤。這樣就使我們面臨當前的局面，即在總統的催促和虛假民眾情緒的支持下，國會即將宣戰，從而把我國投入世界有史以來最大的一場屠殺中。……戰爭給誰帶來好運呢？不是給士兵帶來好運，他為每個月16美元的慷慨補償扛著步槍進入戰壕，獻出鮮血甚至生命；不是給悲痛欲絕的寡婦帶來好運，她等待丈夫血肉模糊的屍體從前線運回；不是給為失去勇敢的兒子而哭泣的母親帶來好運；不是給冷得發抖的兒童帶來好運；不是給饑腸轆轆的嬰孩帶來好運；不是給幾百萬懷著破碎的心走向墳墓的母親和女兒帶來好運。戰爭不能給廣大的普通愛國公民帶來好運。它給胼手胝足，竭盡全力維持生計的人們帶來的是生活費用飛漲。戰爭給華爾街的股票賭徒則帶來紅運，而這類人已擁有難以變為現錢或享用不盡的巨大財富。一個華爾街經紀人說，如果我們無法弄到戰爭，「這卻是個高明的想法：戰備計畫將在很大程度上使未能激發實際戰爭的損失得到補償。」也就是說，如果我們無法參戰，那麼讓我們盡可能接近該目標。倘若我們不能參戰，那就讓我們高喊需要增加艦艇、增加槍炮、增加軍火、增加一切將把我們引向戰爭邊緣的東西。但一旦戰爭來臨，這類人會肩扛步槍進入戰壕嗎？

他們要戰爭、要戰備，其目的全在賺錢發財。人民遭受苦難、犧牲生命是必要的，但華爾街只看重美元。華爾街所描繪的錦繡前程，衝鋒陷陣、流血犧牲的人們絲毫不沾邊。那些證券經紀人當然不會上前線，他們導致參戰的目的是取得紅利，所以他們必須待在華爾街的辦公室裡分享他們自己所說的戰爭帶來的繁榮。志願兵的軍官，甚至徵兵的軍官是見不到這類闊佬的。他們藏在華爾街富麗堂皇的辦公室裡，坐在紅木書桌後面，桌上擺滿了剪下的息票——帶著勤懇的勞動者汗水的息票，帶著母親們眼淚的息票，被他們的同胞鮮血染紅的息票。

今天我們正採取一個極其危險的步驟。我們正在奉金錢之命投入戰爭。我們將冒這種風險，即犧牲數百萬同胞的性命以便讓另一些美國人把他們的鮮血鑄成金錢。即便我們不去大西洋彼岸走進戰壕，我們也將債臺高築，以致未來好幾代人民群眾將辛勤勞作償還債務。目前尚未出世的千百萬人將彎腰曲背埋頭苦幹，為我們今天要採取的步驟付出代價。我們正按照金錢的可怕命令行事。我們的行動將使千百萬同胞遭受苦難，其結果很可能是我們數百萬弟兄血濺沙場；數百萬婦女泣不成聲；數百萬兒童衣不禦寒；數

百萬嬰兒活活餓死。而這一切都是因為我們要維護美國公民將軍火輸送給交戰各國的商業權。（發表於一九一七年）

〔解說・賞析〕

一九一七年4月2日，美國總統威爾遜發表演講，請求國會批准對德宣戰。當時，美國國內民眾支持參戰的熱情高漲。但是，作為國會議員，諾里斯卻十分冷靜，他力排眾議，反對美國參戰。他指出美國正奉金錢之命投入戰爭，揭露了美國參戰的實質。雖然他的演講沒能阻止美國參加第一次世界大戰，但是對於人們認清美國參戰的實質起了很大作用。

演講中，諾里斯圍繞「戰爭給誰帶來好運」這一中心問題，通過邏輯推理，對這一問題背後的利益關係進行了層層剖析。他指出美國參戰是以數十萬士兵的性命來換取軍火製造商、華爾街大老闆的利益，揭露了美國是由於經濟原因而參戰的非正義實質。演講主題突出，邏輯縝密，分析得當，其中有許多至理名言至今仍啟迪著人們。

生命不止、奮鬥不息

——狄奧多·羅斯福（一八五八～一九一九）／美國第二十六任總統

今天的聽眾來自美國西部最偉大的城市，這裡出過林肯總統、格蘭特將軍這樣的偉人，這裡的人民最突出最明顯地體現了美國人的特點，面對這樣偉大的人民，我想宣揚的不是可鄙的貪圖安逸享樂的人生哲學，而是生命不止奮鬥不息的人生哲學。我認為人生應該為最出色的成就奮鬥，這種成就決不是那些想安閒地過日子的人們所能得到的，只有那些不畏艱險、不怕勞累的人們才有可能取得最後的輝煌勝利……

對一個人來說應該奮鬥不息，對一個民族來說也應該如此。說沒有歷史的民族是幸福的民族，這是卑劣的謊言。具有光榮歷史的民族是十分幸運的。向強有力的事物挑戰，去奪取輝煌的勝利，即使遭受挫折也比苟且偷安強得多，因為得過且過的人生活在暗淡的暮光之中，既體驗不到勝利的歡樂，也嘗受不到失敗的痛苦。在一八六一年，要是那些熱愛聯邦的人們認為和平是最終的目的，認為戰爭與衝突是最不幸的事情，並且按這種想法去做了，那麼我們可以避免千百萬人的頭顱落地，可以節省大量的財力，而且除了可以省去我們所付出的生命和金錢方面的代價外，還可以使我們的婦女同胞免受心碎之苦，使我們的人民免遭家破人亡之罪。當聯邦軍隊似乎只是在走向失敗時，我們的國家也可以免得陷入長達幾個月之久的憂愁與恥辱之中。要是我們在衝突面前畏縮不前，我們可以避免這些痛苦；要是我們回避了這些痛苦，我們就成了不配屹立於世界偉大民族之林的懦夫。

感謝主給了我們先輩鋼鐵般的意志，他們支持了林肯總統的英明抉擇，拿起了刀槍加入格蘭特將軍的隊伍。我們是不愧於偉大時代的英雄們的兒女，是把偉大內戰進行到底直至取得最後勝利的英雄們的後代，讓我們讚美主讓我們的先輩拒絕了可恥的主和意見，讓我們的先輩毫不畏縮地去面對痛苦、失敗、悲傷、失望的磨煉，卻經歷幾年的內戰，因為最後奴隸們獲得了解放，聯邦得到了保存，強大的美利堅合眾國再一次像世人般地屹立於世界民族之林。

我們這一代人用不著面臨我們先輩所面臨的那種任務，但是我們也有自己的任務，要是我們沒能完成我們的任務，我們就要遭到不幸……

懦夫、懶漢、對政府持懷疑態度的人、喪失了鬥爭精神和支配能力的文質彬彬的人、愚昧無知的人，還有那些無法感覺常駐到堅定不移的人們所受到的巨大鼓舞的麻木不仁的人——所有這些人當然害怕看到他們的國家承擔了新的職責，害怕看到我們建立能滿足我國需要的海軍和陸軍，害怕看到我們承擔國際義務，害怕看到我們勇敢的士兵和水手們把西班牙的軍隊趕出去。這些人害怕過艱苦的生活，害怕過這種唯一值得的民族生活。

同胞們，我們國家要求大家過的不是安逸的生活而是艱苦奮鬥的生活。20世紀許多國家的命運將處於危難之中，這種危險的悠閒生活和安逸，如果我們不參與這種必須以生命和珍愛的一切去獲取勝利的激烈競爭，那麼比我們野蠻強大的民族將甩開我們，控制整個世界。因此，讓我們勇敢地面對生活的挑戰，決心以男子漢大丈夫的氣概去完成我們的職責，有我們的誓言和行動來維護正義，既要真誠大膽又要採取切實可行的方法來實現我們的理想。

最重要的是，只要我們認為我們是站在正義一邊，我們決不要在國內外物質或精神上的衝突面前退縮，因為只有通過鬥爭，通過艱苦的鬥爭，我們才能取得我們民族進步的目的。（發表於一八九九年）

〔解說·賞析〕

羅斯福宣揚的政治哲學和人生哲學是「生命不止，奮鬥不息」，在演講的開始，他就說出了這一點，並指出只有奮鬥才能取得輝煌的勝利。隨後，他以美國南北戰爭為例，高度讚揚了林肯總統和他的支持者，是他們使強大的美利堅合眾國再一次巨人般地屹立於世界民族之林。

之後，他指出，如果美國人貪圖安逸、腐敗墮落，必然會沉淪。接著，羅斯福大談美國人應當承擔的國際責任。這也是他這次演講的真正意圖——鼓動美國對外擴張。他呼籲美國人民在爭奪殖民地的鬥爭中不要回避和退縮，而要勇敢地面對。

這篇演講氣勢宏大，言辭激昂，具有很強的鼓動性。這樣的演講風格也正透露出羅斯福的狂熱的擴張主義的思想，他當上美國總統後的一系列行為很好地印證了這一點。

東西方倫理思想的比較

——約翰・杜威（一八五九～一九五二）／美國實用主義哲學家、教育家

今天是本期倫理演講的末次，我的講演也要告一段落。所以我把以前所講的總括起來和東方思想比較。但是我並非要比長較短，尊彼抑此。道德適應環境而產生，某種道德對於某種環境為善，對於他種環境又不然，所以東西方道德實無長短之言。我所討論的是理智上的比較，是東西方思想的對照。我對於東方學問毫無研究，議論有錯，還請原諒。據我看來，東西方思想有三點差異：

一、東方思想更切實、更健全，西方思想更抽象、更理智。例如五倫：君臣、父子、夫婦、兄弟、朋友，都是健全的確定的切實的天然的人生關係。人人都有父、有子、有夫婦兄弟，人人都是一國的臣民或君長，人人都有朋友。所以東方的聖人，就規定五倫的道德規範，教人怎樣做君臣、做父子、夫婦、兄弟、朋友。西方的思想卻不

同。大概西方的主要觀念為正直與仁慈，都是抽象的觀念，並沒有具體指哪種倫常事物。換句話說，正直和仁慈都是從理智推究出來的。切實的道德觀念有種好處，就是有確定的標準，教的省得麻煩，學的容易領悟。弊病就是因確定生執拗，因切實成拘泥，習故安常，不能通權達變，以適應時勢。理智的、抽象的道德觀念，能權能變。例如正直和仁慈，應用到君臣、父子、夫婦、兄弟、朋友都可。臣對君要正直和仁慈，君對臣也要正直和仁慈，不像東方臣對君要忠，君對臣就不要忠了。所以西方道德是平等的、普遍的、活的、能權能變以適應環境，環境變，觀念也變，大抵事物越確定，變化越難。例如說臣要忠，就使數千百年的臣都要忠。原理越普通，變化越易。雖然有含糊的毛病，卻能通權達變。

二、西方倫理根據個性，東方倫理根據家庭。這種差異，人人都知道的。他和第一個差異有密切的關係，簡直是二五和一十。西方人不承認人倫有何確定的關係，好像君臣等。他們只知道有我，有個人，所以沒有尊卑的分別，正直和仁慈對父對子都可以。東方經書所說的五倫，有三個屬家庭（即父子、夫婦、兄弟），其餘下的君臣是父子的變相，朋友是兄弟的變相。所以東方的道德觀念，簡直可說全然根據家庭。所以經書常說孝是德之本。而孝的範圍也最大，不信不誠，敗壞家聲，可算不孝；建德立功，揚名顯親，就可算孝。

三、西方倫理尊重個人權利，東方倫理蔑視個人權利。西方一二百年來，個人權利最受尊崇。所以個人有行動自由的權利。別人不得干涉，有保存財產的權利，別人不得強取，有養護身體的權利，別人不得毒打，有保全榮譽的權利，別人不得敗壞。凡干涉別人自由，強取別人財產，破壞別人榮譽的，都是不道德的。後來這種權利觀念，漸漸推到政治。美國宣告獨立文中，開宗明義就說人人有生命財產和自求多福的權利。從道德方面說，個人不能侵犯他人權利。所以從政治方面說，政府就應當保護人民的權利了。這就是個人主義的真表現。人人都是多種權利的中心點，社會上一切平等。……東方道德就是注重自己對人應盡的義務，所以沒有西方道德自私自利的毛病。……

〔解說・賞析〕

本篇演講，是杜威對東西方倫理思想的總括。杜威認為：「道德適應環境而產生，某種道德對於某種環境為善，對於他種環境又不然，所以東西方道德實無長短之言。」本著謙虛的態度，他提出了東西方倫理思想的三點差異。

本篇演講短小精悍，觀點鮮明，立論確切，思想深刻，耐人品味。在演講中，杜威注重事實，沒有絲毫偏執的語言，這更能讓人信服。

三民主義與中國的前途

——孫中山（一八六六～一九二五）／
中國近代民主革命的偉大先行者、中華民國第一任臨時大總統

諸君：

今天諸君踴躍來此，兄弟想來，不是徒為高興，定然有一番大用意。今天這會，是祝《民報》的紀元節。《民報》所講的是中國民族前途的問題，諸君今天到來，一定是人人把中國民族前途的問題橫在心上，要趁這會來和大家研究的。兄弟想《民報》發刊以來已經一年，所講的是三大主義：第一是民族主義，第二是民權主義，第三是民生主義。

那民族主義，卻不必要什麼研究才會曉得的。譬如一個人，見著父母總是認得，決不會把他當作路人，也決不會把路人當作父母；民族主義也是這樣，這是從種性發出

來，人人都是一樣的。滿洲入關到如今已有二百六十多年，我們漢人就是小孩子，見著滿人也是認得，總不會把來當作漢人。這就是民族主義的根本。

但是有最要緊一層不可不知：民族主義，並非是遇著不同族的人便要排斥他，是不許那不同族的人來奪我民族的政權。因為我漢人有政權才是有國，假如政權被不同族的人所把持，那就雖是有國，卻已經不是我漢人的國了。我們想一想，現在國在哪裡？政權在哪裡？我們已經成了亡國之民了！地球上人數不過一千幾百兆，我們漢人有四百兆，占了四分之一，算得地球上最大的民族，而且是地球上最老最文明的民族；到了今天，卻成為亡國之民，這不是大可怪的嗎？那非洲諸國不過二百多萬人，英國去滅他，尚且相爭至三年之久；菲律賓島不過數百萬人，美國去滅他，尚且相持數歲；難道我們漢人，就甘心於亡國！想起我漢族亡國時代，我們祖宗是不肯服從滿洲的。閉眼想想歷史上我們祖宗流血成河、伏屍蔽野的光景，我們祖宗很對得住子孫。所難過的，就是我們做子孫的人。再思想亡國以後滿洲政府愚民時代，我們漢人面子上從他，心裡還是不願的，所以有幾回的起義。到了今日，我們漢人民族革命的風潮，一日千丈。那滿洲人也倡排漢主義，他們的口頭話是說他的祖宗有團結力、有武力，故此制伏漢人；他們要長保這力量，以便永居人上。他們這幾句話本是不錯，然而還有一個最大的原因，是漢人無團體。我們漢人有了團體，這力量定比他大幾千萬倍，民族革命的事不怕不成功。

唯是兄弟曾聽見人說，民族革命是要盡滅滿洲民族，這話大錯。民族革命的原故，是不甘心滿洲人滅我們的國，主我們的政，定要撲滅他的政府，光復我們民族的國家。這樣看來，我們並不是恨滿洲人，是恨害漢人的滿洲人。假如我們實行革命的時候，那滿洲人不來阻害我們，決無尋仇之理。他當初滅漢族的時候，攻城破了，還要大殺十日才肯封刀，這不是人類所為，我們決不如此。唯有他來阻害我們，那就盡力懲治，不能與他並立。照現在看起來，滿洲政府要實行排漢主義，謀中央集權，拿憲法做愚民的器具。他的心事，真是一天毒似一天。然而他所以死命把持政權的緣故，未必不是怕我漢人要剿絕他，故此騎虎難下。所以我們總要把民族革命的目的認得清楚，如果滿人始終執迷，仍然要把持政權，制馭漢族，那就漢族一日不死，一日不能坐視的！想來諸君亦同此意。民族革命的大要如此。

至於民權主義，就是政治革命的根本。將來民族革命實行以後，現在的惡劣政治固然可以一掃而盡，卻是還有那惡劣政治的根本，不可不去。中國數千年來都是君主專制政體。這種政體，不是平等自由的國民所堪受的。要去這政體，不是專靠民族革命可以成功。試想明太祖驅除蒙古，恢復中華，民族革命已經做成，他的政治卻不過依然同漢、唐、宋相近。故此三百年後，復被外人侵入，這有政體不好的緣故，不是政治革命是斷斷不行的。研究政治革命的工夫，煞費經營。至於著手的時候，卻是同民族革命並行。我們推倒滿洲政府，從驅除滿人那一面說是民族革命，從顛覆君主政體那一面說是政治革命，並不是把來分作兩次去做。講到那政治革命的結果，是建立民主立憲政體。照現在這樣的政治論起來，就算漢人為君主，也不能不革命。法蘭西大革命及俄羅斯革命，本沒有種族問題，卻純是政治問題；法蘭西民主政治已經成立，俄羅斯虛無黨也終要達這目的。中國革命之後，這種政體最為相宜，這也是人人曉得的。

唯尚有一層最要緊的話，因為凡是革命的人，如果存有一些皇帝思想，就會弄到亡國。因為中國從來當國家做私人的財產，所以凡有草莽英雄崛起，一定彼此相爭，爭不到手，寧可各據一方，定不相讓，往往弄到分裂一二百年，還沒有定局。今日中國，正是萬國眈眈虎視的時候，如果革命家自己相爭，四分五裂，豈不是自亡其國？近來志士都怕外人瓜分中國，兄弟的見解卻是兩樣。外人斷不能瓜分我中國，只怕中國人自己瓜分起來，那就不可救了！所以我們定要由平民革命，建國民政府。這不只是我們革命之目的，並且是我們革命的時候所萬不可少的。

說到民生主義，因這裡頭千條萬緒，成為一種科學，不是十分研究不得清楚。並置社會問題隱患在將來，不像民族、民權兩問題是燃眉之急，所以少人去理會他。雖然如此，人的眼光要看得遠。凡是大災大禍沒有發生的時候，要防止他是容易的；到了發生之後，要撲滅他卻是極難。社會問題在歐美是積重難返，在中國卻還在幼稚時代，但是將來總會發生的。到那時候收拾不來，又要弄成大革命了。革命的事情是萬不得已才用，不可頻頻傷國民的元氣。我們實行民族革命、政治革命的時候，須同時想法子改良社會經濟組織，防止後來的社會革命，這真是最大的責任。（發表於一九〇六年）

〔解說・賞析〕

這篇演講思想深邃，見解非常。直指時代的政治弊病，並指出時代的政治任務，代表了時代的意願和呼聲。在演講中，孫中山提出了自己獨創的三民主義理論體系，融入了他對中國前途和命運的獨到認識和真知灼見。孫中山在演講中旁徵博引，縱橫捭闔，融廣博的知識於理性的思考、判斷和結論中。儘管孫中山的三民主義是一個嚴密的理論體系，但是他演講的內容都是通俗和口語化的，語言深入淺出。比如，他在講到三民主義時指出：「至於民權主義，就是政治革命的根本。」民權主義就是人人平等，絕不能以少數人壓多數人，人人有天賦的人權，不能以君主而奴隸臣民。問題是深刻的，但是聽者很容易明白其中的道理。

在伯爾尼國際群眾大會上的演說

——列寧（一八七〇～一九二四）／
列寧主義創始人，國際無產階級的導師和領袖

同志們！歐戰逞狂肆虐已經一年〇六個多月了，戰爭每拖長一月，每拖長一天，工人群眾就更加清楚地知道齊美爾瓦爾得宣言（一九一五年9月5日～8日）說的是真理：「保衛祖國」之類的詞句不過是資本家騙人的話。現在人們一天比一天看得更清楚，這是資本家、大強盜的戰爭，他們所爭的不過是誰能分到更多的贓物，掠奪更多的國家，蹂躪和奴役更多的民族。

這些話聽起來似乎不足信，特別是對於瑞士的同志們，然而這些話都是確實的，就在我們俄國，不但血腥的沙皇政府，不但資本家，而且有一部分所謂的或過去的社會主義者，也說俄國進行的是「自衛戰爭」，也說俄國反對的不過是德國的侵略。其實全世

界都知道，沙皇政府壓迫俄國境內其他民族的1億多人民，已經有好幾十年，俄國對中國、波斯、阿爾明尼亞和加里西亞實行掠奪政策，也已經有好幾十年了。無論是俄國、德國其他任何一個強國，都沒有權利談什麼「自衛戰爭」；一切強國所進行的都是帝國主義的、資本主義的戰爭，都是強盜性的戰爭和壓迫弱小民族及其他民族的戰爭，都是保證資本家利潤的戰爭，使資本能夠以群眾遭受的駭人聽聞的痛苦和無產階級流出的鮮血換得億億萬萬純金的收入。

四年以前，在一九一二年11月，當戰爭日益逼近這一形勢已經很明顯的時候，全世界社會主義者的代表在巴塞爾召開的國際社會黨人代表大會。那時對於將來的戰爭是列強之間的、大強盜之間的戰爭，戰爭的罪過應當由各強國的政府和資本家階級承當，已經是無可懷疑的了。全世界的社會主義政黨一致通過的巴塞爾宣言，公開說出了這個真理。巴塞爾宣言沒有一句話提到「自衛戰爭」，提到「保衛祖國」。它無一例外地抨擊各強國的政府資產階級。它公開說，戰爭是滔天的罪行，工人認為相互射擊就是犯罪，戰爭的慘禍和工人對這種慘禍的憤怒，必然會引起無產階級革命。

後來戰爭真正爆發了，大家都看到，巴塞爾宣言對這次戰爭性質的估計是正確的。但是，社會主義組織和工作組織不是一致地擁護巴塞爾決議，而是發生了分裂。現在我們都看到，世界各國的社會主義組織和工作組織是怎樣分成兩大陣營的。一小部分人，就是那些領袖、幹事、官僚，背叛了社會主義，站到各國政府那一邊去了。另一部分人，包括自覺的工人群眾，繼續聚集力量，為反對戰爭、實現無產階級革命而奮鬥。後一部分人的觀點也反映在齊美爾瓦爾得宣言裡。

在我們俄國，戰爭一開始，杜馬中的工人代表就進行了反對戰爭和沙皇君主制的堅決的革命鬥爭。彼得羅夫斯基、巴達也夫、穆拉諾夫、沙果夫、薩莫依洛夫這五名工人代表廣泛發出了反對戰爭的革命號召，努力進行了革命鼓動。沙皇政府下令逮捕了這五名代表，法庭判處他們終身流放西伯利亞。這些俄國工人階級的領袖已經在西伯利亞受了好幾個月的折磨，但是他們的事業並沒有被摧毀，全俄自覺的工人正循著同樣的方向繼續幹著他們的工作。

同志們！你們在這裡聽到了各國代表的關於工人如何進行反戰革命鬥爭的演說。我只想給你們舉一個最富強的國家，即美國的例子。這個國家的資本家現在由於歐戰而得到巨大的利潤。他們也鼓動戰爭。他們說，美國也應當準備參戰，應當向人民榨取幾億金元來進行新的軍備、無窮無盡的軍備，美國的一部分社會主義者也響應這種騙人的、罪惡的號召。但是我要把美國社會主義者的最有聲望的領袖，美國社會黨的共和國總統候選人尤金·德布茲同志寫的一段話念給你們聽一聽。

在一九一五年9月11日的美國《呼籲理智報》上，他說道：「我不是資本家的士兵，而是無產階級的革命者，我不是財閥的正規軍的士兵，而是人民的非正規軍的戰士。我堅決拒絕為資本家階級的利益作戰。我反對任何戰爭，但是有一種戰爭我是衷心擁護的，那就是為了社會革命而進行的世界戰爭。如果統治階級迫不及待地需要戰爭，那麼我決心參加這種戰爭。」

美國工人熱愛的領袖，美國的倍倍爾（德國國際工人運動活動家）——尤金．德布斯同志（美國工會領袖）就是這樣向美國工人們講的。

同志們，這又向我們表明，世界各國的工人階級真正在積聚力量。人民在戰爭中所受的災難和痛苦是難以設想的，但是我們不應當，也沒有任何理由對將來悲觀失望。

在戰爭中陣亡的和由於戰爭而喪生的幾百萬人並不是白白地犧牲的。千百萬人在忍饑挨餓，千百萬人在戰壕中犧牲性命，他們不但在受苦受難，而且也在聚集力量，思索大戰的真正原因，鍛煉自己的意志，他們對革命有了愈來愈清楚的認識。在世界上所有的國家裡，群眾的不滿愈來愈增長，風潮、罷工、遊行示威和抗議戰爭的運動愈來愈激烈。對於我們這就是保證，保證反對資本主義的無產階級革命一定會在歐戰以後到來。

（發表於一九一六年）

〔解說・賞析〕

曾經多次聆聽過列寧演講的日本共產黨人片山潛在回憶中說：「列寧同志沒有用任何專為加強聽眾印象的矯揉造作的詞句和修飾，但是卻具有非凡的魔力，每當他一開始講話，場內馬上就肅靜下來，所有的眼睛都集中到他身上。」

本篇是在伯爾尼國際群眾大會上所作的政治演說，列寧這次演說的核心目的就是要通過通俗簡明的語言、確切的事實和有力的論證來說明：「一切帝國主義的、資本主義的戰爭，都是強盜性質的戰爭和壓迫弱小民族以及其他民族的戰爭，都是保證資本家利潤的戰爭，使資本能夠以群眾遭受的駭人聽聞的痛苦和無產階級流出的鮮血換得億億萬萬純金的收入。」

列寧綜觀國際風雲，準確地揭示其實質，立場鮮明，用詞極具感情色彩，對聽眾造成極強的感染力，從而形成強大的號召力。他在分析了帝國主義罪惡的事實之後，並沒有形成悲觀的看法，而是科學地得出無產階級必然取得勝利的光明的結論：「在世界上所有的國家裡，群眾的不滿愈來愈增長，風潮、罷工、遊行示威和抗議戰爭的運動愈來愈激烈。對於我們這就是保證，保證反對資本主義的無產階級革命一定會在歐戰以後到來。」整篇演講感情充沛，氣勢磅礴。

關於軍國主義問題的發言

——羅莎·盧森堡（一八七一～一九一九）／
德國社會民主黨和第二國際左派領袖，德國共產黨創始人之一

社會主義活動家一貫贊成與軍國主義作鬥爭的基本原則，軍國主義首先是工人階級的大敵，它力圖壓垮我們，使我們挨餓，敗壞我們的道德。老的國際發出了反對資本主義和軍國主義勢力的呼聲；每一次國際社會黨代表大會都抗議並譴責軍國主義這一資產階級和資本家階級的最有力的工具。

從這一意義上說，公民們，我們的代表大會通過一個同以前的歷次代表大會的決議相類似的反對軍國主義的決議，並沒有做什麼新的事情。

但是，我所要宣讀的以及我們準備投票表決的內容，並不是重複這一觀點；相反，我很高興地看到，在兩個委員會中，我們大家一致希望做得更遠一些，提出某種新的東

西，首先是某種實際的東西。這就是在討論我們的決議時大家一致同意接受的綱領。

某種新的東西？難道軍國主義不是資產階級社會的最老的禍害之一，最老的罪行之一？會產生什麼新東西呢？這就是：這種軍國主義政策已經普遍化，並且在帝國主義世界政策的形式下變本加厲。這不再僅僅是在兩個或三個鄰國之間為可能發生的戰爭做準備的大規模武裝；這是一種軍國主義，它經常地促使世界列強進行新的殖民掠奪，它把美利堅合眾國變成一個純粹的軍國主義國家，英國也同樣；迄今為止，德國幾乎是唯一致力於不斷擴充自己的軍隊和艦隊的國家，現在這種政策成了整個世界的口號。這種政策以中日戰爭為發端，接著是美西戰爭、德蘭士瓦戰爭以及歐洲國家聯合侵略中國的戰爭。公民們，如此迅速地接連發生酷烈戰爭，軍國主義為何這樣瘋狂！

確實，資產階級進入了一個新的發展階段，資本主義世界在自己的發展中獲得了新的推動力；但是它將耗盡自己的最後力量，從而加快自己不可避免的崩潰時刻的到來。這種殖民政策開始對資本主義世界的全部對內對外政策起決定性作用，因此在社會主義的政策中必須準備好應付的辦法。現在該是社會黨通過自己的代表對世界政策公開表明態度的時候了，這正是我們想要通過這個決議所指出的。

我現在談一談這個決議的實際方面。決議建議經常地開展反對軍國主義的國際性行動。公民們，迄今為止，社會主義者的國際團結主要表現在一些原則宣言和社會主義的代表們在各次代表大會上進行定期的磋商；至於自己的行動，它迄今主要只限於經濟領域，只限於工會領域。國際團結迄今只具有這樣的性質，這不是沒有原因的。無產階級的經濟狀況在所有國家幾乎都是同樣的，而政治狀況則差別很大。但是，這種世界政策也將改變所有國家的政治狀況。

自從這個新時代開始以來，無論在法蘭西共和國或俄國專制制度下，無論在古老的英國或年輕的德意志帝國，我們到處看到同樣的軍國主義統治、同樣的殖民政策、同樣的反動，所有國家都處於經常的戰爭狀態。正是這種同樣的反動，在所有國家為社會主義者的行動和宣傳造成了新的基礎和一致性。正是這種不斷的戰爭狀態導致無產者不斷地團結起來維護和平！

然而，不僅為了給予我們的日常鬥爭以新的推動力，而且從我們的最終目的來看，各國無產者在政治方面更緊密地團結起來在目前是迫切需要的。公民們，在社會主義運動開始的時候，一般設想，一次大規模的經濟危機將成為資本主義末日的開頭，資本主義大崩潰的開端。現在這種設想在許多方面失去了可能；恰恰相反，愈來愈可能的是，一次大規模的世界政治危機將敲響資本主義的喪鐘。

因此，公民們，既然資本主義的馬爾博羅（約翰・丘吉爾・馬爾博羅公爵，英國統帥和政治活動家，一七〇二～一七一一年在西班牙王位繼承戰爭中任英軍總司令）不斷地處於戰爭狀態，既然世界政策引起各種衝突和突然的、難以預料的事變，那麼，我們就必須為我們遲早必然要擔負起的重大任務做好準備。

當然，我十分清楚，大崩潰並不是在今天或明天就會到來，也許，我們的被奴役狀態比我們所設想的還要長久，還要痛苦。但是這個時刻必將到來，我們的代表大會敲起警鐘，號召全體無產者聯合起來，結成聯盟，進行政治行動！

全世界無產者，聯合行動的時刻到來了，讓我們手挽著手，共同前進，組成一支隊伍，為反對共同敵人的鬥爭做好準備！（發表於一九〇〇年）

〔解說．賞析〕

軍國主義是把國家完全置於軍事控制之下，使國家生活的各方面都為軍事侵略目的服務的思想和政治制度。現代軍國主義是帝國主義戰爭和侵略政策的產物，又是推行侵略戰爭政策的一種手段。根源在於資本主義國家內的階級壓迫與剝削。軍國主義對內把國家的政治、經濟、文化等各個方面都納入軍事侵略和戰爭的軌道，向人民灌輸侵略戰爭的思想，實行軍事獨裁的恐怖統治；對外推行霸權主義、殖民主義、侵略和戰爭政策，掠奪、奴役、控制和顛覆其他國家，以至發動干涉戰爭。

本篇演講是羅莎・盧森堡在巴黎國際社會黨人代表大會上的發言，這次大會的重要任務是形成一個反對軍國主義的決議。當時盧森堡是德國社會民主黨和第二左派領袖，她的演講重在分析軍國主義的根源和本色，以此來說明反對軍國主義的必要性和迫切性。

盧森堡在演講中指出，軍國主義是工人階級和整個人類文明的死敵，「它力圖壓垮我們，使我們挨餓，敗壞我們的道德」，而且「這種軍國主義政策已經普遍化，並且在帝國主義世界政策的形勢下變本加厲。這不再僅僅是在兩個或三個鄰國之間為可能發生的戰爭做準備的大規模武裝」，「它經常地促使世界列強進行新的殖民掠奪，它把美利堅合眾國變成一個純粹的軍國主義國家。」盧森堡尖銳地揭露了軍國主義的本質以及在全球產生的災難性後果，並說明「它將耗盡自己的最後的力量，從而加快自己的不可避免的崩潰時刻的到來。」所有這些都造成了與軍國主義鬥爭的必要性，無產者必須「團結起來維護和平」。

盧森堡的演講條理非常清晰，邏輯嚴密，揭露現象深刻透徹，對世界形勢的分析具有非同一般的高度，演講主旨清楚、觀點鮮明、分析精闢、語言簡練有力，充滿激情和鬥志，給人以信心和力量。

置人類於末日、還是棄絕戰爭

——羅素（一八七二～一九七〇）／英國著名哲學家、數學家、邏輯學家

在人類所面臨的悲劇性的情況下，我們覺得科學家應當集會對這種由大規模毀滅性武器所引起的危險作出估計，並且按照所附草案的精神進行討論，以達成一項決議。

我們此刻不是以這個或者那個國家、這個或者那個大陸、這種或者那種信仰的成員的資格來講話，而是以人類、以其能否繼續生存已成為問題的人類成員資格來講話的。這個世界充滿著衝突，而使一切較小衝突相形見絀的則是共產主義同反共產主義之間的巨大鬥爭。

幾乎每個有政治意識的人，對於這些爭端中的一個或幾個問題都有強烈的感情。但是我們希望你們，如果可能的話，把這種感情丟在一邊，而只把你們自己當做是生物學上一個種的成員，這個種有過極其驚人的歷史，我們誰也不願意看到它絕跡。

我們盡可能不說一句為某一集團所中聽而為另一集團所不中聽的話。大家都同樣處在危險之中，如果理解到了這種危險，就可希望大家會共同避開它。

我們必須學會用新的方法來思考。我們必須認識到向我們自己提出的問題，不是要採取什麼措施能使我們所支持的集團取得軍事勝利，因為已不再存在這樣的措施。我們向自己提出的問題應當是：能採取怎樣的措施來制止一場其結局對一切方面都必然是災難的軍事競賽？

一般公眾，甚至許多當權的人都沒有認識到使用核彈的戰爭究竟會引起怎樣的後果。一般公眾仍然用城市的毀滅來想像。據了解，新的核彈比舊的核彈有更大的威力，一顆原子彈能毀滅廣島，而一顆氫彈就能毀滅像倫敦、紐約和莫斯科那樣的大城市。

毫無疑問，在氫彈戰爭中，大城市將被毀滅掉。但這還只是不得不面臨的一個較小的災難。如果倫敦、紐約、莫斯科的每個人都被消滅了，在幾個世紀內，世界還是會從這種打擊中恢復過來的。可是我們現在知道，尤其在比基尼試驗以後知道，核彈能逐漸把破壞作用擴展到一個非常廣闊的範圍，這個範圍比原來所設想的還要大得多。

據非常可靠的權威人士說，現在能製造出的核彈，威力要比炸毀廣島的大2500倍。這種炸彈，如果在接近地面的空中或者在水下爆炸，就會向上層空氣散放出帶有放射性的粒子。它們以劇毒的塵埃或雨點的形式逐漸下降到地面。沾染了日本漁民和他們所捕到的魚的，就是這種塵埃。

現在誰也不知道這種致命的放射性的粒子會擴散得多遠，但最可靠的權威人士都異口同聲地說：氫彈戰爭十分可能使人類走到末日。令人擔憂的是，如果使用了許多顆氫彈，結果將是普遍的死亡——只有少數人會突然死去，而大多數人會受著疾病和萎蛻的慢性折磨。

科學界的著名人士和軍事學的權威都曾發出了多次警告。他們誰也不會說這些最壞的結果是一定要發生的。他們只是說，這些結果是可能的，而且誰也不能肯定說它們不會成為現實。迄今我們還未曾發覺，專家們的這些觀點同他們的政治見解或偏見有什麼關係。就我們的研究結果所揭示的來說，這些觀點只同各個專家的知識水準有關。我們發覺，知道得最多的人，也就最憂心忡忡。

因此，我們在這裡向你們提出的，是這樣一個嚴峻的、可怕的、無法回避的問題：我們要置人類於末日，還是人類該棄絕戰爭？人們不敢正視這樣的抉擇，因為要廢止戰爭是非常困難的。

要廢止戰爭就要對國家主權作出種種令人不愉快的限制。但是成為理解這種情況的障礙的，除了別的原因之外，更主要的，恐怕還是「人類」這個名詞使人感到模糊和抽象。人們在想像中幾乎沒有認識到，這種危險不僅是對被模糊理解的人類的，而且是對他們自己和他們子孫後代的。他們簡直理解不到，他們每個人和他們所愛的親人都處在即將臨頭的苦痛死亡的危險之中。因此他們希望，只要現代化武器被禁止了，戰爭也許還不妨讓它繼續存在。

這種希望是虛妄的。儘管在和平時期達成了禁用氫武器的協議，但在戰時，這些協議就會不再被認為有束縛力，一旦戰爭爆發，雙方立即就會著手製造氫彈，因為要是一方製造氫彈，而另一方不製造，那麼製造氫彈的一方就必定會取得勝利。

儘管作為普遍裁軍一個部分的禁用核武器的協議並不提供最後的解決辦法，但它還是適合於某些重要的目的。

首先，東西方之間的任何協議，就消除緊張局勢來說都是有益的。其次，銷毀熱核武器，如果雙方都相信對方是有誠意去這樣做了的，就會減輕對珍珠港式突然襲擊的那種恐懼，而這種恐懼心理在目前正使雙方都保持著神經質的不安狀態。所以我們應當歡迎這樣一種協議，哪怕只是作為第一步。

我們中間的大多數人在感情上並不是中立的。但作為人類，我們必須記住，如果東方和西方之間爭端的解決，對於無論是共產主義者還是反共產主義者，無論是亞洲人還是歐洲人或者美洲人，無論是白種人還是黑種人，都能給以可能的滿足，那麼就決不可用戰爭去解決這些爭端。我們希望東方和西方都了解這一點。

如果我們這樣作出抉擇，那麼擺在我們面前的就是幸福、知識和智慧的不斷增進。難道我們由於忘不了我們的爭吵，竟然要捨此而選擇死亡嗎？作為人，我們要向人類呼籲：記住你們的人性而忘掉其餘。要是你們能這樣做，展示在面前的是通向新樂園的道路；要是你們不能這樣做，那麼擺在你們面前的就是普遍死亡的危險。（發表於一九五七年）

〔解說・賞析〕

演講一開始，羅素便呼籲每個有政治意識的人都應該放下個人情感，共同拯救處於危險當中的人類。接著，他提到曾經毀滅廣島的原子彈，提醒人們當前核彈的巨大威力及核戰爭的毀滅性結果，指出禁用核武器是人類通向幸福新樂園的道路。

在這篇演講中，羅素以一個世界和平主義者高度的歷史責任感闡述了一個可怕的命題：核武器戰爭沒有勝利者，結果只能是共同毀滅。那麼，如何解決這個問題呢？羅素在分析問題的基礎上也給出了答案，那就是禁用核武器、銷毀核武器和棄絕核戰爭。羅素這篇演講具有巨大的影響力。在這之後的幾十年，全世界熱愛和平的人們都在他觀點的影響下為全面禁止使用核武器而進行不懈的努力。

熱血、辛勞、眼淚和汗水

——邱吉爾（一八七四～一九六五）／英國首相、政治家、演說家及作家

上星期五晚上，我接受了英王陛下的委託，組織新政府。這次組閣，應包括所有的政黨，既有支持上屆政府的政黨，也有上屆政府的反對黨，顯而易見，這是議會和國家的希望與意願。我已完成了此項任務中最重要的部分。戰時內閣業已成立，由五位閣員組成，其中包括反對黨的自由主義者，代表了舉國一致的團結。三黨領袖已經同意加入戰時內閣，或者擔任國家高級行政職務。三軍指揮機構已加以充實。由於事態發展的極端緊迫感和嚴重性，僅僅用一天時間完成此項任務，是完全必要的。其他許多重要職位已在昨天任命，我將在今天晚上向英王陛下呈遞補充名單，並希望於明日一天完成對政府主要大臣的任命。其他一些大臣的任命，雖然通常需要更多一點的時間，但是，我相信議會再次開會時，我的這項任務將告完成，而且本屆政府在各方面都將會是完美無缺

的。

我認為，向下院建議在今天開會是符合公眾利益的。議長先生同意這個建議，並根據下院決議所授予他的權力，採取了必要的步驟。今天議程結束時，建議下院休會到5月21日星期二。當然，還要附加規定，如果需要的話，可以提前復會。下周會議所要考慮的議題，將儘早通知全體議員。現在，我請求下院，以我的名義提出決議案，批准已採取的各項步驟，將它記錄在案，並宣布對新政府的信任。

組成一屆具有這種規模和複雜性的政府，本身就是一項嚴肅的任務，但是大家一定要記住，我們正處在歷史上一次最偉大的戰爭的初期階段，我們正在挪威和荷蘭的許多地方進行戰鬥，我們必須在地中海地區做好準備，空戰仍在繼續，眾多的戰備工作必須在國內完成。在這危急存亡之際，如果我今天沒有向下院作長篇演說，我希望能夠得到你們的寬恕。我還希望，因為這次政府改組而受到影響的任何朋友和同事，或者以前的同事，會對禮節上的不周之處予以充分諒解，這種禮節上的欠缺，到目前為止是在所難免的。正如我曾對參加本屆政府的成員所說的那樣，我要向下院說：「我沒什麼可以奉獻，有的只是熱血、辛勞、眼淚和汗水。」

擺在我們面前的，是一場極為痛苦的嚴峻的考驗，在我們面前，有許多許多漫長的鬥爭和苦難的歲月。你們問：我們的政策是什麼？我要說，我們的政策就是用我們全部能力，用上帝所給予我們的全部力量，在海上、陸地和空中進行戰爭，同一個在人類黑暗悲慘的罪惡史上所從未有過的窮凶極惡的暴政進行戰爭。這就是我們的政策。你們問：我們的目標是什麼？我可以用一個詞來回答：勝利——不惜一切代價，去贏得勝利。無論多麼可怕，也要贏得勝利。無論道路多麼遙遠和艱難，也要贏得勝利。因為沒有勝利，就不能生存。大家必須認識到這一點：沒有勝利，就沒有英帝國的存在，就沒有英帝國所代表的一切，就沒有促使人類朝著自己目標奮勇前進，這一世代相因的強烈欲望和動力。但是當我挑起這個擔子的時候，我是心情愉快、滿懷希望的。我深信，人們不會聽任我們的事業遭受失敗。此時此刻，我覺得我有權利要求大家的支持，我要說：「來吧，讓我們同心協力，一道前進。」

〔解說・賞析〕

這是一篇成功的就職和施政演講，邱吉爾先是簡明扼要的向下議院匯報了任職以來的主要工作，表明自己將盡職盡責，同時提出了嚴峻形勢下的部署和目標，號召大家齊心協力，一道前進。這篇演講的最大特點是訴真情、講真話。演講者在短短的時間內就使聽眾了解並信任自己，他說：「正如我曾對參加本屆政府的成員所說的那樣，我要向下院說：『我沒什麼可以奉獻，有的只是熱血、辛勞、眼淚和汗水。』擺在我們面前的，是一場極為痛苦的嚴峻的考驗，在我們面前，有許多許多漫長的鬥爭和苦難的歲月。」

演講既是就職演說，又是戰時動員令，所以要求態度誠懇但意志堅定，所以邱吉爾在演講中語氣是斬釘截鐵的：「你們問：我們的目標是什麼？我可以用一個詞來回答：勝利——不惜一切代價，去贏得勝利。無論多麼可怕，也要贏得勝利。無論道路多麼遙遠和艱難，也要贏得勝利。因為沒有勝利，就不能生存。大家必須認識到這一點：沒有勝利，就沒有英帝國的存在，就沒有英帝國所代表的一切，就沒有促使人類朝著自己目標奮勇前進，這一世代相因的強烈欲望和動力。」整篇演講簡潔明了，氣魄恢弘大度。

要使科學造福於人類，而不成為禍害

——愛因斯坦（一八七九～一九五五）／現代最偉大的科學家

關心人的本身，應當始終成為一切技術上奮鬥的主要目標；關心怎樣組織人的勞動和產品分配這樣一些尚未解決的重大問題，用以保證我們科學思想的成果會造福於人類，而不致成為禍害。

看到你們這一支以應用科學作為自己專業的青年人的興旺隊伍，我感到十分高興。我可以唱一首讚美詩，來頌揚應用科學已經取得的進步；並且無疑地，在你們自己的一生中，你們將把它更加推向前進。我所以能講這樣一些話，那是因為我們是生活在應用科學的時代和應用科學的家鄉。但是我不想這樣來談。我倒想起一個娶了不稱心的妻子的小夥子，當人家問他是否感到幸福時，他回答說：「如果要我說真心話，那我就不得不扯謊了。」

我的情況也正是這樣。試設想，一個不很開化的印第安人，他的經驗是否不如通常的文明人那樣豐富和幸福？我想並不如此。一切文明國家的兒童都那麼喜歡扮「印第安人」玩，這是值得深思的。

這樣了不起的應用科學，它既節約了勞動，又使生活更加舒適，為什麼帶給我們的幸福卻那麼少呢？坦率的回答是，因為我們還沒有學會怎樣正當地去使用它。

在戰爭時期，應用科學給了人們相互毒害和相互殘殺的手段。在和平時期，科學使我們生活匆忙和不安定。它沒有使我們從必須完成的單調的勞動中得到多大程度的解放，反而使人成為機器的奴隸；人們絕大部分是一天到晚厭倦地工作著，他們在勞動中毫無樂趣，而且經常提心吊膽，唯恐失去他們一點點可憐的收入。

你們會以為在你們面前的這個老頭子是在唱不吉利的反調。可是我這樣做，目的無非向你們提一點忠告。如果你們想使你們一生的工作有益於人類，那麼，你們只懂得應用科學本身是不夠的。關心人的本身，應當始終成為一切技術上奮鬥的主要目標；關心怎樣組織人的勞動和產品分配這樣一些尚未解決的重大問題，用以保證我們科學思想的成果會造福於人類，而不致成為禍害。

在你們埋頭於圖表和方程式時，千萬不要忘記這一點！（發表於一九三一年）

〔解說・賞析〕

這篇演講像是一個老人給年輕學生的諄諄教誨，語言平實、樸素，但又不乏生動的元素。愛因斯坦認為，任何科學成果的產生，都有利弊兩方面，關鍵在於怎樣揚長避短，使科學向有利於人類社會的方向發展。他告誡大家，如果科學得不到正確的使用，無論是在戰爭時期還是和平年代，都會給人類和社會帶來不幸；忠告學生們如果想使自己一生的工作有益於人類，那麼只懂得應用科學本身是不夠的，另外還「要使科學造福於人類，而不成為禍害」，由此點出此次演講的主題。

此次演講，愛因斯坦沒有涉及任何學術方面上的問題，只是以應用科學為例，發表了自己對未來科學工作者的期望，真實地展示出他高度的社會責任感。愛因斯坦對青年學生的忠告，自然貼切又不失嚴格，成為鞭策後來科學工作者的至理名言，至今仍有巨大的影響。

責任・榮譽・國家

——麥克阿瑟（一八八〇～一九六四）／
美國著名軍事家、美國陸軍五星上將

今天早晨，我走出旅館時，看門人問道：「將軍，您上哪兒去？」一聽說我到西點時，他說：「那是個好地方，您從前去過嗎？」

這樣的榮譽是沒有人不深受感動的，長期以來，我從事這個職業；我又如此熱愛這個民族，這樣的榮譽簡直使我無法表達我的感情。然而，這種獎賞主要的並不意味著尊崇個人，而是象徵一個偉大道德情操——捍衛這塊可愛土地上的文化與古老傳統的那些人為的行為與品質的準則。這就是這個大獎章的意義。從現在以及後代來看，這是美國軍人道德標準的一種表現。我一定要遵循這種方式，結合崇高的理想，喚起自豪感；也要始終保持謙虛。

責任──榮譽──國家，這三個神聖的名詞尊嚴地命令您應該成為怎樣的人，可能成為怎樣的人，一定要成為怎樣的人。它們是您振奮精神的轉捩點；當您似乎喪失勇氣時鼓起勇氣；似乎沒有理由相信時重建信念；幾乎絕望時產生希望。遺憾的是，我既沒有雄辯的辭令，詩意的想像，也沒有華麗的隱喻向你們說明它們的意義。懷疑者一定要說它們只不過是幾個名詞，一句口號，一個浮誇的短詞。每一個迂腐的學究，每一個蠱惑人心的政客，每一個玩世不恭的人，每一個偽君子，每一個惹是生非者，很遺憾，還有其他個性完全不同的人，一定企圖貶低它們，甚至達到愚弄、嘲笑它們的程度。

但這些名詞卻能完成這些事。它們建立您的基本特性，它們塑造您將來成為國防衛士的角色；它們使您堅強起來，認清自己的懦弱，而且，讓您勇敢地面對自己的膽怯。它們教導您在真正失敗時要自尊，要不屈不撓；勝利時要謙和，不要以言語代替行動，不要貪圖舒適；要面對重壓以及困難和挑戰的刺激；要學會巍然屹立於風浪之中，但是，對遇難者要寄予同情，要律人得先律己；要有純潔的心靈，崇高的目標；要學會笑，不要忘記怎麼哭；要長驅直入未來，可不該忽略過去；要為人持重，但不可過於嚴肅；要謙遜，這樣您就會記住真正偉大的淳樸，真正智慧的虛心，真正強大的溫順。它賦予您意志的韌性，想像的品質，感情的活力，從生命的深處煥發精神，以勇敢的優勢克服膽怯，甘於冒險勝過貪圖安逸。它們在你們心中創造奇境，意想不到的無盡無窮的希望，以及生命的靈感與歡樂。它們以這種方式教導你們成為軍官或紳士。

您所率領的是哪一類士兵？他們可靠嗎？勇敢嗎？他們有能力贏得勝利嗎？他們的故事您全部熟悉，那是美國士兵的故事。我對他們估計是多年前在戰場上形成的，至今並沒有改變。那時，我把他看作世界上最高尚的人物；現在，仍然這樣看待他，不僅是具有最優秀的軍事品德，而且也是最純潔的一個人。他的名字與威望是每一個美國公民的驕傲。在青壯年時期，他獻出了一切人類所能給予的愛情與忠貞。他不需要我與其他人的頌揚，他自己用鮮血在敵人的胸前譜寫自傳。可是，當我想到他在災難中的堅韌，在戰火裡的勇氣，勝利中的謙虛，我滿懷的讚美之情是無法言狀的。他是歷史上一位成功的愛國者的偉大典範；他是後代的，作為對子孫進行解放與自由主義的教導者；現在，他把美德與成就獻給我們。在二十次戰役中，在上百個戰場上，圍繞著成千堆的營火，我親眼目睹不朽的堅忍不拔的精神，愛國的自我克制以及不可戰勝的決心，這些已經把他的形象銘刻在他的人民的心坎上。從世界的這一端到那一端，從天涯到海角，我們已經深深地喝乾勇敢的美酒。

……

這幾個名詞的準則貫穿著最高的道德準則，並將經受任何為提高人類而傳播的倫理或哲學的檢驗。它所要求的是正確的事物，它所制止的是錯誤的東西。高於眾人之上的戰士要履行宗教修煉的最偉大的行為——犧牲。在戰鬥中，面對著危險與死亡，他顯示出造物者按照自己意願創造人類時所賦予的品質，只有神明的援助能支持他，任何肉體的勇敢與動物的本能都代替不了。無論戰爭如何恐怖，召之即來的戰士準備為國捐軀是人類最崇高的進化。

現在，你們面臨著一個新世界——一個變革中的世界。人造衛星進入星際空間，星球與導彈標誌著人類漫長的歷史開始了另一個時代——太空時代的篇章。自然科學家告訴我們，花費了五十億年或更長的時期造成的地球，在三萬萬年才出現人類，再沒有比現在發展得更快、更偉大的了。我們現在不但是從這個世界，而且涉及不可估量的距離，還要從神秘莫測的宇宙來論述事物。我們正在伸向一個嶄新的無邊無際的界限。我們談論著不可思議的話題：控制宇宙的能源；讓風與潮汐為我們工作；創造空前的合成物質，補充甚至代替古老的基本物質；淨化海水供我們飲用；開發海底作為財富與糧食的新基地；預防疾病，延長壽命幾百歲；調節空氣，使冷熱晴雨分佈均衡……使生命成為有史以來最扣人心弦的那些夢境與幻想。

通過所有這些巨大的變化和發展，你們的任務就是堅定與不可侵犯地贏得我們戰爭的勝利。你們的職業中只有這個生死攸關的獻身，此外，什麼也沒有。其餘的一切公共目的、公共計畫、公共需求，無論大小，都可以尋找其他的方法去完成；而你們就是訓練好參加戰鬥的，你們的職業就是戰鬥——決心取勝。在戰爭中明確的認識就是為了勝利，勝利是任何都代替不了的。假如您失敗了，國家就要遭到破壞，唯一纏住您的公務職責就是：責任——榮譽——國家。其他人將爭論著國內外的，分散人思想的爭論的結果，可是，您將安詳、寧靜地屹立在遠處，作為國家的衛士，作為國際矛盾怒潮中的救生員，作為戰鬥競技場上的領頭人士。

一個半世紀以來，你們曾經防禦、守衛、保護著解放與自由、權力與正義的神聖傳統。讓老百姓的聲音來辯論我們政府的功過，是否因聯邦的家長式統治力量過大，權力集團發展過於驕橫自大，政治太腐敗，罪犯太猖獗，道德標準降得太低，捐稅提得太高，極端分子的偏激衰竭；我們個人的自由是否像完全應有的那樣完全徹底，這些重大的國家問題無須你們的職業去分擔或軍事來解決。你們的路標：責任——榮譽——國家，這抵得上夜裡的十倍燈塔。

你們是聯繫我國防禦系統全部機構的發酵劑。從你們的隊伍中湧現出戰爭警鐘敲響時刻手操國家命運的偉大軍官。從來也沒有人打敗過我們。假如您這樣做，一百萬身穿橄欖色、棕卡其、藍色和灰色制服的靈魂將從他們的白色十字架下站起來，以雷霆般的聲音響起神奇的詞句：責任——榮譽——國家。

這並不意味著你們是戰爭販子。相反，高於眾人之長的戰士祈求和平，因為他必須忍受戰爭最深刻的傷痛與瘡疤。可是，在我們的耳邊經常響起大智大慧的哲學之父柏拉圖的不祥之言：「只有死者看到戰爭的終結。」

我的年事漸高，已過黃昏。我的過去已經消失了音調與色彩，它們已經隨著往事的夢境模模糊糊地溜走了。這些回憶是非常美好的，是以淚水洗滌，以昨天的微笑撫慰的。我渴望的耳朵徒然聆聽著微弱的起床號聲的迷人旋律，遠處咚咚作響的鼓聲。在我的夢境裡，又聽到劈啪的槍炮聲、咯咯的步槍射擊聲、戰場上古怪而憂傷的低語聲。可是，在我記憶的黃昏，我總是來到西點，那裡始終在我的耳邊迴響著：

責任——榮譽——國家。

今天標誌著我最後一次檢閱你們。但是，我希望你們知道，當我死去時，我最後內心深處一定是這個部隊的——這個部隊的——這個部隊的。（發表於一九六二年）

〔解說・賞析〕

這是一篇熱情洋溢的演說，家常的開場白創造了良好的氛圍，然後麥克阿瑟圍繞著責任、榮譽、國家這三個核心名詞，展開了他的宏論，同時用充滿激情的語言描繪了一幅幅波瀾壯闊的感人畫卷，屬於軍人的責任、榮譽的畫卷，這也是麥克阿瑟一生的經驗總結、西點軍校學生奮鬥的目標。

演講的語言樸素而真摯，演講者用真摯，飽含深情的話語對聽眾動之以情、曉之以理，意蘊博大精深、意味深長幽遠。西點軍校是麥克阿瑟軍人生涯的起點，現在他告別西點，告別軍旅生活，內心的依依不捨之情流露在話語之間，這種濃烈的感情也打動著每一位聽眾。演講的結構嚴謹，層次有序，主旨鮮明，「軍人的榮譽是承擔責任，保衛國家」這樣一個主題貫穿全文，明確表達了麥克阿瑟對軍人價值的理解以及對西點軍校的深厚感情。

在賓州大學的演說

——富蘭克林．羅斯福（一八八二～一九四五）／美國第三十二任總統

你們還記得，在我們取得政治自由之後，發生了兩種相反的觀點的論爭：一種是亞歷山大．漢密爾頓（編按：美國開國元勛一七五七～一八〇四）的觀點，他真誠地相信由少數幾個熱心公務而往往又是家道富足的公民組成的政府的優越性；另一種是湯瑪斯．傑弗遜的觀點，他竭力主張政府由全民選出的代表組成；他主張人人享有自由思想的權利，自由選擇生活方式的權利，自由信仰宗教的權利，自由發表意見的權利；而最最重要的是，人人都有自由選舉的權利。

許多具有傑弗遜派思想的人都坦率地承認漢密爾頓和他這一派具有高尚的動機和無私的精神。那時，許多美國人都樂於承認，倘若政府能夠保證維持像漢密爾頓派所說的那種高水準的無私的服務精神，當然就用不著擔心。因為漢密爾頓派的理論基礎是，採

用四年一次的選舉制度，僅在少數受過高等教育和最有成就的公民中進行選舉，總是能選出最優秀的分子來治理國家的。

然而，時間已經證明，正是傑弗遜以罕有的銳利目光明確地指出的，按照人類本性就存在弱點的法則，按漢密爾頓理論的做法長期發展下去，必然會使政府變成由自私自利分子把持的政府，或是為個人謀私利的或代表一個階級的政府。這種做法最終會使自由選舉歸於烏有。因為傑弗遜認為，正是我們這個完全不受牽制的自由選舉制度能夠最確實可靠地保證組成一個民眾的政府。只要全國的選舉人，不論受教育程度的高低與財產的多寡，都能在投票地點不受阻礙地自由選舉，國家就不會有專制寡頭統治之虞。

從那個時候以來，在我們將近一個半世紀的歷史上，有過許許多多美國人力求將選舉權局限在一小部分人之中。記得25年前，哈佛大學的伊里亞德校長曾把這種觀點歸納起來，對我說了大意如下的一番話：「羅斯福，我堅信，即使我們在美國各州成倍地增設大學，即使高等教育已得到全面普及，只要選舉權局限在得到學位的人當中，不出幾年，這個國家就要毀滅。」這番話若是由一個剛得到學位的人向在座許多早已持有學位的老前輩說出來，未免會失之於無禮；但是，向我說出這種觀點的卻是一位以在全國努力推廣大學教育而聞名的偉大的教育家。

我必須承認我完全同意他的估計：全體選民通過自由的、不受牽制的選舉從而對政治社會問題作決定的能力一定大大優於上層社會少數人形成的小集團的能力。

班傑明・富蘭克林對我們這所大學作出過極大貢獻，他也認為雖然自然科學、社會科學和道德的基本原則是永恆的、不變的，但是這些原則的應用則應隨著一代代人生活條件、模式的變化而作必要的變化。倘若他今天仍然健在，我可以肯定他必然會堅持這樣的觀點：哲學家與教育家的全部職責在於根據現時的條件而不是過去的條件將真理、善良與正義的永恆理想付諸實用。生長與變化是一切生命的法則。昨日的答案不適用於今日的問題——正如今天的方法不能解決明天的需求一樣。

永恆的真理如果不在新的社會形勢下賦予新的意義，那就既不是真理，也不是永恆的了。

教育的作用，美國一切大學術機構的作用，是使我們國家的生命得以延續，是將我們經過歷史烈火考驗的最優秀文化傳給青年一代。同樣，教育有責任訓練我們青年的心智和才能，通過具有創造精神的公民行動，來改進美國的學術機構，適應未來的要求。

我們不能總是為我們青年造就美好未來，但我們能夠為未來造就我們的青年一代。

正是一些像這所學校一樣偉大的學府，冶煉和塑造各種保證國家安全、創造明天歷史的思想。文明的形成有賴於許多知名與不知名的男女公民，他們心胸開闊，孜孜不倦，勇於探索，決不屈服於專制力量。

現在不是鑽進象牙塔里，空喊自己有權高高在上，置身於社會的問題與苦難之外的時候。時代要求我們大膽地相信：人經過努力可以改變世界，達到新的、更美好的境界。沒有人能夠僅憑閉目不看社會現實的做法，就可以割斷自己同社會的聯系。他必須永遠保持對新鮮事物的敏感，隨時準備接受新鮮事物；他必須有勇氣與能力去面對新的事實，解決新的問題。

要使民主得以存在，善於思索的人與敏於行動的人都必須去除傲慢與偏見；他們要有勇氣、有全心全意的獻身精神，最重要的是要有謙虛精神，去尋求與傳播那使人民永保自由的真理。

朝著上述目標，我們會尋找到個人的平靜，那不是歇息而是經過努力奮鬥後的平靜；我們會對自己的有所作為感到由衷的滿意；為取得力所不能及的成就而感到深深喜悅；懂得了我們所創造的遠比我們所知道的要更為輝煌燦爛。（發表於一九四〇年）

〔解說．賞析〕

大學是民主的發源地和成長地，是民主精神最為濃厚的地方。在這樣的時間和場合之中，羅斯福向賓夕凡尼亞大學的師生們談論這樣的話題，既說出了自己對民主的想法，也是對賓夕凡尼亞大學的褒揚。他借用漢密爾頓和傑弗遜在民主上截然相反的兩種觀點，來表明自己在民主上的觀點，「全體選民通過自由的、不受牽制的選舉從而對政治社會問題作決定的能力一定大大優於上層社會少數人形成的小集團的能力」，也間接地告訴聽眾們什麼才是真正的民主。

接著他說明了教育的作用和青年一代在國家中的地位，並呼籲絕不屈服於專制力量：這是他的民主信念，也是對當代青年的希望。最後，他強調民主的存在需要年輕的一代有勇氣、有全心全意的獻身精神，最重要的是要有謙虛精神，去尋求與傳播那使人民永保自由的真理。

羅斯福樸實的語言中，蘊含著無窮的力量，給賓夕法尼亞大學的學生們上了一堂生動的民主課。

在日本投降日發表的廣播演說

——杜魯門（一八八四～一九七二）／美國第33任總統

全國同胞們：

全美國的心思和希望——事實上整個文明世界的心思和希望——今天晚上都集中在密蘇里號軍艦上。在這停泊於東京港口的一小塊美國領土（根據國際法，停泊在外國或公海上的船隻為本國領土）上，日本人剛剛正式放下武器，簽署無條件投降書。

四年前，整個文明世界的心思與恐懼集中在美國另一塊土地上——珍珠港。那裡曾發生對文明巨大的威脅，現在已經清除了。從那裡通到東京的是一條漫長的、灑滿鮮血的道路。

我們不會忘記珍珠港。

日本軍國主義者也不會忘記美國軍艦密蘇里號。

日本軍閥犯下的罪行是無法彌補，也無法忘卻的。但是他們的破壞和屠殺力量已經被剝奪了。現在他們的陸軍以及剩下的海軍已經毫不足懼了。

當然，我們首先懷著深深感激之情想到的是，在這場可怕的戰爭中犧牲或受到傷殘的親人們。在陸地、海洋和天空，無數美國男女公民奉獻出他們的生命，換來今日的最後勝利，使世界文明得以保存。但是，無論多麼巨大的勝利都無法彌補他們的損失。

我們想到那些在戰爭中忍受親人死亡的悲痛人們，死亡奪去了他們摯愛的丈夫、兒子、兄弟和姐妹。無論多麼巨大的勝利也不能使他們和親人重逢了。

只有當他們知道親人流血犧牲換來的勝利會被明智地運用時，他們才會稍感安慰。

我們活著的人們，有責任保證使這次勝利成為一座紀念碑，以紀念那些為此犧牲的烈士。

這次勝利不僅是軍事上的勝利。這是自由對暴政的勝利。

我們的兵工廠源源不斷地生產坦克、飛機，直搗敵人的心臟；我們的船塢源源不斷地製造出戰艦，溝通各大洋，供應武器與裝備；我們的農場生產出食物、纖維，供應我們海陸軍以及世界各地的盟國；我們的礦山與工廠生產出各種原料與成品，裝備我們，戰勝敵人。

然而，作為這一切的後盾是一個自由民族的意志、精神與決心。這個民族知道自由意味著什麼，他們知道為了保持自由，值得付出任何代價。

正是這種自由精神給予我們武裝力量，使士兵在戰場上戰無不勝。現在，我們知道，這種自由的精神、個人的自由以及人類的個人尊嚴是世界上最強大、最堅韌、最持久的力量。

勝利是值得歡慶的，但同時有其負責和責任。

我們以極大的信心與希望面對未來及其一切艱險，美國能夠為自己造就一個充分就業而安全的未來。連同聯合國一起，美國是能夠建立一個以正義、公平交往與忍讓為基礎的和平世界的。

我以美國總統的身份宣布一九四五年9月2日星期日——日本正式投降的日子——為太平洋戰場勝利紀念日。這一天還不是正式停戰和停止敵對行為的日子，但是我們美國人將永遠記住這是報仇雪恥的一天，正如我們將永遠記住另一天是國恥日一樣。

從這一天開始，我們將憧憬一個國內安全的新時期，我們將和其他國家一同走向一個國與國之間和平、友善和合作的更美好新世界。

上帝幫助我們取得了今天的勝利，我們仍將在上帝的幫助下得到我們以及全世界的和平與繁榮。（發表於一九四五年9月2日）

〔解說・賞析〕

杜魯門在演說中首先宣布了日本投降的喜訊，繼之譴責了日本軍國主義的罪行，同時謳歌了為國捐軀的將士，號召人民「以極大的信心與希望面對未來及其一切艱險。」杜魯門的演講鏗鏘有力，充滿了判斷和結論式的語言，極具大國風範，而只有這樣的表述才能在最簡短的語言中概括出這一重大歷史時刻對於世界歷史和世界文明的意義：「日本軍閥犯下的滔天罪行是無法彌補，也無法忘卻的。」「這次勝利不僅是軍事上的勝利。這是自由對暴政的勝利。」

這樣的表述充滿感情力量，同時又飽含理性，顯示出一種政治意義上的智慧和面對歷史的理智與慎重，「勝利是值得歡慶的，但同時有其負責和責任。」廣播演說有其自身的特點，決定著其內容一般具有通報、聲明性質或者廣泛動員、感召的性質，本篇演說雖語言樸素但是具有極強的感染力，其發出的通報資訊使人歡欣鼓舞，其判斷和結論又發人深省。

真正的男子漢都喜歡打仗

——巴頓將軍（一八八五～一九四五）／美國陸軍四星上將

弟兄們，最近有些小道消息，說我們美國人對這次戰爭想置身事外，缺乏鬥志。那全是一堆臭狗屎！美國人從來就喜歡打仗。真正的美國人喜歡戰場上的刀光劍影。你們今天在這裡，有三個原因。一、你們來這，是為了保衛家鄉和親人。二、你們來這，是為了榮譽，因為你此時不想在其他任何地方。三、你們來這，是因為你們是真正的男子漢，真正的男子漢都喜歡打仗。當今天在座的各位還都是孩子的時候，大家就崇拜彈球冠軍、短跑健將、拳擊好手和職業球員。美國人熱愛勝利者。美國人對失敗者從不寬恕。美國人蔑視懦夫。美國人既然參賽，就要贏。我對那種輸了還笑的人嗤之以鼻。正因為如此，美國人迄今尚未打輸過一場戰爭，將來也不會輸。一個真正的美國人，連失敗的念頭，都會恨之入骨。

你們不會全部犧牲。每次主要戰鬥下來，你們當中只可能犧牲百分之二。不要怕死。每個人終究都會死。沒錯，第一次上戰場，每個人都會膽怯。如果有人說他不害怕，那是撒謊。有的人膽小，但這並不妨礙他們像勇士一樣戰鬥，因為如果其他同樣膽怯的戰友在那奮勇作戰，而他們袖手旁觀的話，他們將無地自容。真正的英雄，是即使膽怯，照樣勇敢作戰的男子漢。有的戰士在火線上不到一分鐘，便會克服恐懼。有的要一小時。還有的，大概要幾天工夫。但是，真正的男子漢，不會讓對死亡的恐懼戰勝榮譽感、責任感和雄風。戰鬥是不甘居人下的男子漢最能表現自己膽量的競爭。戰鬥會逼出偉大，剔除藐小。美國人以能成為雄中之雄而自豪，而且他們也正是雄中之雄。大家要記住，敵人和你們一樣害怕，很可能更害怕。他們不是刀槍不入。在大家的軍旅生涯中，你們稱演習訓練為「雞屎」，經常怨聲載道。這些訓練演習，如軍中其他條條框框一樣，自有它們的目的。訓練演習的目的，就是培養大家的警惕性。警惕性必須滲透到每個戰士的血管中去。對放鬆警惕的人，我決不手軟。你們大家都是槍林彈雨裡衝殺出來的，不然你們今天也不會在這兒。你們對將要到來的廝殺，都會有所準備。誰要是想活著回來，就必須每時每刻保持警惕。只要你有哪怕是一點點的疏忽，就會有個狗娘養的德國鬼子悄悄溜到你的背後，用一坨屎置你於死地！

在西西里的某個地方，有一塊墓碑碼得整整齊齊的墓地，裡面埋了四百具陣亡將士的屍體。那四百條漢子升天，只因一名哨兵打了個盹。令人欣慰的是，他們都是德國軍人。我們先於那些狗雜種發現了他們的哨兵打盹。一個戰鬥隊是個集體。大家在那集體裡一起吃飯，一起睡覺，一起戰鬥。所謂的個人英雄主義是一堆馬糞。那些膽汁過剩、整日在星期六晚間郵報上拉馬糞的傢伙，對真正戰鬥的了解，並不比他們搞女人的知識多。

我們有世界上最好的給養、最好的武器設備、最旺盛的鬥志和最棒的戰士。說實在地，我真可憐那些將和我們作戰的狗雜種。真的。

我麾下的將士從不投降。我不想聽到我手下的任何戰士被俘的消息，除非他們先受了傷。即便受了傷，你同樣可以還擊。這不是吹大牛。我願我的部下，都像在利比亞作戰時的一位我軍少尉。當時一個德國鬼子用手槍頂著他胸膛，他甩下鋼盔，一隻手撥開手槍，另隻手抓住鋼盔，把那鬼子打得七竅流血。然後，他拾起手槍，在其他鬼子反應過來之前，擊斃了另一個鬼子。在此之前，他的一側肺葉已被一顆子彈洞穿。這才是一個真正的男子漢！

不是所有的英雄都像傳奇故事裡描述的那樣。軍中每個戰士都扮演一個重要角色。千萬不要吊兒郎當，以為自己的任務無足輕重。每個人都有自己的任務，而且必須做好。每個人都是一條長鏈上的必不可少的環節。大家可以設想一下，如果每個卡車司機都突然決定，不願再忍受頭頂呼嘯的炮彈的威脅，膽怯起來，跳下車去，一頭栽到路旁的水溝中躲起來，那會產生什麼樣的後果。這個懦弱的狗雜種可以給自己找藉口：「管他娘的，沒我地球照樣轉，我不過是千萬分之一。」但如果每個人都這樣想呢？到那時，我們怎麼辦？我們的國家、親人甚至整個世界會是怎麼一個樣子？不，他奶奶的，美國人不那樣想。每個人都應完成他的任務。每個人都應對集體負責。每個部門，每個戰鬥隊，對整個戰爭的宏偉篇章，都是重要的。彈藥武器人員讓我們槍有所發，炮有所射。沒有後勤人員給我們送衣送飯，我們就會饑寒交迫，因為在我們要去作戰的地方，已經無可偷搶。指揮部的所有人員，都各有所用，即使是個只管燒水幫我們洗去征塵的勤務兵。

每個戰士不能只想著自己，也要想著身邊一起出生入死的戰友。我們軍隊容不得膽小鬼。所有的膽小鬼都應像耗子一樣被斬盡殺絕。否則，戰後他們就會溜回家去，生出更多的膽小鬼來。老子英雄兒好漢，老子懦夫兒軟蛋。幹掉所有狗日的膽小鬼，我們的國家將是勇士的天下。我所見過的最勇敢的好漢，是在突尼斯一次激烈的戰鬥中，爬到電話竿上的一個通訊兵。我正好路過，便停下問他，在這樣危險的時候爬到那麼高的地方瞎折騰什麼？他答道：「在修理線路，將軍。」我問：「這個時候不是太危險了嗎？」他答道：「是危險，將軍，但線路不修不行啊。」我問：「敵機低空掃射，不打擾你嗎？」他答：「敵機不怎麼打擾，將軍，你倒是打擾得一塌糊塗。」弟兄們，那才是真正的男子漢，真正的戰士。他全心全意地履行自己的職責，不管那職責當時看起來多麼的不起眼，不管情況有多危險。還有那些通往突尼斯的路上的卡車司機，他們真了不起。他們沒日沒夜，行駛在那狗娘養的破路上，從不停歇，從不偏向，把四處開花的炮彈當成伴奏。我們能順利前進，全靠這些天不怕地不怕的美國硬漢。這些司機中，有人連續開車已經超過四十小時。他們不屬戰鬥部隊，但他們同樣是軍人，有重要的任務要完成。任務他們是完成了，而且完成得真他娘的棒！他們是大集體的一部分。如果沒有大家的共同努力，沒有他們，那場戰鬥可能就輸掉了。只因所有環節都各司其職，各盡其責，整個鏈條才堅不可破。

大家要記住，算我沒來過這裡。千萬不要在信件裡提及我。按理說，我是死是活，對外界要保密，我既不統率第三軍團，更不在英國。讓那些狗入的德國佬第一個發現吧！我希望有一天看到，那些狗雜種屁滾尿流，哀鳴道：「我的天哪！又是那挨千刀的第三軍團！又是那狗娘養的巴頓！」

我們已經迫不及待了。早一日收拾掉萬惡的德國鬼子，我們就能早一日掉轉槍口，去端日本鬼子的老巢。如果我們不抓緊，功勞就會全讓狗娘養的海軍陸戰隊搶去了。

是的，我們是想早日回家。我們想讓這場戰爭早日結束。最快的辦法，就是幹掉燃起這場戰爭的狗雜種們。早一日把他們消滅乾淨，我們就可以早一日凱旋。回家的捷徑，要通過柏林和東京。到了柏林，我要親手幹掉那個紙老虎、狗雜種希特勒，就像幹掉一條蛇！

誰要想在炮彈坑裡蹲上一天，就讓他見鬼去吧！德國鬼子遲早會找到他的頭上。我的手下不挖貓耳洞，我也不希望他們挖。貓耳洞只會使進攻放緩。我們要持續進攻，不給敵人挖貓耳洞的時間。我們遲早會勝利，但我們只有不停戰鬥，比敵人勇敢，勝利才會到來。我們不僅要擊斃那些狗雜種，而且要把他們的五臟六腑掏出來潤滑我們的坦克履帶。我們要讓那些狗日的德國鬼子屍積成山，血流成河。戰爭本來就是血腥野蠻殘酷的。你不讓敵人流血，他們就會讓你流。挑開他們的肚子，給他們的胸膛上來上一槍。如果一顆炮彈在你身旁爆炸，炸了你一臉灰土，你一抹，發現那竟是你最好夥伴的模糊血肉時，你就知道該怎麼辦了！

我不想聽到報告說，「我們在堅守陣地。」我們不堅守任何見鬼的陣地。讓德國鬼子堅守去吧。我們要一刻不停地進攻，除了敵人的卵蛋，我們對其他任何目標都不感興趣。我們要扭住敵人的卵蛋不放，打得他們魂魄出竅。我們的基本作戰計畫，是前進前進再前進，不管要從敵人身上身下爬過去，還是要從他們身體中鑽過去。我們要像擠出鵝腸或小號的屎那樣執著，那樣無孔不入！

有時免不了有人會抱怨，說我們對戰士要求太嚴，太不近情理。讓那些抱怨見鬼去吧！我堅信一條金玉良言，就是「一杯汗水，會挽救一桶鮮血。」我們進攻得越堅決，就會消滅越多的德國鬼子。我們消滅的德國鬼子越多，我們自己人死得就會越少。進攻意味著更少的傷亡。我希望大家牢牢記住這一點。

凱旋後，今天在座的弟兄們都會獲得一種值得誇耀的資格。二十年後，你會慶幸自己參加了此次世界大戰。到那時，當你在壁爐邊，孫子坐在你的膝蓋上，問你：「爺爺，你在第二次世界大戰時幹什麼呢？」你不用尷尬地乾咳一聲，把孫子移到另一個膝蓋上，吞吞吐吐地說：「啊……爺爺我當時在路易斯安那……鏟糞。」與此相反，弟兄們，你可以直盯著他的眼睛，理直氣壯地說：「孫子，爺爺我當年在第三軍團和那個狗娘養的喬治．巴頓並肩作戰！」（發表於一九四四年）

〔解說．賞析〕

在演講一開始，喬治．巴頓就開宗明義，明確地對士兵提出來打仗的三個目的：保衛家鄉和親人、為了榮譽和真正的男子漢都喜歡打仗。這三個目標層次分明，為下一步的激勵埋好了伏筆。接著，巴頓在闡述道理的同時列舉了一些真實的故事，使他的演講更具有說服力。巴頓這篇像旋風一樣的演講使將士們熱血沸騰，激勵他們以百倍的勇氣衝向前線。

巴頓的演講風格獨特，粗獷豪放，中間穿插了很多帶著他強烈的軍人特質和個人烙印的粗詞糙語。不過這並不影響他演講的效果，相反，這樣的語言更合乎即將上戰場的美國大兵的口味，使他們充滿必勝的信念和激昂的鬥志。

這篇演講也不時閃爍著巴頓的軍事思想。如他認為個人英雄主義一文不值，軍隊集體的力量才是強大的；他宣導不要防守，只管進攻的作戰策略等。

為自由而戰

——卓別林（一八八九～一九七七）／好萊塢著名的喜劇演員及反戰人士

遺憾得很，我並不想當皇帝，那不是我幹的行當。我既不想統治任何人，也不想征服任何人。如果可能的話，我倒想幫助任何人，不論是猶太人還是基督徒，是黑種人還是白種人。我們都要互相幫助。做人就是應該如此。我們要把幸福建築在別人的幸福上，而不是建築在別人的痛苦上。我們不要互相仇恨，互相鄙視。這個世界上有足夠的地方讓人生活，大地是富饒的，是可以使每一個人都豐衣足食的。

生活的道路可以是自由的，美麗的，只可惜我們迷失了方向。貪婪毒化了人的靈魂，在全世界築起仇恨的壁壘，強迫我們踏著正步走向苦難，進行屠殺。我們發展了進步，但我們反而給我們帶來了貧困；我們有了知識，反而看破了一切；我們學得聰明乖巧了，反而變得冷酷無情了。我們頭腦用得太多了，感情用得太少了。我們更需要的不是機器，而是人性；我們更需要的不是聰明乖巧，而是仁慈、溫情。缺少了這些東西，人生就會變得兇暴，一切也都完了。

飛機和無線電縮短了我們之間的距離。這些東西的性質，本身就是為了發揮人類的優良品質，要求全世界的人彼此友愛，要求我們大家互相團結，現在世界上就有千百萬人聽到我的聲音——千百萬失望的男人、女人、小孩——他們都是一個制度下的受害者，這個制度使人受盡折磨，把無辜者投進監獄。我要向那些聽得見我講話的人說：「不要絕望啊！」我們現在受到苦難，這只是因為那些害怕人類進步的人在即將消逝之前發洩他們的怨毒，滿足他們的貪婪。這些人的仇恨會消失的，獨裁者會死亡的，他們從人民那裡奪去的權力會重回人民手中的。只要我們不怕死，自由是永遠不會消失的。

戰士們，你們別去為那些野獸們賣命啊——他們鄙視你們，奴役你們，統治你們，吩咐你們應當做什麼，應當想什麼，應當具有什麼樣的感情！他們強迫你們去操練，限定你們的伙食，把你們當牲口，用你們當炮灰。你們別去受這些喪失了理性的人的擺佈了，他們都是一夥機器人，長的是機器人的腦袋，有的是機器人的心肝！可是你們不是機器！你們是人！你們心裡有著人類的愛！不要仇恨呀！只有那些得不到愛的人才仇恨別人——只有那些喪失了理性的人才仇恨別人！戰士們！不要為奴役而戰鬥！要為自由而戰爭！《路加福音》第十七章裡寫著：「神的國就在人的心裡。」——不是在一個人或一群人的心裡，而是在所有人的心裡！在你們的心裡！你們人民有力量——有創造機器的力量，有創造幸福的力量！你們人民有力量建立起自由美好的生活——使生活更有意義。那麼，為了民主，就讓我們使出力量來吧，就讓我們團結一起吧；就讓我們進行戰鬥，建設一個新的世界——一個美好的世界。它將使每一個人都有工作的機會，它將使青年人都有光明的前途，老年人都有安定的生活。

那些野獸也就是用這些諾言竊取了權力。但是他們是說謊！他們從來不去履行他們的諾言。他們永遠不會履行他們的諾言！獨裁者自己享有自由，但是他們使人民淪為奴隸。現在就讓我們進行鬥爭，為了解放全世界，為了消除國家的弊政，為了消除貪婪、仇恨、頑固，讓我們進行鬥爭；為了建立一個理智的世界——在那個世界上，科學與進步將使我們所有的人獲得幸福。戰士們，為了民主，讓我們團結在一起！

哈娜，你聽見我在說什麼嗎？不管你在哪裡，你抬起頭來看哪！抬起頭來看哪，哈娜，烏雲正在消散，陽光照射進來！我們正在離開黑暗，進入光明！我們正在進入一個新的世界——一個更可愛的世界。那裡的人將克服他們的貪婪、他們的仇恨、他們的殘忍。抬起頭來看哪，哈娜，人的靈魂已長了翅膀，他們終於要展翅飛翔了。他們飛到了霓虹裡——飛到了希望的光影裡。抬起頭來看哪，哈娜！抬起頭來看呀！（發表於一九四〇年）

〔解說・賞析〕

著名的喜劇大師卓別林是一個正義者，他拍攝了大量自編自導自演的電影作品，在影片中飾演被損害和被侮辱的社會底層小人物形象，他善於用喜劇形式來揭露資本主義社會的罪惡和底層小人物的苦難與歡樂。

本篇演講是他在自己編導的電影《大獨裁者》中插入的一段演講，體現了他民主和進步的思想意識。演講的觀點非常鮮明，立意深刻，措辭激烈，表達直接痛快，而且語言非常樸素、風趣幽默，充分體現了對為惡者的憎惡和蔑視。

開篇作者就直接地擺明了自己的思想立場：「遺憾得很，我並不想當皇帝，那不是我幹的行當。我既不想統治任何人，也不想征服任何人。如果可能的話，我倒想幫助任何人，不論是猶太人還是基督徒，是黑種人還是白種人。」接著，他指出：「貪婪毒化了人的靈魂，在全世界築起仇恨的堡壘，強迫我們踏著正步走向苦難、進行屠殺。」因為這些根本的原因，一切本來可以創造財富的東西反而給我們帶來了窮困和災難。

但是作者的態度並不是悲觀的，他充滿自信地號召人們去爭取自由和幸福，為了民主而團結起來進行鬥爭。全篇語言生動有力，極富激情，聽來令人振奮。

誰說敗局已定

——戴高樂（一八九〇～一九七〇）／法蘭西第五共和國的締造者

擔任了多年軍隊領導職務的將領們已經組成了一個政府。

這個政府藉口軍隊打了敗仗，便同敵人接觸，謀取停戰。

是的，我們的確打了敗仗，我們已經被敵人登陸、空軍的機械化部隊所困。

但是難道敗局已定，勝利已經無望？

不，不能這樣說！

請相信我的話，因為我對自己所說的話完全有把握。我要告訴你們，法蘭西並未失敗，總有一天我們會用目前戰勝我們的同樣手段使自己轉敗為勝。

因為法國並非孤軍作戰。她並不孤立！絕不孤立！她有一個幅員遼闊的帝國作後盾，她可以同控制著海域並在繼續作戰的不列顛帝國結成聯盟。她和英國一樣，可以得到美國雄厚工業力量源源不斷的支援。

這次戰禍所及，並不限於我們不幸的祖國，戰爭的勝敗也不取決於法國戰場的局勢。這是一次世界大戰。我們的一切過失、延誤，以及所受的苦難都沒關係，世界上仍有一些手段，能夠最終粉碎敵人。

我們今天雖然敗於機械化部隊，將來，卻會依靠更高級的機械化部隊奪取勝利。世界命運正在於此。

我是戴高樂將軍，現在在倫敦發表廣播講話。我向目前在英國國土上或將來可能來到英國國土上的持有武器或沒有武器的法國官兵發出號召，請你們和我取得聯繫；我向目前在英國國土上或將來可能來到英國國土上的軍火工廠的一切有製造武器技術的工程師、技師與技術工人發出號召，請你們和我聯繫。

無論發生什麼情況，法蘭西抗戰的烽火都不可能被撲滅，也絕對不會被撲滅。

明天我還要和今天一樣，在倫敦發表廣播講話。（發表於一九四〇年）

〔解說・賞析〕

一九四〇年5月10日，法西斯德國對波蘭發動閃電戰爭，後不久繞過馬其諾防線，大舉入侵法國。因為法軍司令部昏聵無能，法軍節節敗退，德軍長驅直入，兵臨巴黎城下，貝當政府奉行賣國投降政策，法國淪陷在即。6月18日，藉藉無名的戴高樂在倫敦通過廣播發表了這篇演說，他以鏗鏘有力的堅定語氣莊嚴宣告：「無論發生什麼情況，法蘭西抗戰的烽火都不可能被撲滅，也絕對不會被撲滅。」

在當時，戴高樂的聲音是陌生的，然而這個聲音是鼓舞人心的，在陷於混亂和痛苦的法國人心頭重新燃起希望之火。戴高樂的演講篇幅不長，但是卻收到了非凡的效果。就演講本身來看，它之所以取得成功，有以下原因：演講者明白曉暢，富於激情的語言和積極樂觀的態度，先是簡單地講明了形勢，然後進行了對現實局面的反問：難道敗局已定？作者自己很快否定了這個說法，但是並不是空談，作者舉出更有力的事實並分析這些事實，說明他的結論是正確可行的。情感真實而飽滿，很快就能激起法國人民復興祖國的愛國情感共鳴，使他們樹立起抗擊法西斯德國的堅定信念。

培育人才

——松下幸之助（一八九四～一九八九）／日本經營之聖、著名企業家

「事業在人」，這句話是千真萬確的。任何經營只有在有了稱職的人才之後才能發展下去，無論具有怎樣優秀歷史和傳統的企業，如果沒有正確繼承其傳統的人，也將會逐漸衰敗。經營的組織、手段固然重要，但掌握並使之發生效力的仍舊是人，不管創造了多麼完善的組織，引進了多麼新的技術，如果沒有使之發生效力的人，也就無從取得成果，也就不能完成其企業使命。可以說，企業能否既對社會作出貢獻，又使本身昌盛地發展下去，其關鍵在於人。

就事業經營而言，最重要的首先是尋求人才，培育人才。

還在公司規模很小的時候，我就常常對職工們說：「如果有人問『你們那是做什麼的？』就請你們回答『松下電器公司是培育人才的。我們公司生產電器產品，但在出產

品之前，首先培育出人才。』」生產優質產品是公司的使命，為此必須培育出與之相適應的人才，有了人才自然就能生產出優質產品。

我在當時富於年輕人的志氣，就用上面那些話表達了這個意思。至於怎麼說都無關重要，但這種思想一直貫穿在我的經營之中。

那麼，怎樣培育人才呢？恐怕這是要具體問題具體分析的，但最為重要的乃是要具有基本的觀點，就是說，一定要明確「企業為什麼存在？怎樣從事經營？」這一問題，換言之，作為企業應該具有正確的經營觀念和使命觀。如果公司的基本思想和方針是明確的，那麼，經營者和管理監督者就能夠據此施行強有力的領導，而且每個人也都能根據這一基本思想和方針去判斷是非，這樣就容易培育出人才。但是，如果沒有這些基本思想和方針的話，經營者或管理監督者對部下的領導就會缺乏一貫性，很可能被每時每刻的情勢變化或個人感情所左右，不易於培育人才。因此，如果經營者想得到人才，其先決條件就是應該具有堅定的使命觀和經營觀念。

其次，要經常地將經營觀念和使命觀灌輸、滲透給職工。假如經營觀念只是寫在紙上的文章，那是一文不值的，它要成為每個人的血肉，才能發揮作用。因此，必須借助一切機會反反覆覆地把企業的經營觀念和使命觀灌輸給職工。

再者，這並不意味著經營者單純地講解觀念，而是在實際的日常工作中去說那些應該說的話，糾正那些應該糾正的事情。從個人的人情角度來說，不應過多地提醒別人、申斥別人，倘若有可能就應儘量避免這類事。可是，企業是以對社會作貢獻為使命的公有物，在企業裡的工作也就是公事。企業不是私有物，企業的工作也不是私事。所以，從公的立場出發，對不能置之不理的，不能允許的事情，應該說的必須說，應該申斥的必須申斥，這不是根據個人的感情來做的，而是站在使命觀的高度上的提醒和申斥。由於這種嚴格的管理，被申斥的人開始覺悟並成長了。不用說，假如不申斥的話，對部下來說是滿意的，對經營者、對上級來說也是安逸的。然而，我們一定要銘記，這種苟且偷安的方法是決不會培育出人才的。

與此同時，還有重要的一點，就是要敢於大膽地分派工作，並讓擔任了工作的人能夠在自己的責任和許可權範圍之內自主地進行工作。所謂培育人才，歸根結蒂就是要培育出懂經營的人，培育出能夠用經營意識去從事任何一項細小工作的人。為了培育出這樣的人才，不能什麼事都左一道命令，右一道命令，那樣只會培育出一些唯命是從的人來。由於敢於大膽地分派工作，所以，擔任了工作的人就會下功夫開動腦筋想辦法，充分發揮出自己所具備的能力，而且也就相應地成長起來了。我們松下電器公司的事業部制，從某種意義上來說，就是將這些做法形成了制度化。我從自己的經驗中感到，按照這種制度去培育人才是有很多優點的。事業部並不只是一種經營體，其中的每項工作都具有這種思想，並將這一思想灌輸到一切工作之中去。這便是我的經營。

當然，雖然應該在廣泛的範圍之內分派工作，但必須牢牢地把握住基本方針。否則，分派工作後，各行其是，整體就會變成一盤散沙。說到底，就是要基於一定的方針給予許可權。因而，公司的基本思想和經營觀念在這裡仍然是極其重要的。可以說，只有個人根據經營觀念去從事自主性的工作，才能培養出人才。

所謂培育人才，並不是說只培育出能幹工作、技術精湛的人來就可以了。這一點也需要特別加以注意。本領和技能的確很重要，企業不能沒有這方面的人才，這是很自然的事情。然而理想的是，這些人，作為一個人也好，作為一個社會人也好，同樣都應該是個優秀的人。儘管能夠出色地完成工作，但作為社會人如果有缺陷的話，仍然不是令人滿意的當今時代的產業者。假如考慮到各個企業以及日本國的日益增多的國際活動，那麼這一點就更應該說是重要的了。

當然，作為一個人、一個社會人的教育和教養，本應在家庭和學校裡去完成，然而現實的問題是企業所要完成的這方面的任務非常之多，而且將會越來越多。所以，我認為在培育人才時，我們應該充分注意到我們所培養的對象，無論是作為職業人也好，還是作為社會人也好，都應該是個優秀的人才。（發表於一九七八年）

〔解說・賞析〕

這篇演講以「事業在人」這句簡潔明了的俗語開頭，直入主題。隨後，松下幸之助指出，企業在經營過程中最重要的事情就是尋求人才、培育人才。

在闡述這一觀點的時候，他以松下公司和自己的親身經歷為例，極大地增強了演講的可信度和說服力。

作為知名的企業家，松下幸之助從四個方面詳細地論述了企業應該如何培育人才。論述中理念和措施並存，既把演講上升到一定的高度，又不失其實用性。

此外，他還在演講即將結束的時候特別強調：「所謂培育人才，並不是說只培育出能幹工作、技術精湛的人來就可以了」，還要是具有優秀素質的社會人，而且企業要在這方面擔負起重要的責任。也只有做到這一點，企業的優秀人才才能成為受社會歡迎的人。松下幸之助的這次演講，明確地表達了自己對人才深刻而又新穎的理解，值得我們銘記和學習。

中國的國民性

——林語堂（一八九五～一九七六）／當代著名學者、幽默大師

中國向來稱為老大帝國。這老大二字有深意存焉，就是即老又大。老字易知，大字就費解而難明了。所謂老者第一義就是年老之老。今日小學生無不知中國有五千年的歷史，這實在是我們可以自負的。無論這五千年中是怎樣混法，但是五千年的的確確被我們混過去了。

一個國家能混過上下五千年，無論如何是值得敬仰的。國家和人一樣，總是貪生想活，與其聰明而早死，不如糊塗而長壽。中國向來提倡敬老之道，老人有什麼可敬呢？是敬他生理上一種成功，抵抗力之堅強；別人都死了，而他偏還活著。這百年中，他的同輩早已逝世，或死於水，或死於火，或死於病，或死於匪，災旱寒暑攻其外，喜怒憂樂侵其中，而他能保身養生，終是勝利者。這是敬老之真義。敬老的真諦，不在他德高

望重，福氣大，子孫多，倘使你遇到道旁一個老丐，看見他寒窮，無子孫，德不高望不重，遂不敬他，這不能算為真正敬老的精神。所以敬老是敬他的壽考而已。對於一個國家也是這樣。中國有五千年連綿的歷史，這五千年中多少國度相繼興亡，而他仍存在；這五千年中，他經過多少的旱災水患，外敵的侵凌，兵匪的蹂躪，還有更可怕的文明的病毒，假使在於神經較敏銳的異族，或者早已滅亡，而中國今日仍存在，這不能不使我們讚歎的。這種地方，只可意會，不可言傳。同時老字還有旁義。就是「老氣橫秋」，「臉皮老」之老。人越老，臉皮總是越厚。中國這個國家，年齡總比人家大，臉皮也比人家厚。年紀一大，也就以老賣老，榮辱禍福都已置之度外，不甚為意。張山來（張潮）說得好：「少年人須有老成人之識見，老成人須有少年人之襟懷。」就是少年識見不如老輩，而老輩襟懷不如少年。少年人志高氣揚，鵬程萬里，不如老馬之伏櫪就羈。所以孔子是非常反對老年人之狀況的。一則曰「不知老之將至」，再則曰「老而不死是為賊」，三則曰「及其老也，戒之在得」。戒之在得是罵老人之貪財，容易患了晚年失節之過。俗語說「鴇兒愛鈔，姐兒愛俏」，就是孔子的意思。姐兒是講理想主義者，鴇兒是講現實主義者。

大是偉大之義。中國人誰想中國真偉大啊！其實稱人偉大，就是不懂之意。以前有黑人進去聽教師講道，人家問他意見如何，他說「偉大啊」。人家問他怎樣偉大，他說

「一個字也聽不懂」。不懂時就偉大，而同時偉大就是不可懂。你看路上一個同胞，或是洗衣匠，或是裁縫，或是黃包車夫，形容並不怎樣令人起敬起畏。然而試想想他的國度曾經有五千年歷史，希臘羅馬早已亡了，而他巍然獲存。他所代表的中國，雖然有點昏沉老耄，國勢不振，但是他有綿長的歷史，有古遠的文化，有一種處世的人生哲學，有文學，美術，書畫，建築足以西方媲美。別人的種族，經過幾百年文明，總是腐化，中國的民族還能把河南猶太民族吸引同化。這是西洋民族所未有的事。中國的歷史比他國有更長的不斷的經過，中國的文化也比他國能夠傳遍較大的領域。據實用主義的標準講，他在優勝劣敗的戰場上是勝利者，所以這文化，雖然有許多弱點，也有競存的效果。所以你越想越不懂，而因為不懂，所以你越想中國越偉大起來了。

老實講，中國民族經過五千年的文明，在生理上也有相當的腐化，文明生活總是不利於民族的。中國人經過五千年的叩頭請揖讓跪拜，五千年說「不錯，不錯，」所以下巴也縮小了，臉龐也圓滑了。一個民族五千年中專說「啊！是的，是的，不錯，不錯，」臉龐非圓起來不可。江南為文化之區，所以江南也多小白臉。最容易看出的是毛髮與皮膚。中國女人比西洋婦人皮膚嫩，毛孔細，少腋臭，這是誰都承認的。

還有一層，中國民族所以生存到現在，也一半靠外族血脈的輸入，不然今日恐尚不止此頹唐委靡之勢。今日看看北方人與南方人體格便知此中的分別。（南人不必高興，北人不必著慌，因為所謂「純粹種族」在人類學上承認「神話」，今日國中就沒人能指出誰是「純粹中國人」）中國歷史，每八百年必有王者興，其實不是因為王者，是因為新血之加入。世界沒有國家經過五百年以上而不變亂的；其變亂之源就是因為太平了四五百年，民族就腐化，戶口就稠密，經濟就窮窘，一窮就盜賊瘟疫相繼而至，非革命不可。所以每八百年的週期中，首四五百年是太平的，後二三百年就是內亂兵匪，由兵匪起而朝代滅亡，始而分裂，繼而遷都，南北分立，終而為外族所克服，克服之後，有了新血脈然後又統一，文化又昌盛起來。周朝八百年是如此。先統一後分裂，再後楚並諸侯南方獨立，再後滅於秦。由秦至隋也是約八百年一期，漢晉是比較統一，到了東晉便五胡亂華，到隋才又統一。由隋至明也是約八百年，始而太平，國勢大振，到南宋而漸微，到元而滅。由明到清也是一期，太平五百年已過，我們只能希望此後變亂的三百年不要開始，這曾經有人做過很詳細的統計。

總而言之，北方人種多受外族的混合，所以有北方之強，為南人所無。你看歷代建朝帝王都是出於長江以北，沒有一個出於長江以南。所以中國人有句話，叫做，「吃麵的可以做皇帝，而吃米的不能做皇帝。」曾國藩不幸生於長江以南，又是湖南產米之區，米吃得太多，不然早已做皇帝了。再精細考究，除了周武王秦始皇及唐太祖生於西北隴西以外，歷朝開國皇帝都在隴海路附近，安徽之東，山東之西，江蘇之北，河北之南。漢高祖生於江北，晉武帝生於河南，宋太祖出河北，明太祖出河南。所以江淮盜賊之藪，就是皇帝發祥之地。你們誰有女兒，要求女婿或是要學呂不韋找邯鄲姬生個皇帝兒，求之隴海路上之三等車中，可也。考之近日武人，山東出了吳佩孚，張宗昌，孫傳芳，盧永祥。河北出了齊燮元，李景琳，強之江，鹿鐘麟。河南出一袁世凱，險些兒就登了龍座，安徽也出了馮玉祥，段祺瑞。江南向來沒有產過名將，只出了幾個很好的茶房。

但是雖有此南北之分，與外族對立而言，中國民族尚不失為有共同的特殊個性。這個國民性之來由，有的由於民種，有的由於文化，有的是由於經濟環境得來的。中國民族也有優點，也有劣處，若儉樸，若愛自然，若勤儉，若幽默，好的且不談，談其壞的。為國與為人一樣，當就壞處著想，勿專談己長，才能振作。有人要談民族文學也可以，但是誇張輕狂，不自檢省，終必滅亡。最要緊是研究我們的弱點何在，及其弱點之來源。

我們姑先就這三個弱點：忍耐性，散慢性及老猾性，研究一下，並考其來源。

我相信這些都是一種特殊文化及特殊環境的結果，不是上天生就華人，就是這樣忍辱含垢，這樣不能團結，這樣老猾奸詐。這有一方法可以證明，就是人人在他自己的經歷，可以體會出來。本來人家說屁話，我就反對；現在人家說屁話，我點頭稱善曰：「是啊，不錯不錯。」由此度量日宏而福澤日深。由他人看來，說是我的修養工夫進步。不但在我如此，其實人人如此。到了中年的人，若肯誠實反省，都有這樣修養的進步。二十歲青年都是熱心國事，三十歲的人都是「國事管他娘」。我們要問，何以中國社會使人發生忍耐，莫談國事，及八面玲瓏的態度呢？我想含忍是由家庭制度而來，散慢放逸是由於人權沒有保障，而老猾敷衍是由於道家思想。自然各病不只一源，而且其中各有互相關係；但為講解得清楚便利，可以這樣暫時分個源流。

忍耐，和平，本來也是美德之一。但是過猶不及；在中國忍辱含垢，唾面自乾已變成君子之德。這忍耐之德也就成為國民之專長。所以西人來華傳教，別的猶可，若是白種人要教黃種人忍耐和平無抵抗，這簡直是太不自量而發熱昏了。在中國，逆來順受已成為至理名言，弱肉強食，也幾乎等於天理。貧民遭人欺負，也叫忍耐，四川人民預繳三十年課稅，結果還是忍耐。因此忍耐乃成為東亞文明之特徵。然而越「安排吃苦」越有苦可吃。若如中國百姓不肯這樣地吃苦，也就沒有這麼許多苦吃。所以在中國貪官剝削小百姓，如大魚吃小魚，可以張開嘴等小魚自己遊進去，不但毫不費力，而且甚合天理。俄國有個寓言，說一日有小魚反對大魚的殲滅同類，就對大魚反抗，說「你為什麼吃我？」大魚說：「那麼，請你試試看。我讓你吃，你吃得下去麼？」這大魚的觀點就是中國人的哲學，叫做守己安分。小魚退避大魚謂之「守己」，退避不及遊入大魚腹中謂之「安分」。這也是吳稚暉先生所謂「相安為國」，你忍我，我忍你，國家就太平無事了。

這種忍耐的態度，我想是由大家庭生活學來的。一人要忍耐，必先把脾氣煉好，脾氣好就忍耐下去。中國的大家庭生活，天賦給我們練習忍耐的機會，因為在大家庭中，子忍其父，弟忍其兄，妹忍其姊，侄忍叔，婦忍姑，妯娌忍其妯娌，自然成為五代同堂團圓局面。這種日常生活磨煉影響之大，是不可忽略的。這並不是我造謠。以前張公藝九代同堂，唐高宗到他家問何訣。張公藝只請紙連寫一百個「忍」字。這是張公藝的幽默，是對大家庭制度最深刻的批評。後人不察，反拿百忍當傳家寶訓。自然這也有道理。其原因是人口太多，聚在一起，若不相容，就無處翻身，在家在國，同一道理。能這樣相忍為家者，自然也能相安為國。

在歷史上，我們也可證明中國人明哲保身莫談國事決非天性。魏晉清談，人家罵為誤國。那時的文人，不是隱逸，便是浮華，或者對酒賦詩，或者煉丹談玄，而結果有永嘉之亂，這算是中國人最消極最漠視國事之一時期，然而何以養成此普遍清談之風呢？歷史的事實，可以為我們明鑒。東漢之末，子大夫並不是如此的。太學生三萬人常常批評時政，是談國事，不是不談的。然而因為沒有法律的保障，清議之權威抵不過宦官的勢力，終於有黨錮之禍。清議之士，大遭屠殺，或流或刑，或夷其家族，殺了一次又一次。於是清議之風斷，而清談之風成，聰明的人或故為放逸浮誇，或沉湎酒色，而達到酒德頌的時期。有的避入山中，蟄居子屋，由窗戶傳食。有的化為樵夫，求其親友不要來訪問，以避耳目。竹林七賢出，而大家以詩酒為命。劉伶出門帶一壺酒，叫一人帶一鐵鍬，對他說「死便埋我」，而時人稱賢。賢就是聰明，因為他能佯狂，而得善終。時人佩服他，如小龜佩服大龜的龜殼的堅實。

所以要中國人民變散慢為團結，化消極為積極，必先改此明哲保身的態度，而要改明哲保身的態度，非幾句空言所能濟事，必改造使人不得不明哲保身的社會環境，就是給中國人民以公道法律的保障，使人人在法律範圍之內，可以各開其口，各做其事，各展其才，各行其志。不但掃雪，並且管霜。換句話說，要中國人不像一盤散沙，根本要著，在給與憲法人權之保障。但是今日能注意到這一點道理，真正參悟這人權保障與我們處世態度互相關係的人，真寥如晨星了。

〔解說・賞析〕

演講的前兩段解釋的是中國被稱為老大帝國中的「老」和「大」的含義，這是在肯定中批判中國某些落後、腐敗的因素。接著，林語堂在回顧中國五千年的歷史後，轉到這篇演講要談論的主題——中國人的國民性。即使民族不同，但是生活在同一國度的人們在性格和品質上卻有著驚人的相似。

林語堂在演講中提到了中國人的三個弱性：忍耐性、散漫性和老滑性。他認為「忍耐」本是一種美德，然而中國做得過了，過猶不及，因此這成為了中國人的一個弱點。演講中，林語堂對弱點的描述都非常到位，既有事實的表述，也有自己的論證，具有極大的說服性，讓每一個中國人在讀完這篇演講之後，都像是照過了鏡子一樣。他說：「我想含忍是由家庭制度而來，散慢放逸是由於人權沒有保障，而老猾敷衍是由於道家思想。」

林語堂在演講的最後說，如果要改變中國人這種國民性就要改變的是中國的社會環境，更要用法律的手段讓人權得以保障。林語堂的見解獨到，他的這篇演講值得每一個人深思。

寫作，是一種寂寞的生涯

——海明威（一八九九～一九六一）／美國著名作家

我不善辭令，缺乏演說的才能，只想感謝阿爾雷德·諾貝爾評獎委員會的委員們慷慨授予我這項獎金。沒有一個作家，當他知道在他以前不少偉大的作家並沒有獲得此項獎金的時候，能夠心安理得地領獎而不感到受之有愧。這裡無須一一列舉這些作家的名字。在座的每一個人，都可以根據他的學識和良心提出自己的名單來。

要求我國的大使在這兒宣讀一篇演說，把一個作家心中所感受到的一切都說盡是不可能的。一個人作品中的一些東西可能不會馬上被人理解，在這點上，他有時是幸運的；但是它們終究會十分清晰起來，根據它們以及作家所具有的點石成金的本領之大小，他將青史留名或被人遺忘。

寫作，在最成功的時候，是一種孤寂的生涯。作家的組織固然可以排遣他們的孤獨，但是我懷疑它們未必能夠促進作家的創作。一個在稠人廣眾之中成長起來的作家，自然可以免除孤苦寂寥之慮，但他的作品往往流於平庸。而一個在岑寂中獨立工作的作家，假若他確實不同凡響，就必須天天面對永恆的東西，或者面對缺乏永恆的狀況。

對於一個真正的作家來說，每一本書都應該成為他繼續探索那些尚未到達的領域的一個新起點。他應該永遠嘗試去做那些從來沒有人做過或者他人沒有做成的事，這樣他就會有幸獲得成功。如果將已經寫好的作品僅僅換一種方法又重新寫出來，那麼文學創作就顯得太輕而易舉了。我們的前輩大師們留下了偉大的業績，正因為如此，一個普通作家常被他們逼人的光輝驅趕到遠離他可能到達的地方，陷於孤立無援的境地。

作為一個作家，我講的已經太多了。作家應當把自己要說的話寫下來，而不是說出來。再一次謝謝大家。

〔解說・賞析〕

海明威是一個簡潔的天才，簡潔、準確和生動一直是他作品語言的顯著特徵，他寫作的語言特點在本篇演講中充分體現出來了。一九五四年，海明威獲得諾貝爾文學獎以後，撰寫了本篇獲獎演講詞，委託美國大使代為宣讀。

在簡短的文字裡，海明威首先表達了他面對這一崇高榮譽的謙虛謹慎態度，不失時機地向優秀前輩致敬，真誠而客觀冷靜：「沒有一個作家，當他知道在他以前不少偉大的作家並沒有獲得此項獎金的時候，能夠心安理得地領獎而不感到受之有愧。」接著，他又談到了自己的創作體驗和感受：「寫作，在最成功的時候，是一種孤寂的生涯。」

之後，海明威闡明了自己的文學主張和自己在文學創作上的追求，即：「對於一個真正的作家來說，每一本書都應該成為他繼續探索那些尚未到達的領域的一個新起點。」這篇演講的語言寥寥，但意味深長，發人深省。全篇語言平實樸素，感情真摯，毫無故作姿態的意思。

讓新的亞洲和新的非洲誕生吧

——蘇卡諾（一九〇一～一九七〇）／
印度尼西亞民族獨立運動領袖、印尼總統

閣下們，

各位女士，各位先生，

各位姊妹，各位兄弟：

我能夠在這個歷史性的日子代表處在主人地位的印度尼西亞人民和政府歡迎諸位來到印尼，感到非常榮幸。假使我國有些條件不符合諸位的期望，我請求諸位諒解和原諒。我向諸位保證，我們已經盡了最大努力使諸位在我們中間的逗留對於賓主雙方都是難忘的。我們希望，我們的熱烈歡迎將補償可能會有的任何物質缺點。

在我環顧這個大廳和在此聚會的貴賓的時候，我內心十分感動。這是人類有史以來第一次有色人種的洲際會議。我對我國能夠款待諸位，感到自豪；我對諸位能夠接受五個發起國家的邀請，感到高興。然而，當我回想起我們許多國家的人民最近經歷的苦難的時候，我不由得感到悲傷。這些苦難使我們在生命、物質和精神方面都付出沉重的代價。

我認識到：我們今天在這裡聚會，是我們的祖先、我們自己一代和年紀更輕的人犧牲的結果。我看到，這個大廳不僅容納了亞洲和非洲國家的領袖們，而且容納了先我們而去的人們不屈不撓的不可戰勝的不朽精神。他們的鬥爭和犧牲，為世界上最大兩洲的獨立主權國家的最高級代表的這個集會開闢了道路。

亞非兩洲各國人民的領袖能在他們自己的國家內濟濟一堂討論和商議共同有關的事項，這是世界歷史上的新的起點。不過在幾十年前，我們各國人民的代表往往不得不到其他國家甚至別的洲去，才能聚會。

在這方面，我想起大約將近30年前在布魯塞爾舉行的「反對帝國主義和殖民主義同盟」的會議。在那個會議上，許多今天在場的傑出代表曾聚在一起，在他們爭取獨立的鬥爭中找到了新的力量。

但是，那是一個在數千英里之外、在異邦人中間、在異邦的國土上、在別的洲上的會議地點。在那個地方集會，並不是由於選擇，而是由於必要。

今天，對比很鮮明。我們各個民族和國家不再是殖民地了。現在，我們已經取得自由、主權和獨立，我們重新當家做主，我們不需要到別的洲去開會了。

在亞洲土地上，已經舉行了幾次亞洲國家的重要會議。

如果我們尋找我們這次偉大的集會的先驅者，那麼我們必須望著可倫坡——獨立的錫蘭的首都——和一九五四年在那裡舉行的五國總理會議。而一九五四年12月的茂物會議表明，走向亞非團結的道路已經掃清了，今天我榮幸地歡迎各位來參加的會議就是這種團結的實現。

我國是你們的東道主，我感到很驕傲。

但是我想到的並不全是印度尼西亞今天享受的榮譽。不，我的一部分心情由於其他的考慮而黯淡下來。

你們並不是在一個和平、團結和合作的世界中聚集一堂的。在國與國之間，國家集團與國家集團之間，存在著巨大的裂痕。我們不幸的世界支離破碎，受著折磨，所有國家的人民都懷著恐懼的心情，擔心儘管他們沒有過錯而戰爭的惡犬仍會再一次被放出籠來。

如果儘管各國人民做了一切努力，竟仍然發生這種情形，那時將會怎樣呢？我們新近恢復的獨立將會怎樣呢？你們的子女和父母將會怎樣呢？

出席這次會議的代表們的責任是不輕的，因為我知道，這些關係人類本身生死存亡的問題一定會放在你們的心上，正像它們放在我的心上一樣，而亞洲和非洲國家是無法逃避它們對於尋求這些問題的解決辦法所負的責任的，即便他們想逃避也做不到。因為這是獨立本身的責任的一部分，這是我們為我們的獨立而愉快地付出的代價的一部分。

許多代以來，我們這些國家的人民一直是世界上無聲無息的人民。我們一直不被人注意，一直由那些把自己的利益看得高於一切的別的國家代為作出決定，一直生活在貧困和恥辱中。於是我們各個民族要求獨立，並且為獨立而戰，最後終於獲得了獨立。隨著獨立的獲得，就擔負了責任。我們對我們自己，對世界和那些還未出生的後代負有沉重的責任。但我們並不因負有這些責任而懊悔。

在一九四五年，我們民族革命的第一年，我們印度尼西亞人碰到了在我們最後獲得獨立時——我們從不懷疑我們將獲得獨立——我們對獨立怎樣辦的問題。我們知道如何反對和破壞，然後我們突然碰到了必須給予我們的獨立以內容和意義的問題。不僅是物質的內容和意義，而且還有倫理的和道德的內容，因為沒有倫理內容和道德內容的獨立，將是我們所尋求的東西的一種可憐的贗品。獨立的職責和負擔，獨立的權利、義務和特權，必須看做是獨立的倫理內容和道德內容的一部分。的確，我們歡迎使我們負起新的負擔的變化，我們都決心盡我們的一切力量和勇氣來承擔這些負擔。

兄弟姊妹們，我們的時代是多麼有生氣呀。我記得，幾年以前我曾有機會公開分析過殖民主義，我當時曾促請大家注意我所說的「帝國主義的生命線」。這條線從直布羅陀海峽起，穿過地中海、蘇伊士運河、紅海、印度洋、南中國海和日本海。在這個遙遠的距離的大部分，這條生命線兩邊的土地都是殖民地，那裡的人是不自由的，他們的前途抵押給了一種外國的制度。沿著這條生命線，帝國主義吮吸著殖民主義賴以生存的鮮血。

今天在這個會議廳裡聚集的，就是那些國家的人民的領袖。他們已經不再是殖民主義的受害者了，他們已經不再是別人的工具和他們不能影響的勢力的玩物了。今天，你們是自由的人民，在世界上有著不同的身份和地位的人民的代表。

是的，「亞洲有風暴」，非洲也是如此。在過去幾年中發生了巨大的變化，許多民族和國家從許多世紀的沉睡狀態中蘇醒過來了。被動的人民已經過去了，表面的平靜已讓給鬥爭和活動。不可抗拒的力量橫掃了兩個大陸。整個世界的心理的、精神的和政治的面貌已經改變了，這種改變的進程還沒有完結，世界上到處產生新的情況、新的概念、新的問題、新的理想。民族覺醒和復蘇的狂風橫掃了大地，震撼它，改變它，把它改變得更好。

二十世紀是一個具有十分強大活力的時期。近50年來的發展和物質進步，或許比以往五百年所發生的還要多。人學會了控制一度威脅他的許多天災。他學會了縮短距離。他學會了把他的聲音和形象穿過海洋和大陸傳到遠方。他深入地探測自然的奧秘而學會了如何使沙漠開花，使地球上的植物增加產量。他學會了如何把封鎖在最小的物質分子中的無限力量解放出來。

但是，人的政治技能是否和技術的和科學的技能同時並進呢？人能夠控制閃電，但是他能否控制他所生活的社會呢？答案是不能！人們的技術技能已經遠遠超過他的政治技能，他不能肯定地控制他所製造的東西。

這種情況產生了恐懼，人們渴望安全和道義。目前的社會、政府和政治家的態度也許比世界歷史上任何其他時候都更需要以道義和倫理的最高準則為基礎。在政治方面，什麼是道義的最高準則呢？那就是一切都要服從人類的幸福。但是，我們今天面對的情況是，人類幸福並不總是在人們的考慮中占首要的地位。許多掌握大權的人卻是在想如何控制世界。

的確，我們生活在恐懼的世界中。今天人們的生活受到恐懼的腐蝕，而且因為恐懼而變得很痛苦。恐懼將來、恐懼氫彈、恐懼意識形態。這種恐懼也許是比危險本身更大的一種危險，因為恐懼使得人們採取愚蠢的行動、輕率的行動和危險的行動。

兄弟姊妹們，我懇求你們，你們在討論中不要為這些恐懼所左右，因為恐懼是一種酸素，把人們的行動腐蝕得怪模怪樣。請大家以希望和決心為指針，以理想為指針，並且以夢想為指針！

我們屬於許多不同的國家，我們有許多不同的社會背景和文化條件。我們的生活方式是不同的，我們的民族特性、色彩或主旨——你們願意怎樣稱呼它都可以——是不同的，我們的種族是不同的，甚至我們的膚色也是不同的。但是這有什麼關係呢？人們是由於這些東西以外的考慮而分裂或團結的。衝突並不起於膚色的不同，也不起於宗教的不同，而起於欲望的不同。

我深信，我們大家是由比表面上使我們分開的東西更為重要的東西聯合起來的，例如：我們是由我們對不論以什麼形式出現的殖民主義的共同厭惡聯合起來的，我們是由對種族主義的共同厭惡聯合起來的，我們是由維護和穩定世界和平的共同決心聯合起來的。這些不就是你們接受的邀請書中提到的那些目的嗎？

我坦白地承認，對於這些目的，我不是漠不關心的，也不是為純粹和個人無關的動機所驅使的。

怎麼可能對殖民主義漠不關心呢？對於我們來說，殖民主義並不是什麼很遙遠的東西，我們知道它的全部殘酷性。我們曾看到它對人類造成的巨大破壞，它所造成的貧困，以及它終於無可奈何地在歷史的不可避免的前進下被趕出去後留下的遺跡。我國人民和亞非兩洲許多國家的人民都知道這些事情，因為我們曾都親歷其境。

的確，我們還不能說，我們這些國家的全部地區都已經自由了。有些地區仍然在皮鞭下受苦，沒有派代表到這裡來的亞非兩洲某些地區也仍然在這種情況下受難。

是的，我們這些國家的某些地區現在還不是自由的。這就是為什麼我們大家還不能認為現在已經達到目的地的原因。只要祖國的一部分還不是自由的，任何民族都不能認為他們是自由的。像和平一樣，自由是不可分割的。半自由的事情是不存在的，正如半生半死的事情不存在一樣。

我們時常聽說：「殖民主義已經死亡了。」我們不要為這種話所欺騙或甚至為這種話所麻痺。我告訴你們，殖民主義並沒有死亡。只要亞非兩洲的廣大地區還不自由，我們怎麼能說它已經死亡了呢？

我請你們不要僅僅想到我們印度尼西亞人和我們在亞非兩洲各個地區的兄弟們所知道的那種古典的殖民主義。殖民主義也有它的現代化的外衣，它可以表現為由一個國家之內的一個小小的，然而是外國的集團進行經濟控制、思想控制、實際的物質上的控制。它是一個狡猾的、堅決的敵人，它以各種各樣的偽裝出現，它不輕易放棄它的贓物。不管殖民主義在何地、何時、如何出現，它總歸是一個邪惡的東西，一個必須從世界上鏟除的東西。

反對殖民主義的鬥爭是一個長期的鬥爭，諸位知道今天是這個鬥爭的一個著名的紀念日嗎？就在一百八十年前的今天，在一七七五年4月18日，保羅．里維爾在半夜騎著馬穿過新英格蘭的鄉間，警告人們說英國軍隊來了，美國獨立戰爭——歷史上第一次勝利的反殖民戰爭——已經開始了。關於這件午夜騎馬奔馳的事，詩人朗費羅寫道：

一個反抗的而不是畏懼的呼喚，
一個黑暗中的聲音，一陣敲門聲，
一個將永遠縈繞的呼聲。

是的，這個呼聲將永遠縈繞，正如在我們鬥爭的最艱苦的日子裡使我們感到寬慰和安心的其他反殖民的話語將永遠縈繞一樣。但請記住，一百八十年以前開始的鬥爭還沒有完全取得勝利；在我們能夠環顧我們自己的這個世界，說殖民主義已經死亡以前，這個鬥爭就沒有完全取得勝利。所以，在我談到反殖民鬥爭的時候，我並不是超然的。

在我談到爭取和平的鬥爭的時候，我也不是超然的。我們中間誰又能對和平採取超然態度呢？就在不很久以前，我們提出理由說，和平對我們是必要的，因為要是在世界上我們所在的這個地區爆發戰爭的話，那就會危及我們不久以前以十分重大代價贏得的寶貴的獨立。

今天，景象更黑暗了，戰爭不僅意味著對我們的獨立的威脅，還可能意味著文明，甚至是人類生命的毀滅。在世界上這麼一種已經解放出來的力量，沒有人真正知道它有多麼大的造成惡果的潛力。哪怕是在戰爭的演習和預演中，它的影響很可能擴大成為某種不測的恐怖。

不太久以前，我們還可以多少引以自慰的是：戰爭如果發生的話，說不定還能夠以所謂「常規武器」，即炸彈、坦克、大炮、人力等來解決。但是在今天，我們連那麼一點點安慰也得不到了。因為事情已經很明顯，將來必然要使用極端恐怖的武器，各國軍事計畫工作也是在這個基礎上進行的。非常規武器成了常規武器，而且誰知道會發現其他什麼用非其所、窮凶極惡的科學技術禍害人類呢？

不要認為浩瀚大洋能保護我們。我們吃的食物，喝的水，就連我們呼吸的空氣都能夠染上數千英里以外的毒，而且即使我們自己僥倖逃過的話，我們後代畸形的身體上也可能留下標記，說明我們沒有能控制已經在世界上解放出來的力量。

沒有比維護和平更迫切的任務了。沒有和平，我們的獨立就沒有什麼意義，我們國家的復興和建設也就沒有什麼意義，我們的革命就無法進行到底。

那麼我們能做些什麼呢？亞非人民所擁有的物質力量是很小的，就連他們的經濟力量也是分散而薄弱的。我們不能迷戀強權政治。外交對我們說來也不是一件揮舞大棒的事情。我們的政治家大體上都不是有密集的噴氣轟炸機隊伍做後盾的。

那麼，我們能做些什麼呢？我們能做許多事情。我們能把理智的聲音貫注到世界事務中。我們能夠動員亞非兩洲的一切精神力量、一切道義力量和一切政治力量來站在和平的一邊。是的，我們！我們亞非兩洲有14億人民，遠超出世界總人口的一半。我們能夠動員我稱之為各國的道義暴力來擁護和平。我們能夠向在其他各洲的世界上的少數派表明，我們多數人是要和平而不要戰爭的，並且表明，我們所擁有的一切力量總是要投到和平方面的。

這個鬥爭已經取得了一些勝利。我想大家都承認，邀請諸位到這裡來的發起國的總理們的活動在結束印度支那戰事方面，發揮了不是不重要的作用。

請看，亞非人民發出了聲音，全世界都傾聽著。這不是一個很小的勝利，也不是一個可以忽視的先例。這五位總理沒有進行威脅，他們沒有發出最後通牒，他們沒有動員軍隊。相反的，他們共同磋商，討論問題，集合他們的意見，並匯集他們各自的政治才能，提出健全而合理的建議，這些建議形成了解決印度支那長期鬥爭的基礎。

我從那時起就經常自問道，為什麼這五位總理獲得成功，而其他具有長期外交經驗的人卻不成功，並且事實上曾讓惡劣的局勢更加惡化下去，以致衝突有擴大的危險呢？

是不是因為他們是亞洲人呢？也許這是一部分答案，因為戰火已經燒到他們門口了，戰火的任何進一步擴大將會造成對他們自己住房的直接威脅。但是我認為，答案實際上在於這一事實：這五位總理對問題採取了一種新的看法。他們並不是謀求自己國家的好處，他們沒有實行強權政治的企圖，他們所關心的只是一件事，那就是如何結束那裡的戰事並且進而增加保持和平和穩定的可能性。

我的兄弟姊妹們，這是一件有歷史意義的事件。自由亞洲的某些國家發言，世界各國傾聽。他們所談論的是同亞洲有直接關係的問題。他們這樣做表明，亞洲的事務是亞洲人民自己的事，亞洲的前途可以由遙遠的其他的民族來決定的日子現在早已一去不復返了。

但是，我們不能夠、也不敢把我們的關心限於我們自己的大陸的事務。今天，世界各國是互相信賴的，沒有一個國家能夠把自己孤立起來。光榮的孤立也許一度是可能的，但是情況再也不是這樣了。全世界的事務也就是我們的事務，我們的將來有賴於一切國際問題——不論這些問題看來可能與我們多麼無關——的獲得解決。

……

我們的任務首先是彼此取得諒解，從諒解中將產生彼此間的更大的尊重，從尊重中將產生集體的行動。我們應當記住亞洲最偉大的兒子之一所講過的話：「說易行難知最難，一旦知後行就易。」

最後，但願諸位的討論有很多收穫，但願諸位的智慧從今日環境的堅硬燧石上擊出光明的火花來。

讓我們不記舊怨，讓我們的目光堅定地注視未來。讓我們記住，任何祝福也不如生命和自由甘美。讓我們記住，只要是有的國家或國家的一部分仍未得到自由，全人類的氣概就為之減色。讓我們記住，人類的最高目的是，把人類從恐懼的羈絆中，從人類墮落的羈絆中，從貧困的羈絆中解放出來，把人類從長久以來阻礙多數人發展的肉體、精神和智慧的羈絆中解放出來。

兄弟姊妹們，讓我們記住，為了這一切，我們亞洲和非洲人必須團結起來。

作為印度尼西亞共和國總統並代表印度尼西亞八千萬人民，我歡迎你們來到這個國家。我宣布亞非會議開幕，我祝福這次會議，使會議的討論有益於亞洲和非洲人民以及一切國家的人民。

祝諸位成功！（發表於一九五五年）

〔解說・賞析〕

蘇卡諾素有「演講臺上的雄獅」之稱，一九五五年，在印尼的萬隆舉行了亞非首腦會議，4月18日，蘇卡諾在開幕式上用英語發表了這篇演說作為開幕詞。這是一篇具有宏大氣魄、深邃思想和飽含深情的演說，20世紀亞非拉民族獨立解放鬥爭和所爭取到的獨立自主的成就顯然是激動人心的，來之不易的和平也是令人感動和感慨的，作為世界現代史上具有深遠意義的一次第三世界大會，萬隆會議承擔著巨大的歷史使命並開創了輝煌的國際外交新局面，蘇卡諾的這篇開幕詞對這次會議顯然產生了巨大的影響。作為一名傑出的政治家和演說家，蘇卡諾的演說不僅僅表現出一種普遍意義上的外交風範，而是充滿對人類，尤其受壓迫民族政治前途的真切關注和憂慮。

蘇卡諾在演講中首先高度評價了亞非拉民族解放獨立的重大歷史意義和世界政治意義，指出亞非國家和民族團結的重大現實意義，同時坦率地表明了自己的焦慮：人民渴望和平，然而怎樣才能保證和平？人民生活在恐懼中，怎樣才能克服和消除這種恐懼？科學技術文明在20世紀取得了空前的發展，然而人類的政治文明是否取得了進步？或者說我們有沒有能力擁有這樣的政治技術上的進步來控制科技文明進步給我們帶來的恐懼和災難？

我們必將取得勝利

——林登·詹遜（一九〇八～一九七三）／美國第三十六任總統

今天晚上，我是為了人類的尊嚴和民主的命運來到這裡演講的。為了這一使命，請兩黨人士和全國各地的所有美國人——不管宗教信仰和膚色如何——都和我站在一起。

每當歷史和命運交會在一起，就成為人們不懈探求自由的轉折點。在萊克星頓和康科德是這樣，在一個世紀前的阿托克馬斯是這樣，上周在阿拉巴馬州的塞爾馬也是這樣。在那裡，飽受煎熬的男男女女和平抗議拒絕給予他們公民權，許多人遭受毒打，其中一個義人、上帝的使者被殺害了。

我們沒有理由對在塞爾馬發生的一切沾沾自喜；不給數百萬美國人民同等的權利，我們沒理由心滿意足。但是，我們有理由對我們的民主、對我們今天晚上這裡所發生的一切充滿希望和信任。因為受壓迫人民的悲號、聖歌和控訴已經喚醒了這個世界上最偉大國家政府的尊嚴。於是，我所面臨的任務就自然回歸到美國最古老的和最根本的國家職責：糾正錯誤、主持正義、服務人民。

當今，我們面臨著一系列重大危機。我們天天沉浸於對戰爭與和平、繁榮與蕭條等一些嚴峻問題的爭論，可我們很少觸及美國的心靈深處，除了增長經濟、豐富物質以及福利和安全外，我們很少對國家的價值、信仰和目標提出挑戰。美國黑人的平等權問題就是這樣的。即使我們打敗了所有的敵人，即使我們的財富成倍增長，即使我們征服太空，如果我們不能公正地解決這個問題，那麼我們整個民族和國家還是失敗了。治國和做人的道理是一樣的，「人若賺得全世界，賠上自己的生命，有什麼益處呢？」

不存在美國黑人問題，不存在南方問題，不存在北方問題，我們只有一個美國問題。我們今天晚上就是作為美國人相聚在一起的——而不是民主黨人或共和黨人。我們作為美國人相聚在這裡的目的就是要解決那個美國問題。

美國是世界歷史上第一個建立在信仰基礎上的國家。不管是在南方還是在北方，闡述該信仰的偉大誓詞仍然在每個美國人的心中迴響：「人人生而平等」、「被管轄者同意的政府」、「不自由，毋寧死」。那些誓詞不是花言巧語，也不是空洞的理論。兩個世紀以來，美國人民為之前仆後繼、流血犧牲，今天晚上，為了捍衛我們的自由，美國軍人在全世界冒著生命危險屹立在各自的陣地上。那些誓詞是讓每個美國公民享有做人尊嚴的承諾。一個人不能用財富、權勢和地位換取這種尊嚴。這種尊嚴來自一個人擁有和他人平等機會的權利，也就是說，他能分享自由，他能選擇自己的領導、教育自己的孩子、根據自己的能力和特長體面地照顧自己的家庭。根據一個人的膚色、種族、宗教信仰或出生地等檢驗標準來拒絕一個人的希望，那不僅是不公正的做法，同時也背叛了美國，玷污了那些為了美國自由而獻身的先烈的英靈。

我們先輩認為，要想讓神聖的人權之花更繁茂，它就必須扎根在民主的土壤裡。大家最基本的權利就是選擇領導的權利。這個國家的歷史在很大程度上是讓我們所有的人得到那種權利的歷史。許多民權問題既複雜、處理起來也困難。但對於選擇領導的權利這一點，不存在也不應該存在什麼爭論。

每個美國公民都有平等選舉的權利。沒有任何理由原諒拒絕給公民那種權利的行為。我們再也沒有比確保那種權利更重要的職責了。

然而，殘酷的現實是，在我們國家的許多地區，一些男男女女僅僅是因為他們是黑人就被禁止投票。人們想方設法地用各種手段拒絕給予黑人選舉權。當一個黑人公民到選民登記處時，人們就用「日子錯了」或「時間太晚了」或「負責人不在」把他給打發走了。如果他堅持要進行登記，當來到選民登記員面前，他會被輕而易舉地認定不符合選民資格，僅僅是因為沒有寫出他的中間名字，或因為他在申請表上用了一個縮略語。

如果他硬是填完了申請表，他又必須經過一次測驗，而選民登記員是認定他能否通過測驗的唯一的裁判。他被要求背誦整部《美國憲法》，或解釋複雜的州法律條款，即使受過高等教育的人也不可能完全理解並寫出這些法律。

實際上，逾越這些障礙的唯一途徑就是展示白色皮膚。經驗清楚地證實，通過法律訴訟途徑並不能戰勝系統的、精心設計的歧視。我們現在還沒有任何成文法律，剛起草的有關這方面的三個法律能夠在地方官員故意刁難的情況下確保公民的選舉權。在這種情況下，我們必須牢記自己的職責。《美國憲法》說：合眾國公民的投票權，不得因種族、膚色或曾被強迫服勞役而被合眾國或任何一州加以剝奪或限制。我們都曾在上帝面前宣誓，要擁護、捍衛《美國憲法》，現在就是我們用實際行動來履行誓言的時候了。

星期三，我將向國會遞交一個消除對投票非法設置障礙的法律。明天，民主黨和共和黨的領袖們就可以拿到那個議案的框架。他們覆議後，就會把它作為一個正式的議案拿到這裡來表決。我對兩院領導今天晚上邀請我來這裡不勝感激，我可以借此機會把我的觀點告訴朋友們，並拜訪我先前的同事。我對這個法律進行了比較全面的分析，我原計畫明天把它轉給有關人員，看來我今天晚上就要把它交給他們。但我很想現在就和你們簡要討論一下這個立法的主要目的。

這個法案將打破在聯邦、州和地方選舉中對黑人選舉權的限制。該法案將建立一個簡單、統一的標準，我們要深思熟慮，盡最大努力不讓這個法案對我們的憲法有任何蔑視。該法案將在州官員拒絕為公民進行選民登記的情況下，由聯邦官員為他們登記，並將取消冗長乏味、不必要的訴訟，以免延誤了投票權的行使。最後，這項立法將確保那些正當登記的選民的投票不受到阻礙。

為讓這個法律更完善並使之付諸實施，我歡迎所有國會議員對該法案的方式、方法提出意見，實踐證明，這是實施憲法的唯一途徑。

對那些在自己管轄區內拒不執行聯邦政府行動的人，對那些想方設法維持純粹由地方控制選舉的人，答案很簡單：把你們的投票站向所有人開放。不管男女公民的膚色如何，都要允許他們進行選民登記和投票，讓國土上的所有公民享有公民權。

這不存在憲法問題，憲法已經表述得很清楚；這不存在道德問題，拒絕你們任何美國同胞在這個國家的選舉權是絕對不道德的；這不存在危害州和地方政府權力問題，我們僅僅是為人權而戰。我相信，你們會給出讓人滿意的答案。

甘迺迪總統提交國會的人權法案包含一個在聯邦選舉中保護投票權的條款，那個人權法案在經過長達8個月的辯論後通過。當那個法案由國會轉到我這裡來簽署的時候，發現關於投票條款的實質內容被取消了。這次，我們在這個問題上必須當機立斷、毫不妥協。我們不能也一定不允許拒絕保護任何一個美國人在任何選舉中的投票權，因為他渴望參與選舉。我們不應該、不會也絕對不能讓這個法案再拖上8個月。我們已經等了一百多年了，再也沒有等待的時間了。

正因為如此，我請求你們和我一道加班加點地工作，如果需要，還要犧牲晚上和週末的時間，以求儘快通過這個法案。我不是輕率地提出那個請求的，因為透過我辦公室的窗戶，我看到了我們國家的嚴峻問題。我意識到，在這個大廳外面，國家的道義在受到踐踏，眾多國家對此給予急切的關注，我們的行動受到嚴厲的歷史審判。

然而，即使我們通過了這個法案，戰鬥仍不會停止。塞爾馬發生的波瀾壯闊的抗議運動已波及美國的任何一個州、任何一個角落。美國黑人為確保他們自己能夠享有美國生活的所有賜福而鬥爭，我們必須把他們的事業當做我們的事業，因為不僅是黑人，而是我們所有的人，務必戰勝歷史遺留下來的極其有害的偏見和不公正。我們必將取勝。

我來自南方，知道種族情感是何等的令人痛苦，知道改變我們社會的觀念和結構是多麼的艱難。一個世紀過去了，黑奴已經被解放了一百多年，但他們至今仍未完全自由。一百年以前，偉大的共和黨總統亞伯拉罕・林肯簽署了《解放宣言》，然而，「解放」只是個「宣言」，並非是事實。自從許諾種族平等以來，已經一百多年了，然而黑人並沒得到平等。宣布種族平等這個諾言到現在已經過去一個世紀了，可這個諾言並沒有得到遵守。

現在，正義的時刻已經來臨，我堅信，沒有任何力量能夠阻止它的到來。在人類和上帝的眼裡，它的到來是天經地義的事情。可一旦它真的來臨，必將照亮每個美國人的生命。因為黑人不是唯一的受害者，有多少白人的孩子得不到教育？有多少白人家庭生活在赤貧之中？由於我們消耗了我們的精力和物質去設置仇恨和恐怖的障礙，又有多少白人的生命留下恐懼的傷疤？所以，今天晚上我要對在座的諸位和全國人民說，那些求助於你們保住舊制度的人，也是在斷送你們自己的未來。

這個偉大、富饒、生機勃勃的國家能夠為所有公民提供機會、教育和希望，所有的黑人和白人，所有的北方人和南方人，所有的佃農和城市居民。我們的敵人是貧窮、愚昧和疾病，而不是我們的同胞和鄰居。我們同樣要戰勝這些敵人——貧窮、愚昧和疾病。我們必將取勝。

現在，我們所有的人在任何一個地區都不要為另一個地區或我們鄰居面臨艱難而幸災樂禍。實際上，在美國的任何一個地區，平等的許諾從來沒有被完全遵守過。不管是在水牛城還是在伯明罕，不管是在費城還是在塞爾馬，美國人民正在為獲得自由的果實而鬥爭。這是一個統一的國家，在塞爾馬、在辛辛那提市發生的一切必然會影響到每個美國人。然而，讓我們每個人都認真檢查自己，檢查自己的社區，讓我們每個人都奮力推動歷史車輪的前進，不管哪裡有不公正，我們都毫不留情地將它鏟除。

今天晚上，我們會聚在這個和平、歷史性的大廳裡，來自南方的人，他們有的曾經在硫黃島駐紮過；來自北方的人，他們讓「老榮譽」在世界各地飄揚，當回來的時候，上面沒有一絲污染；來自東部和西部的人們不管宗教信仰、膚色和地區的差別，都在越南戰場上並肩戰鬥。20年前，世界各地的人們都在為我們而戰。面對這些危險和犧牲，南方為國家所贏得的榮譽和所表現出來的勇敢精神不亞於偉大美國的任何地區，在某些情況下，甚至比其他地區更多。

全國各地人民——從大湖區到墨西哥灣，從金門到大西洋沿岸的各個港口——為了維護所有美國人的自由，將重新團結在一起。我對此深信不疑。這是我們所有人的責任。我作為你們的總統，請求每個美國人都勇於承擔此重任。

美國黑人是這次鬥爭的真正英雄。他們在抗議行動中表現出來的不懼危險、不怕犧牲的精神喚醒了這個國家的良知。他們聲勢浩大的示威引起了人們對不公正的重視，激發起人們改革的熱情。他們請求我們要信守美國諾言。

深深根植於民主進程的信念的實質就是為平等而戰。平等不是依靠武力或催淚彈，而是依靠正義的道德力量；不是訴諸暴力，而是遵守法律和秩序。

你們的總統承受著來自多方的壓力，隨著時間的推移，將會有更多的壓力。但是，今天晚上我向你們發誓，不管戰場在哪裡——在法庭、在國會、在人們的心靈，我決心要打這場戰爭。

我們必須捍衛言論自由和集會自由的權利。但是，言論自由的權利並不是在擁擠的劇院中大喊「失火了」。我們捍衛集會自由的權利，但是，集會自由並不是阻塞公共交通。我們確實有抗議的權利，我們也有遊行的權利，但行使這些權利的前提是不侵犯他人的憲法權利。只要還允許我在總統職位上，我就決心維護所有那些權利。

我們要防止任何暴力，因為它會危害我們手裡的有效武器：發展進步、遵紀守法和對美國價值的信念。在塞爾馬和其他地方一樣，我們尋求和平、安定與團結。但是，我們不會尋求扼殺了權利的和平，我們不尋求恐怖籠罩下的安定，我們不尋求窒息了抗議的團結。絕不能用犧牲自由的代價來換取和平。

今天晚上，在塞爾馬——我們在那裡曾經有過美好的時光——和在其他城市一樣，我們正在為找到公正、和平的解決方案而努力。要知道，在我今天晚上的演講結束後，在警察、聯邦調查員和司法官都離開後，在你們儘快通過這個法案後，塞爾馬和美國其他城市的市民必定還要在一起生活工作，當國家轉移了那裡的注意力時，他們必須醫治創傷、建設一個新社會。

南方的經驗已經證明，在暴力的戰場上是不可能實現這一切的。近幾天，如上個星期二和今天，白人和黑人明顯展示出令人敬佩的責任。

我向你們提交的法案叫《選舉權法》，其目標是將希望的大門向所有種族開放。因為所有美國人一定要擁有投票權，那麼，我們就給他們這種權利。所有種族的美國人一定要擁有憲法賦予的基本民權，我們就不分種族地給他們那些公民權利。提請大家注意的是，落實那些權利要比單純通過法律困難得多。它需要人們改變觀念，需要一個健康的政府機構，需要體面的家和工作，需要有擺脫貧窮的機會。

當然，如果公民永遠不會讀寫，如果他們的身體因饑餓不能健康成長，如果他們有病不能醫治，如果他們生活在絕望的貧窮中，如果他們依靠福利度日，那他們就不能為國家作出貢獻。所以，我們要打開希望之門，同時，我們也要幫助我們所有的人民——不管是黑人還是白人——走進希望之門。

我大學畢業後，在德克薩斯州科圖拉一個不大的「墨西哥裔美國人」學校當老師。那裡能講英語的學生很少，而我的西班牙語也很糟糕。學生們很窮，他們經常餓著肚子來上學。儘管他們年紀不大，他們卻飽受歧視的痛苦。從他們的眼睛裡可以看出，他們似乎永遠不會知道為什麼人們討厭他們，他們認為這是命運。下午放學後，我很晚才步行回家，我留下來希望把知識傳授給他們，希望這能幫助他們戰勝將面臨的各種困難。

當你看到孩子們希望的臉上布滿貧窮和仇恨的傷疤時，你永遠不會忘記，貧窮和仇恨會帶來什麼。在一九二八年，我從來沒有想過我會在一九六五年站在這裡，我做夢也沒有想到我會有機會幫助我學生的子女，幫助全國像他們一樣的人們。現在，我確實有了那種機會，而且還要利用那種機會。我希望你們要和我一道利用那種機會。

我們這個最富有、最強大的國家曾稱霸全世界，舊帝國勢力與我們現在的相比微不足道。然而，我不想做一個帝國總統，不想做一個追求奢侈豪華或擴展疆域的總統。我想做一個教育孩子們在他們的世界出現奇蹟的總統。我想做一個幫助饑餓的人吃飽飯，讓他們成為納稅人而不是吃稅人的總統。我想做一個幫助貧窮的人找到出路，捍衛每個公民在任何選舉中的投票權的總統。我想做一個幫助結束同胞中的彼此仇恨，在所有種族、所有地區、所有黨派中激發友愛的總統。我想做一個在全世界的兄弟姐妹間消滅戰爭的總統。

我今天晚上來到這裡，不是像羅斯福總統那樣否決一個補貼法案，也不像杜魯門總統那樣敦促通過一個鐵路法案。我來到這裡是請求你們和我一起分擔任務，讓國會——不管是共和黨人還是民主黨人——為人民做所有這些事情。

在這個大廳外面是50個州，那裡有我們為之服務的人民。今天晚上，他們坐在電視機和收音機旁收看、收聽我的演講，誰能說出他們內心深處的希望是什麼。我們都能從我們的生活中猜測，他們要想獲得自己所追求的幸福是多麼艱難，每個小家庭所面臨的困難又是何其多。他們不但依靠自己尋求未來，也依靠我們幫助他們尋求未來。

合眾國國徽背面的金字塔上方用拉丁文莊嚴地寫著：「上帝指引我們的事業。」上帝不會指引我們所做的一切，我們要能領悟上帝的意志。

我相信，上帝明白並真正指引我們今天晚上在這裡開始的事業。（發表於一九六五年）

〔解說・賞析〕

一九六五年3月15日，詹遜發表講話，他引述聖歌《我們必將取得勝利》，呼籲美國終結種族歧視。他首次以總統身份全力支持民權運動，推動了《選舉權法》的通過。演講中，他承認黑人遭受了不公平待遇，宣稱否決黑人選舉權是一個錯誤；他要求大家必須克服這種不公正，要不拖延、不猶豫、不妥協地進行立法。

詹遜的演講受到輿論的一致讚揚，民權評論家稱之為「總統在民權方面所作的最激進的講話」。3月17日，詹森把《選舉權法案》正式遞交參眾兩院。8月4日，《選舉權法案》在國會最終獲得通過。

美麗的微笑與愛

——德蕾莎修女（一九一〇～一九九七）／印度著名的慈善家、印度天主教仁愛傳教會創始人

窮人是非常好的人。一天晚上，我們外出，在街上帶回了四個人，其中一個奄奄一息——我告訴修女們說：你們照料其他三個，我照顧這個瀕危的人。這樣，我為她做了我的愛所能做的一切事情。我將她放在床上，她的臉上露出了如此美麗的微笑。她握住我的手，只是說「謝謝您」，隨後就死了。

我情不自禁地在她的面前審視我的良心，我自問：如果我處在她的位置上，會說些什麼呢？我的回答很簡單。我會試圖引起別人對我的一點關注，我會說：我饑寒交迫，奄奄一息，痛苦不堪等。但是，她給我的要多得多——她將其感激之愛給了我。然後她死了，臉上還帶著微笑。我們從陰溝裡帶回來的那個男人也是這樣。他快要被蟲子吃掉

了，我們把他帶回了家。「在街上我活得像動物，但我將像天使一樣死去，因為我得到了愛和照料。」一真是太好了，我看到了那個男人的偉大，他能說出那樣的話，能夠那樣地死去：不責備任何人，不辱罵任何人，與世無爭。像一位天使——這便是我們的人民的偉大之處。因為我們相信耶穌所說的話——我饑腸轆轆——我無衣蔽體——我無家可歸——我不為人要，不為人愛，不為人管——而你卻對我做了。

我認為，我們並不是真正的社會工作者。在人們的眼中，我們或許是在從事社會工作，但是，我們實際上是在世界的中心沉思冥想的人。因為我們一天二十四小時都在觸摸基督的聖體。我想，在我們的家庭裡，我們不需要槍炮彈藥來進行破壞或者帶來和平——我們只需要團結起來，彼此相愛，將和平、喜悅和活力帶回家庭。這樣，我們將能夠戰勝世界上現存的一切邪惡。

我準備以獲得的諾貝爾和平獎金，努力為很多無家可歸的人建立家庭。因為我相信，愛開始於家庭。如果我們可以為窮人建立家庭，我想越來越多的愛將會傳播開來，而且我們將能夠通過這種體諒他人的愛而帶來和平，給窮人帶來福音，這些窮人首先是我們自己家裡的窮人，其次是我們國家和世界上的窮人。為了做到這一點，我們的修女、我們的生命就必須同禱告緊密相連。他們必須同基督結合在一起，這樣才能夠相互諒解和共同分享。因為同基督結合在一起就意味著諒解與分享。因為在今天的世界上有如此之多的痛苦……當我從大街帶回一個饑腸轆轆的人時，給他一盤米飯、一片麵包，我就心滿意足了，因為我已經驅除了那個人的饑餓。但是，如果一個人露宿街頭，他感到不為人要，不為人愛，恐懼不安，被我們的社會所拋棄——這樣的貧困如此充滿傷害，如此令人無法忍受，我發現這是極其艱難的……因此，讓我們經常以微笑相見，因為微笑是愛的開端。一旦我們開始彼此自然地相愛，我們就想做點事情了。（發表於一九七九年，諾貝爾典禮上）

〔解說・賞析〕

這篇演講是德蕾莎發表於諾貝爾頒獎會，語言非常樸素真摯，有一種打動人的內在力量，沒有長篇大論，沒有空洞的呼號，而是從平常的生活和人的最細微的感情出發，闡述她自己所堅持的信念：「窮人是非常好的人。」「我們不需要槍炮彈藥來進行破壞或者帶來和平——我們只需要團結起來，彼此相愛，將和平、喜悅和活力帶回家庭。這樣，我們將能戰勝世界上現存的一切邪惡。」

德蕾莎的語言是樸素平淡的，她所描述的和所做的都是平常的事情，但是正是這種平常中蘊含著不同尋常的情感力量，使我們的心靈受到震撼。

第一次就職演說

——隆納・雷根（一九一一～二〇〇四）／美國第40任總統

哈特菲爾德參議員、首席法官先生、總統先生、布希副總統、蒙代爾副總統、貝克參議員、奧尼爾議長，以及同胞們：

對於今天在場的一些人來說，這是一個莊嚴的、極其重要的時刻。然而，在我國歷史上，這又是極平常的事情。

就像幾乎兩個世紀以來一樣，美國總是根據《憲法》的要求照例有條不紊地移交權力，我們當中幾乎沒有誰去專門想一想，我們究竟有多麼獨特。在世界上許多人看來，我們認為是正常的事情的這種每四年一次的就職典禮完全是個奇蹟。

總統先生，希望我的同胞們知道你為保持這一傳統作了多少努力。你通過在權力交接過程中惠予的合作已向注視著我們的世界表明，我們是一個團結一致的民族，這個民族決心保持一種比任何其他體制更能充分保證個人民主自由的政治制度。我感謝你和你的部下為保持連續性而給予的所有幫助，這種連續性是我們共和國的支柱。

我國的事業都是向前發展的。合眾國面臨著極大的經濟困難，我們現在遭受的是我國歷史上歷時最久的通貨膨脹，也是最嚴重的通貨膨脹之一。這種通貨膨脹使我們在經濟方面的決定不能順利執行，使儲蓄的人反而受到懲罰，並且為之生活而掙扎的年輕人和靠固定收入為生的中年人都受到嚴重打擊。它有可能使我國千百萬人民的生活無法維持。工廠停工使工人們失業，蒙受痛苦和失去個人尊嚴。那些的確有工作做的人的勞動無法得到公正的報償，因為賦稅制度使取得成就的受到懲罰，並使我們無法保持高度的生產力。

不過，儘管我們的賦稅負擔極為沉重，它仍然未有滿足政府開支的需要。幾十年來，我們累積了大量的赤字，從而為了目前暫時的方便而把我們的未來以及我們子女的未來抵押進去。這種趨勢要是長期繼續下去，就一定會引起社會、文化、政治和經濟方面的大動亂。

你們和我作為個人在入不敷出的情況下可以靠借貸，但只能維持一段有限的時期。難道我們不應該想一想，為什麼我們聚合在一起，作為一個國家，就不受同樣的限制束縛呢？

為了明天的生存，我們今天必須採取行動。請不要誤解——我們今天就開始採取行動了。我們的經濟弊病已經困擾了我們好幾十年了。這些經濟弊病不可能在幾天、幾星期或者幾個月中就消失，但是它們終將消失，它們之所以終將消失，是因為我們美國人現在一如我們過去一樣有能力做需要做的一切事情，來保持這個最後的和最偉大的自由堡壘。

在目前這場危機中，靠政府解決不了我們的問題，政府卻是我們的問題所在。我們常常情不自禁地認為社會已經變得太複雜了，靠自治已經管理不了，認為由一批傑出人物組成的政府比民有、民治、民享的政府高明。但是，要是我們中間誰也管理不了自己，那麼我們當中又有誰能管理別人呢？

我們大家——政府內外的人——必須承擔這個責任。我們所謀求的解決辦法必須是公平的，不單獨讓一個群體付出較大的代價。

我們常聽到許多關於特殊利益集團的談論，我們必須關心一個長期不受重視的特殊利益集團。這個集團沒有地區上的邊界，跨越人種和種族的區分以及政黨的界限。它是由為我們種糧食、為我們巡邏街道、在我們的廠礦工作、教育我們的子女、管理我們的家庭和在我們患病時為我們治療的男男女女組成的，他們是專業人員、企業家、店主、職員、出租汽車司機和卡車駕駛員。總之，他們就是「我們的人民」，就是美國人民。

我們的目標必須是建立一個健全的、生氣蓬勃的、日益發展的經濟，使所有的美國人都有均等的機會，不受偏見或歧視造成的障礙之害。使美國復興意味著使所有美國人都有工作，結束通貨膨脹意味著使所有美國人免除對勢如脫韁之馬的生活費用的恐怖。所有的人都必須投入這個「新開端」的生產勞動，所有的人都應當分享經濟復興的豐碩成果。我們力量的核心在於理想主義和公平對待的精神，有了這些，我們就能建立一個強大繁榮的美國，在國內和全世界都相安無事。

當我們向復興美國開始邁步的時候，首先讓我們看看我們的實際情況吧。我們這個國家有一個政府，而不是倒過來——政府有一個國家。這使得我們在世界各國中間處於特殊地位，除了人民賦予的權力之外，我們的政府沒有什麼權力。現在是制止和扭轉政府機構和權力膨脹的時候了，因為有跡象表明，它已經膨脹得超過人民意願的程度了。

我想要做的是限制聯邦政府規模的影響，要重新明確給予聯邦政府的權力和州或人民保留的權力之間的區別。必須提醒我們大家注意，各州並不是由聯邦政府建立的，建立聯邦政府的是各個州。

因此，不要有什麼誤解，我的意思並不是想不要政府，而想要它工作，同我們一起而不是超越在我們之上工作，要它和我們並肩站在一起而不是淩駕於我們肩上。政府能夠而且必須提供機會而不是扼殺機會，促進生產而不是抑制生產。

如果我們要知道，為什麼這麼多年來，我們取得了這麼大的成就，為什麼我們的繁榮超過了世界其他的國家，那是因為，在這個國土上，我們比以往任何時候都在更大程度上發揮了人的潛能和個人的天才。在這裡比在世界上任何其他地方，更容易得到、更可以保證個人的自由和尊嚴。取得這種自由的代價有時是很高的，但是我們從來沒有不願意付出這種代價。

我們目前的困難是與政府不必要地和過分地膨脹而造成的對我們生活的干預和侵犯同時而來的，這不是偶然的。

我們應該真正認識到我們是個非常偉大的國家，因此我們不能只限於小小的理想。我們不像有些人要我們相信的那樣注定要不可避免地衰落。我不相信我們命該如此，不管我們做些什麼都不能改變這種狀況。我倒是相信，如果我們無所事事的話，我們將命該如此。

因此，讓我們以我們擁有的一切創造性能力開拓一個國家復興的時代。讓我們重新下定決心，拿出我們的勇氣和力量。讓我們重新滿懷信心和希望，我們完全有權利塑造崇高的理想。

有人說，我們處在一個沒有英雄的時代，這些人只是不知道到哪兒去找英雄，你們可以看到每天進出於工廠大門的英雄們。另外一些英雄人數雖很少，但生產的糧食卻足夠養活我們大家和我們以外的世界很大一部分地區的人民。

我們會在櫃檯前遇到英雄們——在櫃檯的內外都會遇到英雄們。有一些對自己抱有信心和有理想的企業家，他們創造新的職業、新的財富和機會。他們就是這樣一些個人和家族，政府是靠他們繳納的捐稅來維持的，教會、慈善事業、文化、藝術和教育事業是靠他們的自願捐獻來維持的。他們的愛國主義精神是含而不露的，但是卻是強烈的。他們創造的價值支撐著我們的國民生活。

我在談到這些英雄時，用了「他們」和「他們的」這兩個字眼，但也可以說「你們」和「你們的」。因為我是在向我所談到的英雄們講話——就是你們，這個上帝降福的國土上的公民們。你們的理想、你們的希望、你們的目標將是本屆政府的理想、希望和目標，望上帝保佑我做到這一點。

我們將體現出在你們的稟性中占很大成分的同情心。我們怎麼能有我們的國家不愛我們的同胞呢？我們要愛他們。在他們摔倒時伸出手去扶他們，在他們患病時給他們治癒，並且提供機會使他們能自給自足，使他們獲得在事實上而不僅僅是口頭上的平等。

我們能解決擺在我們面前的這些問題嗎？回答是毫不含糊和斷然的兩個字：能夠。借用溫斯頓·邱吉爾的話說，我剛才宣誓並不是想要在我的領導下使這個世界最強大的經濟瓦解。

在今後一些天中，我將建議消除一些使得我們經濟發展緩慢和生產力下降的障礙，將要採取一些旨在恢復各級政府之間保持平衡的步驟。進展也許是緩慢的，用英寸和英尺而不是用英里來衡量的，但是我們會前進。

現在應當是喚醒這個工業巨人的時候，使政府能夠重新量入為出，減輕我們懲罰性的賦稅負擔。這些將是我們第一批的首要任務，在這些原則上絕不會妥協。

在我國為獨立而鬥爭的前夕，有一個人曾對他的美國同胞說：「我國現在處於危險之中，但並沒有絕望……美國的命運取決於你們。關係到尚未出生的千百萬人的幸福和自由的一個重要問題是由你們來決定。你們的行動要無愧於你自己。」這個人就是麻薩諸塞議會主席約瑟夫．沃倫博士，如果他當初沒有在邦克山犧牲，他也許成為我國建國的先人中最偉大的人物之一。

我相信，我們當代的這些美國人是有採取無愧於我們自己的行動的準備的，是有為確保我們自己、我們的孩子和我們子孫後代的幸福和自由而必須進行工作的準備的。

當我們在自己的這塊土地上世代相傳時，全世界將看到，我們所具有的力量更加強大了。我們將再度成為自由的典範，成為現在還沒有獲得自由的那些人的希望之光。

對於與我們有同樣的自由理想的那些鄰國和盟國，我們將加強我們之間傳統性的聯繫，保證對它們予以支援，對它們履行應盡的義務，我們將以忠誠報答它們的忠誠。我們將努力爭取建立互利的關係，我們不會利用這種友誼去影響它們的主權。因為我們自己的主權也是不能出賣的。

對於那些自由的敵人，對於那些潛在的對手，要提醒他們，和平是美國人民最高的願望。我們將為和平而談判，為和平而犧牲，我們絕不為和平而投降，現在不會，將來也永遠不會。

對我們的忍讓絕不應誤解。不要把我們對衝突採取的克制態度誤認為是意志不堅強。一旦需要採取行動保衛我們國家的安全，我們就採取行動。我們將保持足以在必要時取勝的力量。我們知道，如果我們這樣做，我們將最有可能不必去動用這種力量。

我們尤其必須認識到，世界各地的軍火庫中的任何武器都比不上自由人們的意志和維護道義的勇氣的力量。這是當今世界上我們的對手所沒有的武器，這是我們作為美國人所擁有的武器。要讓那些採取恐怖行動和掠奪自己鄰國的人懂得這一點。

人家告訴我，今天舉行的祈禱會成千成萬，對此，我深為感激。我們是上帝保佑的國家，我相信，上帝希望我們得到自由。如果每一次就職典禮日都能成為祈禱日，那是適當的，是一件好事。

就職儀式在國會大廈西門舉行，這在我國歷史上是第一次。站在這裡，宏偉壯麗的景色盡收眼底，可以看到華盛頓這座城市獨特的美麗和獨特的歷史。在這條寬闊的林蔭道的盡頭矗立著我國歷代偉大的紀念物。

在我的正前方是一位不朽人物的紀念碑。他就是我們的國父喬治・華盛頓。他稟性謙恭，出於時勢所迫才做出偉大業績。他領導美國取得革命勝利，進而建立一個新國家。稍偏一些就是莊嚴雄偉的湯瑪斯・傑弗遜紀念堂，獨立宣言就閃耀著他雄辯的才華。在映影池的那一邊，矗立著由大圓柱組成的莊嚴肅穆的林肯紀念堂。任何想徹底了解美國真諦的人都會在亞伯拉罕・林肯的一生中得到答案。

過了這些英雄紀念碑和紀念堂就是波托馬克河，河對岸是阿靈頓國家公墓，坡地上排著一行行刻著十字架和大衛王之星的樸實無華的白色墓碑，它們加在一起只不過是為了我們的自由所付出的代價的很小一部分。

這裡的每一個墓碑都是對我在上面談到的那些英雄的紀念。他們在一些叫做貝盧伍德、阿爾貢、奧馬哈灘、薩萊諾的地方，在相隔半個地球之遙的瓜達卡納爾、塔拉瓦、獨排山、長津水岸，和一個叫做越南的有著許許多多稻田和叢林的地方獻出了他們的生命。

在這樣的一塊墓碑下埋葬著一個名叫馬丁・特雷普托的年輕人，他於一九一七年離開了一座小鎮裡的理髮館，隨同著名的彩虹師一道到了法國。在那裡的西部戰線上，他在猛烈的炮火下想從一個營向另一個營傳遞消息時被打死了。

我們知道，在他的遺體上發現了一本日記。在日記本的扉頁上，他用《我的言》為標題寫了這些話：「美國必須打贏這場戰爭。因此，我要工作，我要節約，我要作出犧牲，我要忍耐，我要高高興興地戰鬥，竭盡我的全部力量，就好像這場戰爭全靠我一個人似的。」

我們今天面臨的危機並不是要求我們作出像過去馬丁·特雷普托和其他千千萬萬人那樣的犧牲。然而，它確實要求我們作出最大的努力，要求我們努力工作，要求我們願意相信自己，相信我們有能力幹出偉大的事業；我們團結一致，在上帝的幫助下，能夠並且一定會解決我們面臨的種種問題。

我們為什麼不應該相信這一點呢？畢竟，我們是美國人。

願上帝祝福你們。

〔解說．賞析〕

這篇演講是一九八一年雷根就任美國總統時發表的就職演說。演講主題鮮明，從現實的問題談起，指出目前政府面臨的問題和應該發揮的職能，指出每一個美國人應該為解決問題而努力。演講的語言富於激情，生動活潑卻論述宏大，切中要害，而且能夠寓理於情，借景生情，情景交融，顯得自然而隨意，從而創造了良好的演講氛圍，激起聽眾的相應情感。

演講一開頭，雷根就運用對比的手法，列舉今與昔，很少人和很多人，縱橫捭闔，從兩個角度點出了美國大民主奇蹟般的意義，流露出對於民族和國家強烈的自豪感和優越感，激起聽眾的熱情。在演講的最後一部分，雷根借助就職儀式在國會大廈西側舉行這個偶然的機會，借景抒情，歷舉眼前聽眾所熟悉的英雄及紀念物，並進一步宣揚他們的精神，由個別的偉人闡發自己對英雄的理解，讚美了他們平凡而偉大的英雄主義精神，反駁了有些人認為「我們」正處在沒有英雄的時代的消極論調，由點到面。

最後引述一個普通英雄的日記來號召美國人民相信自己的能力，齊心協力解決面臨的各種問題，這樣的建議自然能被聽眾接受。統觀演講全篇，結構嚴謹，條理清晰，如流水般順暢，但同時又富於變化，善於轉換論述角度。

生命與死亡的尊嚴

——卡繆（一九一三～一九六〇）／法國著名作家

在接受你們自由的學院如此慷慨地給予我榮譽之際，特別是考慮到這份獎賞遠遠超過了我個人的成績，我要致以深切的謝意。每一個人，在更充分的理由上說，每一個藝術家，都希望獲得認可，我也一樣。但是，在得悉你們的決定時，我不能不把它所產生的影響同真實的我加以比較。對於一個還算年輕、仍充滿了疑惑，正在提高其作品水準，並習慣於孤獨地工作或回避友情的人，突然間聽到殊榮降臨，單獨置身於耀眼的聚光燈中央，怎能不教他感到惶恐？當歐洲的其他作家，特別是那些最偉大的作家，不得不在他們的祖國遭受到無止境的蹂躪時保持沉默的情況下，他一人接受這個榮譽，又會帶著怎樣的心情呢？

我既感到震驚，內心又有些惶恐。簡言之，為了重新獲得內心的平靜，我不得不接受這份過於慷慨的運氣。由於我個人的成就並配不上這一榮譽，我發現除了那終生支持我的、即使身處逆境時也不曾懈怠的觀念以外，別無其他任何東西可以支持我了：也就是我對藝術和作家之職能所持有的觀念。請允許我以感激和友愛之情，儘量簡單地把這種觀念告訴諸位。

就我個人而言，沒有藝術便無法生活。但我又從來沒有把藝術擺在一切事物之上。在另外一方面，假如我需要藝術，那是因為藝術把我的同胞們緊密相連，因為它使我這樣的人能夠跟同胞們生活在一個水準之上。藝術有能力展現普通人的歡樂或痛苦的圖景，以此來打動絕大多數人。它使得藝術家與人民緊密相連，使他服從於最不足道且最普遍的真理。一個人往往由於自以為與眾不同而選擇做了藝術家，但他很快就會認識到，除非他承認與眾相同，否則，他就既不能維持他的藝術，也不能維持他的差異。藝術家在生活中覺得不能沒有美感和不能脫離他生活的社會時，便與他人結合在一起了。這就是真正的藝術家不能輕視任何事物的原因：他必須去理解，而不是去作判斷。而且，倘若他們不得不在這個世界上選擇立場的話，那麼，或許就只能選擇與社會站在一起的立場。根據尼采的卓越言論，在這個社會裡，進行統治的不是法官而是社會的，不管這個創造者是工人還是知識份子。

出於同樣的觀點，作家在履行職能時不能回避艱苦的任務。根據這一界定，在當今，他就不能使自己服務於那些創造歷史的人們，而應服務於那些經受歷史苦難的人們。不然，他就會孤立無援，失去藝術。即使數百萬的暴政大軍，也不能使他擺脫孤立的處境，即便是並且特別是，當他與這些大軍同流合污的時候。但是，在世界另一端，一個遭受侮辱的、不知名的囚犯的沉默，卻足以讓作家擺脫自己被流放般的狀態，至少當他在自由的特權之中不至於忘記這種沉默，並且他還努力傳遞這種沉默，以使沉默通過他的藝術手段迴響於世界。

在我們當中，誰都無法偉大到足以擔當這項任務。然而，無論在什麼生活狀況下，不管是默默無聞還是取得了暫時的聲望，不論是受拘於暴政的鐐銬還是一時之間可以暢所欲言，作家只有盡其所能，接受為真理服務和為自由服務的兩項任務，其作品才會成其偉大，才能贏得社會大眾的心，並得到他們的認可。由於他的任務是團結盡可能多的人民，他的藝術就不能向謊言和奴役妥協，因為凡是謊言和奴役橫行的地方都將滋生孤獨。不管我們個人有什麼弱點，我們作品的高貴一向植根於兩項難以持續的使命：對自己所了解的拒不撒謊，對壓迫進行抵抗。

在過去20多年的瘋狂歷史中，像這一代所有的人一樣，我對時世變亂不知所措、迷惘失望，只有一件事支持著我：一種深藏在內心的感情，我認為，在今天，寫作是一種榮譽，因為這種活動是一項使命，並且不僅僅是寫作的使命。具體地說，就我的力量和境況而言，這項使命讓我與經歷過相同歷史的所有人一起，承載我們共有的不幸與希望。這些人出生於第一次世界大戰初期；在希特勒上臺和第一次革命爆發時，他們正處於20歲左右的青春年華；而後，在西班牙內戰、第二次世界大戰、集中營和充滿酷刑的拷打和囚禁的歐洲，他們完成了學業；也正是他們，今天必須生兒育女，開始在核武器的威脅下搞創作。我認為，誰都無法要求他們成為樂觀主義者。我甚至認為，我們應當理解他們的錯誤，並永不停息地與這種錯誤進行較量。他們正是在過度的絕望之中才誤入歧途，行使過不光彩生活的權利，並且一窩蜂地陷入時代的虛無主義之中。而事實依然是，在我的國家，在歐洲，我們大多數人都摒棄了這種虛無主義，積極尋求公正。為了獲得重生，公開地反對在我們歷史上正發揮作用的死亡本能，他們必須學會一種在災難時代生存的藝術。

毫無疑問，每一代人都會感到變革世界的使命。而我這代人卻知道，我們不會去變革世界，然而我們的任務或許更為重大。這個任務在於阻止世界的自我毀滅。我們這代人是腐朽歷史的繼承者。在這種歷史裡，混雜著墮落的革命、瘋狂的技術、死亡了的諸神和破舊的意識形態——平庸的勢力可以摧毀一切，卻不知道怎樣讓人信服；心智淪落，成為仇恨和壓迫的奴僕。這代人從自我否定出發，不得不在身心內外重新確定一點點使生與死具備尊嚴的東西。在分崩離析之險迫在眉睫的世界中，那些大審判官鋌而走險建立永恆的死亡王國，我們這代人知道，應該在跟時間的瘋狂競賽當中，恢復各民族之間沒有奴役的和平，重新和解勞動和文化，並與所有的人一起重新製造「和約之舟」。這代人能否完成這項巨大任務，尚無法確定。然而，世界各地的人民已經起來反對那對真理和自由的雙倍挑釁，並且知道在必要時如何為之獻身。無論在哪裡發現這種人，他們都值得尊敬和鼓勵，特別是在他們作出自我犧牲的時候。無論如何，我應當把你們授予我的這項榮譽，轉贈給這一代人，這你們肯定會完全同意的。

與此同時，在簡要介紹了作家創作的高貴性之後，我應該把作家放在恰當的位置上。他除了與自己的戰友共用的秉性以外，沒有任何其他秉性：容易受傷卻堅持不懈，遭受不公卻熱切地伸張正義，無論在什麼人面前都不卑不亢地從事自己的事業，時刻承受著痛苦與美麗之間的割裂狀態，最後則獻身於他在雙重的追求中所創造的新東西，這是他在歷史的毀滅運動中頑強地樹立起來的創造物。在這種種經歷之後，誰能企盼他給予完全的解答並同時具備高尚的道德呢？真理是神秘的、難以捉摸的，永遠需要人們努力去征服。自由是危險的，既令人歡欣鼓舞，也難以與之共存。我們必須痛苦而又堅定地邁向這兩個目標，並且事先明白，在這樣漫長的一條道路上，會出現失敗。那麼，現在，又有什麼樣的作家敢於心安理得地自詡為美德的佈道者呢？

就我個人而言，我必須再次宣布，我不是這樣的作家。我從來不會放棄光明、存在的歡樂以及成長的自由環境。可是，雖然這種懷舊感說明了我的種種錯訛失誤的原因，但無疑也有助於我更好地理解自己的創作能力。這種懷舊感仍然在幫助我毫不遲疑地支持那些默默無聞的人，他們之所以還忍受這個世界強加於他們的生活，只是因為能夠回憶那短促而自由的幸福生活。

這樣，便還原了我本來的面目。在說明了我的局限、欠缺、以及舉步維艱的信念之後，在結束講話時，我就可以比較釋然地評論一下你們方才授予我這項榮譽的慷慨大度，就可以比較釋然地告知各位，我接受這項榮譽，把它當做對所有那些共同進行過同一戰鬥，卻沒有獲得什麼優待，反而飽嘗了痛苦和迫害的人們的一種敬意。我還是要從內心深處感謝諸位，並且，為了表達我的感激之情，向你們公開道出每一位誠實的藝術家天天都對自己默許的同一個古老的諾言，這就是忠實。（發表於一九五七年）

〔解說・賞析〕

卡繆認為，沒有藝術就無法生活，但是藝術不能擺在一切事物之上，藝術家的立場是要和社會一致的，任務是為真理服務、為自由服務。只有完成了社會賦予的任務，作品才能獲得社會大眾的心，贏得他們的認可。

卡繆還認為作品應該是高貴的，是不能撒謊的，要對壓迫反抗到底。論述完對藝術和作品的觀點後，卡繆回顧了他那一代人在過去20多年的生活背景，引出他那一代人創作的使命——阻止世界的自我毀滅，指出應該在跟時間的瘋狂競賽中，恢復各民族之間沒有奴役的和平，重新和解勞動和文化。他贊同那些為真理和自由而戰的人，並且覺得應當把他獲得的這份榮譽轉贈給他們。卡繆強調，作家的秉性應該是堅持不懈地伸張正義，不卑不亢地從事自己的事業，不斷創造新東西。最後，卡繆呼應開頭，謙虛地評論了自己獲得的榮譽，希望和每一位藝術家分享。

這篇演講言辭懇切而有力度，很好地表達了作者獲獎的感受和他對藝術創作的理解，對走在創作道路上的人有很大鼓舞作用。

我是一個柏林人

——約翰·甘迺迪（一九一七～一九六三）／美國第35任總統

兩千年以前，最自豪的誇耀是 Civitas Romanus sum（我是羅馬公民），今天，自由世界最自豪的誇耀是 Ich bin ein Berliner（我是一個柏林人）。

世界上有許多人確實不懂，或者說他們不明白什麼是自由世界和共產主義世界的根本分歧。讓他們來柏林吧。有些人說，共產主義是未來的潮流。讓他們來柏林吧。有些人說，我們能在歐洲或其他地方與共產黨人合作。讓他們來柏林吧。甚至有那麼幾個人說，共產主義確是一種邪惡的制度，但它可以使我們取得經濟發展。「Lasst sie nach Berlin kommen讓他們來柏林看看」。

自由有許多困難，民主亦非完美，然而我們從未建造一堵牆把我們的人民關在裡面，不准他們離開我們。我願意我的同胞們——他們與你們遠隔千里住在大西洋彼岸——說，他們為能在遠方與你們共有過去18年的經歷感到莫大的驕傲。我不知道還有哪一個城鎮或都市被圍困18年仍保有西柏林的這種生機、力量、希望和決心。

全世界都看到，柏林牆最生動最明顯地表現出一種失敗。但我們對此並不感到稱心如意，因為柏林牆既是對歷史也是對人性的冒犯，它拆散家庭，造成妻離子散骨肉分離，把希冀統一的一個民族分成兩半。

這個城市的事實也用於整個德國——只要四個德國人中有一個被剝奪了自由人的基本權利，即自由選擇的權利，那麼歐洲真正持久的和平便絕無可能實現。經過保持和平與善意的十八年，這一代德國人終於贏得自由的權利，包括在持久和平中善待所有的人民，實現家庭團聚和民族統一的權利。你們住在受到保護的一座自由之島上，但你們的生活是大海的一部分。因此讓我在結束講話時請求你們抬起目光，超越今日的危險看到明天的希望，超越這道牆看到正義的生平來臨的一天，超越你們自己和我們自己看到全人類。自由是不可分割的，只要一人被奴役，所有的人都不自由。當所有的人都自由了，那時我們便能期待這一天的到來：在和平與希望的光輝中這座城市獲得統一，這個國家獲得統一，歐洲大陸獲得統一。當這一天最終來臨——它必將來臨——時，西柏林人民將能對這一點感到欣慰：幾乎二十年時間裡他們站在第一線。

一切自由人，不論他們住在何方，皆是柏林市民，所以作為一個自由人，我為「Ich bin ein Berliner」（我是一個柏林人）這句話感到自豪。

〔解說·賞析〕

曾經存在於東西德國之間的柏林牆是冷戰的結果，它建於一九六一年8月。一九六三年，美國總統甘迺迪在柏林牆邊發表了這篇演說。甘迺迪的演說具有極強的針對性，全篇緊緊圍繞自由和民主這個主題來展開宏論。演講者的言辭簡潔有力，直接揭示事物的本質。儘管屬於不同的意識形態立場，但是演講者在自己的意識形態範圍內和立場上展開論述，具有極強的說服力。

作者在開篇針對「世界上有許多人確實不懂」，連用3個「讓他們來柏林吧」形成排比，意在說明柏林牆的存在是一個無可辯駁的事實，以及這一強大的實事屬於什麼樣的性質。接著，甘迺迪說：「自由有許多困難，民主亦非完美，然而我們從未建造一堵牆把我們的人民關在裡面，不准他們離開我們。」這是一種先聲奪人的技巧，表明演講者對自己所奉行的自由和民主的極大自信，進而說明「柏林牆既是對歷史也是對人性的冒犯，它拆散家庭，造成妻離子散骨肉分離，把希冀統一的一個民族分成兩半。」甘迺迪在對這樣的事實作出判斷後，面對這樣的事實，又表明：「只要四個德國人中有一個被剝奪了自由人的基本權利，即自由選擇的權利，那麼歐洲真正持久的和平便絕無可能實現。」甘迺迪在這裡的態度已經很明確了。

我有一個夢想

——馬丁・路德・金恩（一九二九～一九六八）／美國黑人民權運動領袖

今天，我高興地同大家一起，參加這將成為我國歷史上為了爭取自由而舉行的最偉大的示威集會。

一百年前，一位偉大的美國人（即美國第16任總統亞伯拉罕・林肯）——今天我們就站在他象徵性的身影下（示威集會在美國首都華盛頓林肯紀念堂舉行，紀念堂前聳立著林肯雕像，故有此說。）——簽署了《解放黑人奴隸宣言》。這項重要法令的頒佈，對於千百萬灼烤於非正義殘焰中的黑奴，猶如帶來希望之光的碩大燈塔，恰似結束漫漫長夜禁錮的歡暢黎明。

然而，一百年後，黑人依然沒有獲得自由。一百年後，黑人依然悲慘地蹣跚於種族隔離和種族歧視的枷鎖之下。一百年後，黑人依然生活在物質繁榮瀚海的貧困孤島上。

一百年後，黑人依然在美國社會中向隅而泣，依然感到自己在國土家園中流離漂泊。所以，我們今天來到這裡，要把這駭人聽聞的情況公諸於眾。

從某種意義上說，我們來到國家的首都是為了兌現一張期票，我們共和國的締造者在擬寫憲法和獨立宣言的輝煌篇章時，就簽訂了一張每一個美國人都能繼承的期票。這張期票向所有人承諾——不論白人還是黑人——都享有不可剝奪的生存權、自由權和追求幸福權。

然而，今天美國顯然對他的有色公民拖欠著這張期票。美國沒有承兌這筆神聖的債務，而是開給黑人一張空頭支票——一張打著「資金不足」的印戳，被退回來的支票。但是，我們絕不相信正義的銀行會破產，我們絕不相信這個國家巨大的機會寶庫會資金不足。

因此，我們來兌現這張支票。這張支票將給我們以寶貴的自由和正義的保障。我們來到這塊聖地還為了提醒美國：現在正是萬分緊急的時刻。現在不是從容不迫悠然行事或服用漸進主義鎮靜劑的時候。現在是實現民主諾言的時候。現在是走出幽暗荒涼的種族隔離深谷，踏上種族平等的陽關大道的時候。現在是使我們國家走出種族不平等的流沙，踏上充滿手足之情的磐石的時刻。現在是使上帝的所有孩子真正享有公正的時候。

忽視這一時刻的緊迫性，對於國家將會是致命的。自由平等的朗朗秋日不到來，黑人順情合理哀怨的酷暑就不會過去。一九六三年不是一個結束，而是一個開端。

如果國家依然我行我素，那些希望黑人只需出出氣就會心滿意足的人將大失所望。在黑人得到公民權之前，美國既不會安寧，也不會平靜。反抗的旋風將繼續震撼我們國家的基石，直至光輝燦爛的正義之日來臨。

但是，對於站在通向正義之宮艱險門檻上的人們，有一些話我必須要說。在我們爭取合法地位的過程中，切不要錯誤行事導致犯罪。我們切不要吞飲仇恨辛酸的苦酒，來解除對於自由的饑渴。

我們應該永遠得體地、紀律嚴明地進行鬥爭。我們不該容許我們富有創造性的抗議淪為暴力行動，我們應該不斷昇華到用靈魂力量對付肉體力量的崇高境界。

席捲黑人社會新的奇蹟般的戰鬥精神，不應導致我們對所有白人的不信任——因為許多白人兄弟已經認識到：他們的命運同我們的命運緊密相連，他們的自由同我們的自由休戚相關。他們今天來到這裡集會就是明證。

我們不能單獨行動。當我們行動時，我們必須保證勇往直前。我們不能後退。有人問熱心民權運動的人：「你們什麼時候會感到滿意？」只要黑人依然是不堪形容的警察暴行恐怖的犧牲品，我們就絕不會滿意；只要我們在旅途勞頓之後，卻被公路旁汽車遊客旅社和城市旅館拒之門外，我們就絕不會滿意；只要黑人的基本活動範圍只限於從狹小的黑人居住區到較大的黑人居住區，我們就絕不會滿意；只要我們的孩子被「僅供白人」的牌子剝奪個性，損毀尊嚴，我們就絕不會滿意。只要密西西比州的黑人不能參加選舉，紐約州的黑人認為他們與選舉毫不相干，我們就絕不會滿意。不，不，我們不會滿意，直到公正似水奔流，正義如噴泉湧。

我並非沒有注意到，你們有些人歷盡艱難困苦來到這裡。你們有些人剛剛走出狹小的牢房。有些人來自因追求自由而遭受迫害風暴襲擊和警察暴虐狂　摧殘的地區。你們飽經風霜，歷盡苦難。繼續努力吧，要相信：無辜受苦終得拯救。

回到密西西比去吧，回到阿拉巴馬去吧，回到南卡羅來納去吧，回到喬治亞去吧，回到路易斯安那去吧（這是美國種族歧視最嚴重的5個州），回到我們北方城市中的貧民窟和黑人居住區去吧。要知道，這種情況能夠而且將會改變。我們切不要在絕望的深淵裡沉淪。

朋友們，今天我要對你們說，儘管眼下困難重重，但我依然懷有一個夢，這個夢深深植根於美國夢之中。

我夢想有一天，這個國家將會奮起，實現其立國信條的真諦：「我們認為這些真理不言而喻：人人生而平等。」（引自美國《獨立宣言》）

我夢想有一天，在喬治亞州的紅色山崗上，昔日奴隸的兒子能夠同昔日奴隸主的兒子同席而坐，親如手足。

我夢想有一天，甚至連密西西比州——一個非正義和壓迫的熱浪逼人的荒漠之洲，也會改造成自由和公正的青青綠洲。

我夢想有一天，我的四個小兒女將生活在一個不是以皮膚的顏色，而是以品格的優劣作為評判標準的國家裡。

我今天懷有一個夢。

我夢想有一天，阿拉巴馬州會有所改變——儘管該州州長現在仍滔滔不絕地說什麼要對聯邦法令提出異議和拒絕執行——在那裡，黑人兒童能夠與白人兒童兄弟姐妹般地攜手並行。

我今天懷有一個夢。

我夢想有一天，深谷彌合，高山夷平，崎路化坦途，曲徑成通衢，上帝的光華再現，普天下生靈共謁。

這是我們的希望，這是我將帶回南方去的信念。有了這個信念，我們就能從絕望之山開採希望之石。有了這個信念，我們就能把這個國家嘈雜刺耳的爭吵聲，變為充滿手足之情的悅耳交響曲。有了這個信念，我們就能一同工作，一同祈禱，一同鬥爭，一同入獄，一同維護自由。因為我們知道，我們終有一天會獲得自由。

到了這一天，上帝的所有孩子都能以新的含義高唱這首歌：

我的祖國，
可愛的自由之邦，
我為您歌唱。
這是我祖先終老的地方，
這是早期移民自豪的地方，
讓自由之聲，響徹每一座山崗。

如果美國要成為偉大的國家，這一點必須實現。因此，讓自由之聲響徹新罕布什爾州的巍峨高峰！

讓自由之聲響徹紐約州的崇山峻嶺！
讓自由之聲響徹賓夕法尼亞州的阿勒格尼高峰！
讓自由之聲響徹科羅拉多州冰雪皚皚的洛磯山！

讓自由之聲響徹加利福尼亞州的婀娜群峰！

不，不僅如此；讓自由之聲響徹喬治亞州的石山！

讓自由之聲響徹田納西州的瞭望山！

讓自由之聲響徹密西西比州的一座座山峰，一個個土丘！

讓自由之聲響徹每一個山崗！

當我們讓自由之聲轟響，當我們讓自由之聲響徹每一個大村小莊、每一個州府城鎮，我們就能加速這一天的到來。那時，上帝的所有孩子，黑人和白人，猶太教徒和非猶太教徒，耶穌教徒和天主教徒，將能攜手同唱那首古老的黑人靈歌：「終於自由了！終於自由了！感謝全能的上帝，我們終於自由了！」（發表於一九六三年）

〔解說・賞析〕

這是馬丁・路德・金恩最為人們熟知的一篇演講，它的魅力不僅僅在於它所表達的內容，還在於它詩一般優美的語言和其中令人感動的情感和信念。一九六三年3月28日，馬丁・路德・金恩在華盛頓林肯紀念堂前舉行的聲勢浩大的示威集會上發表了這篇演講，標誌著20世紀黑人民權運動進入了高潮階段。

這篇演講的成功首先在於它的語言魅力，這些感人肺腑的詩一樣的語言中包含著演講者真摯的情感，它熱烈激越、生動，極富生命力，能夠直接植入聽眾的心靈深處，演講者的才華在其中發揮得淋漓盡致。演講者的平民身份，平民的情感是演講成功的一個重要因素，演講者將這些深沉的情感親切而真誠地傳達給聽眾，收到了極好的效果。在修辭上，演講者大量使用排比句，增強了語言的氣勢，形成一層層推波助瀾的壯觀情景，其勢如大河奔流，將作者的理想一步步深化，最後形成一股強大的情感洪流，沖擊著每一個聽眾的靈魂。

演講結束後，美國的各大報刊紛紛轉載、引用，人們公認它是經典之作，是演講史上的輝煌篇章。20年後，當美國數十萬人再次來到華盛頓，聚集在林肯紀念堂前播放馬丁．路德．金恩的這篇演講，人們仍然為之激動鼓舞。

人們一思索，上帝就發笑

——米蘭．昆德拉（一九二九～二〇二三）／捷克著名小說家

小說家不是代言人。嚴格說來，他甚至不應為自己的信念說話，當托爾斯泰構思《安娜．卡列尼娜》的初稿時，他心目中的安娜是個極不可愛的女人，她的淒慘下場似乎是罪有應得。這當然跟我們看到的定稿大相徑庭。這當中並非托氏的首選觀念有所改變，而是他聽到了道德以外的一種聲音。我姑且稱之為「小說的智慧」。所有真正的小說家都聆聽這超自然的聲音。因此，偉大的小說裡蘊藏的智慧總比它的創作者多。認為自己比其更有洞察力的作家不如真實性改行。

可是，這「小說的智慧」究竟從何而來？「小說」又是怎麼回事？我很喜歡一句猶太諺語：「人們一思索，上帝就發笑。」這句諺語帶給我靈感，我常想像拉伯雷有一天突然聽到上帝的笑聲，歐洲第一部偉大的小說就呱呱墜地了。小說藝術就是上帝笑聲的迴響。

為什麼人們一思索，上帝就發笑呢？因為人們愈思索，真理離他愈遠。人們愈思索，人與人之間的思想距離就愈遠。因為人從來就跟他想像中的自己不一樣。當我們從中世紀邁入現代社會的門檻，他終於看到的真面目：堂吉訶德左思右想，他的僕役桑丘也左思右想。他們不但未曾看透世界，連自身都無法看清。歐洲最早期的小說家卻看到新環境，從而建立起一種新的藝術，那就是小說藝術。

……

無論是有意還是無意，每一部小說都要回答這個問題：

「人的存在究竟是什麼？其真意何在？」

斯特恩同時代的費爾丁認為答案在於行動和大結局。斯特恩的小說答案卻完全不同：答案不是在行動和大結局，而是行動的阻滯中斷。

因此，也許可以說，小說跟哲學有過間接但重要的對話。十八世紀的理性主義不就奠基於萊布尼茲的名言：「凡存在皆合理。」

當時的科學界基於這樣的理念，積極去尋求事物存在的理由。他們認為，凡物都可計算和解釋。人要生存得有價值，就得棄絕一切沒有理性的行為。所有的傳記都是這麼寫的：生活總是充滿了起因和後果，成功與失敗。人類焦慮地看著這連鎖反應，急劇地奔向死亡的終點。

……

今天，時光又流逝了50年，布洛克的名言日見其輝。為了討好大眾，引人注目，大眾傳播的「美學」必然要跟「Kitsch（媚俗的）」同流。在大眾傳媒無所不在的影響下，我們的美感和首選慢慢也Kitsch起來了。現代主義在近代的含義是不墨守成規，反對既定思維模式，決不媚俗取寵。今日之現代主義（通俗的用法「新潮」）已經融會於賣力地迎合既定的思維模式。現代主義套上了媚俗的外衣，這件外衣就叫Kitsch。

那些不懂得笑，毫無幽默感的人，不但墨守成規，而且媚俗取寵。他們是藝術的大敵。正如我強調過的，這種藝術是上帝笑聲的迴響。在這個世態領域裡，沒有人掌握絕對真理，人人都有被了解的權利。這個自由想像的王國是跟現代歐洲文明一起誕生的。當然，這是非常理想化的「歐洲」，或者說是我們夢想中的歐洲。我們常常背叛這個夢想，可也正是靠它把我們凝聚在一起。這股凝聚力已經趕超歐洲地域的界限。我們都知道，這個寬宏的領域無論是小說的想像，還是歐洲的實體是極其脆弱的，極易夭折的。那些既不會笑又毫無幽默感的傢伙老是虎視眈眈盯著我們。

在這個飽受戰火蹂躪的城市裡，我一再重申小說藝術。我想，諸位大概已經明白我的苦心。我並不是故意回避談論大家都認為重要的問題。我覺得今天歐洲文明內外交困。歐洲文明的珍貴遺產——獨立思想、個人創見和神聖的隱私生活都受到了威脅。對我來說，個人主義這個歐洲文明的精髓，只能珍藏在小說歷史的寶盒裡。我想把這篇謝詞歸功於小說的智慧。我不應再饒舌了，我似乎忘記了，上帝看見我在這兒煞有介事地思索演講，他正在一邊發笑。（發表於一九八五年）

〔解說・賞析〕

演講一開始，米蘭・昆德拉就指出，他是作為小說家來接受這個獎的，而且重複了兩次表示強調。如此表達，意在表明演講中反覆提及的「智慧」，說的就是小說的智慧。借用「人們一思索，上帝就發笑」的著名格言，通過對各個知名的小說家的評述，昆德拉展開了對小說智慧的探討。演講中，昆德拉還拿哲學的智慧和小說的智慧作比較，使聽眾對小說智慧的印象更加深刻。他認為小說不是從理論精神中產生而是從幽默精神中產生，因此，在這個不宣戰的永久的戰爭年代，在這個命運如此悲慘和殘酷的城市，他決定只談小說。

昆德拉的演講蘊含深意、充滿激情，諷刺了戰爭。雖然本篇演講的篇幅比較長，但聽眾依然興致勃勃，因為他們可以從昆德拉頗具諷刺意味的語言中能尋找到快樂的元素。這篇演講的魅力還在於，它能讓你在聆聽之後，長久地去品味。

保持求知欲，保持赤子心

——史蒂夫．賈伯斯（一九五五～二〇一一）／
蘋果電腦公司和皮克斯動畫公司首席執行官

今天能參加你們的畢業典禮，我感到很榮幸。你們要離開的是世界上最好的大學之一，而我從來沒有大學畢業過。說老實話，這是我最親密接觸大學畢業的時刻了。今天我想告訴你們我生命中的三個故事。就這些，沒啥壯舉，不過是三個故事。

第一個故事是關於連起生命中的點滴——

我進里德大學讀了半年之後就退學了，不過還是作為在校生在校園裡晃蕩了一年半才最終真正離開。我為什麼要退出呢？

而（退出）這事在我出生前就開始了。我的生母當時是年輕的未婚大學畢業生，她決定把我送給人收養。她態度很堅決，收養我的人必須是大學畢業生，這樣，由一名律師及其妻子來收養我的事在我出生前就全都弄好了。可是當我呱呱墜地的時候，他們在最後關頭確定他們真正想要的是女孩。這樣，我現在的父母，當時他們也在備選名單上，在晚上接到一個電話，告訴說有一個意外出生的男嬰，問他們是否想要，他們說當然想要。我的生母後來才發現，我的養母不是大學畢業生，我的養父連高中都沒有讀完。她拒絕在最後的收養文件上簽名。幾個月後當我養父母保證以後我會上大學之後，她才妥協。

17年之後，我上大學了。不過當時不懂事，選擇了一所花銷昂貴的大學，幾乎和史丹福大學不相上下。我父母都是工薪階層，他們的積蓄都用來支付我的學費了。過了半年，我看不到這麼做有什麼價值。我不知道以後如何生活，也不知道大學如何來幫我對生活作出規劃。而我在這裡花的是我父母一生所積攢的錢。於是，我決定退學，並且相信這個決定會被證明是成功的。在當時，這個決定還是很讓人驚慌的，不過回頭去看，這是我作出的最好的決定之一。我退學了，就不用再去上那些我不感興趣的必修課了，我開始旁聽那些看起來有意思的課程。

整個事情並非全都那麼具有傳奇色彩。我沒有宿舍房間，只好睡朋友房間的地板，我把可樂瓶還回去，這樣可以得到5美分來買吃的東西，每週日的晚上我會步行7英里橫穿城區，到黑爾克力斯納教堂吃那每週一頓的美食。我喜歡這種狀態。我憑著好奇和直覺，無意中涉足的很多事情後來證明都是非常有價值的。

我給你們舉個例子說明。

當時里德大學提供的可能是全國最好的書法課程。整個校園裡每張海報，每個抽屜上的每張標籤都是非常漂亮的手寫體。因為我已經退學，不必再去上那些常規課程，於是我決定去上書法課，這樣就能學會漂亮的手寫體。我學習襯線和襯線字體，學習在不同字母組合中改變間距，學習如何使印刷排版和外觀變得好看。這個過程非常美妙，具有歷史意義和藝術上的精緻，這種方式是科學所無法獲取的，我發覺它令人陶醉。

當時我根本沒有想到，這會在以後的生活中得到實際的運用。不過，10年之後，當我在設計第一臺麥金塔電腦時，它全都在我記憶中復活了。我將其設計到「麥金塔」中去，它是第一臺具有漂亮的排版樣式的電腦。如果我在整個大學生活中沒有旁聽，那麼「麥金塔」就永遠也不會有多種字體或間距合理的字體。由於Windows已經仿照「麥金塔」了，可能現在個人電腦沒有用我們的這些字體了。如果我沒有退學，我也不會旁聽這門書法課，個人電腦也許就不會像現在那樣具有奇妙的排版樣式了。當然，我在大學的時候還不可能看那麼遠，將這些點滴連起來。不過，在過了10年之後回頭來看，這個線索是非常清晰的。

再說一次，你們不可能聯結未來的點滴，你只有回頭看的時候才能將它們聯結起來。因此，你們必須要相信那些點滴在將來總會連起來的。你們必須要信任某種事物——你們的直覺、命運、因緣，或者無論其他什麼。這種方法從未讓我失望過，它造就了我生命中所有的轉機。

我的第二個故事是有關愛與失去的——

我很幸運，我很早就發現了我喜歡的是什麼。當我20歲的時候，沃茲和我在我父母的車庫裡開創了我們的蘋果公司。我們很努力，10年內，蘋果公司從當初車庫裡就我們兩個人，發展為擁有四千名員工，產值達20億的公司。一年前，我們剛推出我們最完美的產品「麥金塔」，這時我剛到而立之年。可是，接著我就被炒了魷魚。你怎麼會被你自己開創的公司炒了魷魚呢？是的，隨著蘋果的發展，我們聘用了新人，我認為他很有才幹，能夠和我一起管理公司，開始的一年左右一切正常。可是，接下來我們對於未來的設想開始有了分歧，最終我們鬧翻了。當我們鬧翻之後，董事會站在他那邊。於是，在而立之年我就這樣出局了，並且鬧得沸沸揚揚。以前我整個成人生活中所集中關注的事情都消失了，而這是摧毀性的。

我真的不知道如何來打發最初的幾個月。我覺得我讓業界的前輩們失望了，當接力棒傳給我的時候，我卻把它失落了。我碰到大衛·派科德和鮑勃·諾里斯，試圖為自己的糟糕表現道歉。我是公認的失敗者，我甚至想到從矽谷逃走。不過我漸漸明白了某件事，我仍將熱愛我過去所做的事情，蘋果公司所發生的事情的變動絲毫沒有改變這一點。我被拒絕了，可是我還有愛。因此，我決定重新開始。

那時我沒有看到這點，不過後來我發現，被蘋果炒魷魚是我所經歷的最好的事情。保持不敗之地的重負被再次成為開拓者的輕鬆所取代，這使我得到解放，從而進入了我生命中最具有創造性的時期。

在接下來的五年，我開了兩家公司，一家叫奈克斯特，另一家叫皮克斯。我和一個令人著迷的女人談起了戀愛，她後來成為我的妻子。「皮克斯」製作了世界上第一部電腦動畫電影《玩具總動員》，現在是世界上最成功的動畫製作公司。形勢發生了巨大的變化，蘋果買下了「奈克斯特」，我回到了蘋果，我們在「奈克斯特」研發的技術成了蘋果公司現在復興的核心因素。倫妮和我現在共同擁有一個美好的家庭。

我確信，如果我沒有被蘋果公司炒魷魚的話，這一切都不會發生。這是苦藥，可是我想，病人是需要它的。有時生活對你的沉重打擊讓你措手不及，不要喪失信心。我確信，我之所以能夠一直前進，唯一的原因就是我喜歡我所做的事情。你要去發現你所喜愛的，這點對你的工作是如此，對你的愛人也同樣如此。你的工作將佔據你生命中的很大一塊，創造偉業的唯一辦法就是去熱愛你所做的事情。如果你還沒有找到，那麼就繼續尋找，不要停頓，依靠心靈的力量，當找到它的時候你會知道你找到了，而且，正如其他所有偉大的事業一樣，它也是隨著時間的流逝而變得越來越好。因此，繼續尋找，直到你找到，不要停頓。

我的第三個故事是有關死亡的——

我17歲的時候，讀到如下的話：如果你把每天都看做是最後一天來過的話，那麼有一天你會發現你這麼做肯定是對的。這句話給我留下了深刻的印象，從那以後，在過去的三十三年裡，每天早上我對著鏡子問自己：「如果今天是我生命的最後一天，我還會做我今天打算要做的事情嗎？」如果一段時間內每天的答案都是否定的，那麼我知道我需要做出改變。

記住自己很快就要死去，這是我所遇到的最重要的工具，它能幫助我做出生命的重大抉擇。因為幾乎所有的事情、所有外在的期望、所有的尊嚴、所有對於尷尬或失敗的恐懼，在面對死亡的時候就都煙消雲散了，只留下真正重要的事情。記住你很快就要死去，能夠使你避免陷入認為自己會遭受損失的心理誤區。據我所知，這是最好的辦法了。你已經是赤條條無牽掛了，沒有理由不聽從自己的內心。

大約一年以前，我被診斷出患有癌症。我是早上7點半做的掃描，結果清楚顯示我的胰腺上有一個腫瘤。我當時連胰腺是什麼都不知道。醫生告訴我，這種癌症屬於那種幾乎無法治癒的，不要指望能夠活過三到六個月。我的醫生建議我回家安排後事，這話隱含的意思就是讓我做好死亡的準備。它意味著你要在接下來的幾個月中告訴他們你本打算在以後十年告訴他們的話。它意味著要確保對一切都要守口如瓶，這樣才能使你的家庭盡可能輕鬆地面對。它意味著和這世界說拜拜。

那天我一直遭受這個診斷結果的折磨。那天晚上我做了一個活組織切片檢查，他們在我的喉嚨下面插入了一個內診鏡，穿過我的胃，到達我的腸子，插了一根針到我的胰腺，從腫瘤中取出了一些細胞。我還比較鎮靜，不過我妻子，她當時也在，告訴我說，當他們在顯微鏡下觀察細胞的時候，醫生們叫喊起來，因為證明那是一種少見的胰腺癌，可以通過手術治癒。我接受了手術，現在我一切正常。

這是我距離死亡最近的一次，我希望這也是我以後幾十年內離死亡最近的一次。經歷過這件事之後，比起死亡對我來說還是一個有用但純粹是思維概念的時候，現在我可以更加肯定地告訴你們：沒人想死。即使那些想上天堂的人也不會為了要去那裡而想去死。死亡仍然是我們共同擁有的目的地，沒人能逃脫。事實如此，因為死亡很可能是生命中唯一最好的創造了，它是改變生命的手段，它除舊佈新。現在，你是新人，不過要不了多久，你就會逐漸成為老人，被清除出去。很抱歉，是這樣的具有戲劇性，不過，這真的是事實。

你們的時間是有限的，因此不要浪費時間去過別人的生活。不要被教條所羈絆，這樣你就是在根據別人思考的結果來生活。不要讓其他人的觀點所發出的聲音淹沒了你自己內心的聲音。最重要的是要有勇氣聽從你自己的心靈和直覺。它們總會知道你真正想成為什麼人，其他一切事情都是次要的。

當我年輕的時候，有本令人感到驚奇的出版物《全球目錄》，它是我們那一代人奉為經典的書之一。它是由一個叫做斯圖亞特．博蘭德的人創辦的，在門羅公園，離這兒不遠。博蘭德用他的詩意格調使這本雜誌煥發生機。這是在20世紀60年代晚期，在個人電腦和臺式印刷系統出現之前，因此這個出版物全部都是用打字機、剪刀、寶麗來製作的。它有點像紙質的 google，不過是在 google 出現前的35年。它是理想主義的，充滿著整潔的圖案和卓越的觀念。

斯圖亞特和他的團隊出版了幾期《全球目錄》，當刊物壽終正寢的時候，他們出版了最後一期。那是在70年代中期，那時我正處在你們現在這個年齡。在他們最後一期刊物的封底上有一幅清晨鄉間小路的照片，如果你勇於冒險你會在這種路上招手搭便車。照片下面印著這些話：保持求知欲，保持赤子心，這是他們停止活動時的告別詞。保持求知欲，保持赤子心，我一直都希望能做到這樣。現在，當你們作為畢業生重新開始新生活的時候，我祝願你們能做到這樣。

保持求知欲，保持赤子心。

謝謝大家！（發表於二〇〇五年）

〔解說・賞析〕

本篇演講是由三個故事組成的，這種別開生面的演講激起了聽眾的興趣，同時也讓演講本身變得更具生動性和趣味性。說到底，賈伯斯是用三個感人的故事對自己走過的人生作了一個簡單的介紹。這些故事都是蘊涵哲理的，賈伯斯想對史丹福大學的畢業生說的話都包含在故事之中。在每一個故事結束之後，賈伯斯都會作一個簡單的總結，這讓學生們有了更明確的聽講目標。

賈伯斯的演講主題突出，用三個發生在不同時間、不同地點的故事告訴聽眾——保持求知欲，保持赤子之心。賈伯斯的一生並不順利，第一個故事講他被迫輟學，第二故事是他被炒魷魚——自己奮鬥——回歸公司的一連串經歷，第三個故事是他與病魔鬥爭。他都挺過來了，而且生活得很幸福，他是怎樣做到的呢？靠的是保持求知欲，保持赤子之心的精神。他用自己的親身經歷說服聽眾贊同自己的觀點是明智的，這也是這篇演講的成功之處。

改變這個世界深刻的不平等

——比爾・蓋茲（一九五五～）／微軟公司創始人

尊敬的博克校長、瑞丁斯坦前校長、即將上任的福斯特校長、哈佛集團的各位成員、監管理事會的各位理事、各位老師、各位家長、各位同學：

有一句話我等了30年，現在終於可以說了：「老爸，我總是跟你說，我會回來拿到我的學位的！」

我要感謝哈佛大學在這個時候給我這個榮譽。明年，我就要換工作了……我終於可以在簡歷上寫我有一個本科學位，這真是不錯啊！

我為今天在座的各位同學感到高興，你們拿到學位可比我簡單多了。哈佛的校報稱我是「哈佛大學歷史上最成功的輟學生」，我想這大概使我有資格代表我這一類學生發言……在所有的失敗者裡，我做得最好。

但是，我還要提醒大家，我使得斯特夫．鮑爾莫也從哈佛商學院退學了。因此，我是個有著惡劣影響力的人，這就是為什麼我被邀請來在你們的畢業典禮上演講。如果我在你們入學歡迎儀式上演講，那麼能夠堅持到今天在這裡畢業的人也許會少得多吧。

對我來說，哈佛的求學經歷是一段非凡的經歷。校園生活很有趣，我常去旁聽我沒選修的課。哈佛的課外生活也很棒，我在英國的拉德克利夫過著逍遙自在的日子。每天我的寢室裡總有很多人一直待到半夜，討論著各種事情，因為每個人都知道我從不考慮第二天早起。這使得我變成了校園裡那些不安分學生的頭頭，我們互相黏在一起，作出一種拒絕所有正常學生的姿態。

拉德克利夫是個過日子的好地方，那裡的女生比男生多，而且大多數男生都是理工科的。這種狀況為我創造了最好的機會，如果你們明白我的意思。可惜的是，我正是在這裡學到了人生中悲傷的一課：機會大，並不等於你就會成功。

我在哈佛最難忘的回憶之一發生在一九七五年1月。那時，我從宿舍樓裡給位於阿爾伯克基的一家公司打了一個電話，那家公司已經在著手製造世界上第一臺個人電腦，我提出想向他們出售軟體。

我很擔心，他們會發覺我是一個住在宿舍的學生從而掛斷電話，但是他們卻說：「我們還沒準備好，一個月後你再來找我們吧。」這是個好消息，因為那時軟體還根本沒有寫出來呢。就是從那個時候起，我夜以繼日地在這個小小的課外專案上工作，這導致了我學生生活的結束以及通往微軟公司的不平凡旅程的開始。

不管怎樣，我對哈佛的回憶主要都與充沛的精力和智力活動有關。哈佛的生活令人愉快，也令人感到有壓力，有時甚至會感到洩氣，但永遠充滿了挑戰性。生活在哈佛是一種吸引人的特殊待遇……雖然我離開得比較早，但是我在這裡的經歷、在這裡結識的朋友、在這裡發展起來的一些想法永遠地改變了我。

但是，如果現在嚴肅地回憶起來，我確實有一個真正的遺憾。

我離開哈佛的時候，根本沒有意識到這個世界是多麼的不平等。人類在健康、財富和機遇上的不平等大得可怕，它們使得無數的人們被迫生活在絕望之中。

我在哈佛學到了很多經濟學和政治學的新思想，我也了解了很多科學上的新進展。但是，人類最大的進步並不來自於這些發現，而是來自於那些有助於減少人類不平等的發現。不管通過何種手段——民主制度、健全的公共教育體系、高品質的醫療保健，或是廣泛的經濟機會——減少不平等始終是人類最大的成就。

我離開校園的時候，根本不知道在這個國家裡有幾百萬的年輕人無法獲得接受教育的機會。我也不知道發展中國家裡有無數的人們生活在無法形容的貧窮和疾病之中。

我花了幾十年才明白了這些事情。

在座的各位同學，你們是在與我不同的時代來到哈佛的。你們比以前的學生更多地了解世界是怎樣的不平等。在你們的哈佛求學過程中，我希望你們已經思考過一個問題，那就是在這個新技術加速發展的時代，我們怎樣最終應對這種不平等以及我們怎樣來解決這個問題。

為了討論的方便，請想像一下，假如你每個星期可以捐獻一些時間、每個月可以捐獻一些錢，你希望這些時間和金錢可以用到對拯救生命和改善人類生活有最大作用的地方，你會選擇什麼地方？

對梅林達和我來說，這也是我們面臨的問題：我們如何能將我們擁有的資源發揮出最大的作用。

在討論過程中，梅林達和我讀到了一篇文章，裡面說在那些貧窮的國家，每年有數百萬的兒童死於那些在美國早已不成問題的疾病。麻疹、瘧疾、肺炎、乙型肝炎、黃熱病，還有一種以前我從未聽說過的輪狀病毒，這些疾病每年導致50萬兒童死亡，但是在美國一例死亡病例也沒有。

我們被震驚了，我們想，如果幾百萬兒童正在死亡線上掙扎，而且他們是可以被挽救的，那麼世界理應將用藥物拯救他們作為頭等大事。但是事實並非如此，那些價格還不到一美元的救命藥劑並沒有送到他們的手中。

如果你相信每個生命都是平等的，那麼當你發現某些生命被挽救了，而另一些生命被放棄了，你會感到無法接受。我們對自己說：「事情不可能如此，如果這是真的，那麼它理應是我們努力的頭等大事。」

所以，我們用任何人都會想到的方式開始工作，我們問：「這個世界怎麼可以眼睜睜看著這些孩子死去？」

答案很簡單，也很令人難堪。在市場經濟中，拯救兒童是一項沒有利潤的工作，政府也不會提供補助。這些兒童之所以會死亡，是因為他們的父母在經濟上沒有實力，在政治上沒有能力發出聲音。

但是，你們和我在經濟上有實力，在政治上能夠發出聲音。

我們可以讓市場更好地為窮人服務，如果我們能夠設計出一種更有創新性的資本主義制度——如果我們可以改變市場，讓更多的人可以獲得利潤，或者至少可以維持生活——那麼，這就可以幫到那些正在極端不平等的狀況中受苦的人們。我們還可以向全世界的政府施壓，要求他們將納稅人的錢花到更符合納稅人價值觀的地方。

如果我們能夠找到這樣一種方法，既可以幫到窮人，又可以為商人帶來利潤，為政治家帶來選票，那麼我們就找到了一種減少世界性不平等的可持續的發展道路。這個任務是無限的，它不可能被完全完成，但是任何自覺地解決這個問題的嘗試都將會改變這個世界。

在這個問題上，我是樂觀的。但是，我也遇到過那些感到絕望的懷疑主義者，他們說：「不平等從人類誕生的第一天就存在，到人類滅亡的最後一天也將存在——因為人類對這個問題根本不在乎。」我完全不能同意這種觀點。

我相信，問題不是我們不在乎，而是我們不知道怎麼做。

此刻在這個院子裡的所有人，生命中總有這樣或那樣的時刻，目睹人類的悲劇，感到萬分傷心。但是我們什麼也沒做，並非我們無動於衷，而是因為我們不知道做什麼和怎麼做。如果我們知道如何做是有效的，那麼我們就會採取行動。

改變世界的阻礙並非是人類的冷漠，而是世界實在太複雜。

為了將關心轉變為行動，我們需要找到問題、發現解決問題的方法、評估後果，但是世界的複雜性使得所有這些步驟都難於做到。

即使有了互聯網和24小時直播的新聞臺，讓人們真正發現問題所在，仍然十分困難。當一架飛機墜毀了，官員們會立刻召開新聞發佈會，他們承諾進行調查、找到原因、防止將來再次發生類似事故。

但是如果那些官員敢說真話，他們就會說：「在今天這一天，全世界所有可以避免的死亡之中，只有0.5%的死者來自於這次空難。我們決心盡一切努力，調查這個0.5%的死亡原因。」

顯然，更重要的問題不是這次空難，而是其他幾百萬可以預防的死亡事件。我們並沒有很多機會了解那些死亡事件，媒體總是報告新聞，幾百萬人將要死去並非新聞。如果沒有人報導，那麼這些事件就很容易被忽視；另一方面，即使我們確實目睹了事件本身或者看到了相關報導，我們也很難持續關注這些事件。看著他人受苦是令人痛苦的，何況問題又如此複雜，我們根本不知道如何去幫助他人，所以我們會將臉轉過去。

就算我們真正發現了問題所在，也不過是邁出了第一步，接著還有第二步：那就是從複雜的事件中找到解決辦法。

如果我們要讓關心落到實處，我們就必須找到解決辦法。如果我們有一個清晰可靠的答案，那麼當任何組織和個人發出疑問「我如何能提供幫助」的時候，我們就能採取行動，我們就能夠保證不浪費一丁點兒全世界人類對他人的關心。但是，世界的複雜性使得很難找到對全世界每一個有愛心的人都有效的行動方法，因此人類對他人的關心往往很難產生實際效果。

從這個複雜的世界中找到解決辦法，可以分為四個步驟：確定目標、找到最高效的方法、發現適用於這個方法的新技術、同時最聰明地利用現有的技術，不管它是複雜的藥物，還是最簡單的蚊帳。

愛滋病就是一個例子。總的目標，毫無疑問是消滅這種疾病；最高效的方法是預防；最理想的技術是發明一種疫苗，只要注射一次，就可以終生免疫。所以，政府、製藥公司、基金會應該資助疫苗研究。但是，這項研究工作很可能十年之內都無法完成。因此，與此同時，我們必須使用現有的技術，目前最有效的預防方法就是設法讓人們避免那些危險的行為。

要實現這個新的目標，又可以採用新的四步循環。這是一種模式，關鍵的東西是永遠不要停止思考和行動。我們千萬不能再犯上個世紀在瘧疾和肺結核上犯過的錯誤，那時我們因為它們太複雜而放棄了採取行動。

在發現問題和找到解決方法之後，就是最後一步——評估工作結果，將你的成功經驗或者失敗經驗傳播出去，這樣，其他人就可以從你的努力中有所收穫。

當然，你必須有一些統計數字，你必須讓他人知道，你的項目為幾百萬兒童新接種了疫苗。你也必須讓他人知道，兒童死亡人數下降了多少。這些都是很關鍵的，不僅有利於改善項目效果，也有利於從商界和政府得到更多的幫助。

但是，這些還不夠，如果你想激勵其他人參加你的項目，你就必須拿出更多的統計數字。你必須展示你的項目的人性因素，這樣，其他人就會感到拯救一個生命對那些處在困境中的家庭到底意味著什麼。

幾年前，我去瑞士達沃斯旁聽一個全球健康問題論壇，會議的內容有關於如何拯救幾百萬條生命。天哪，是幾百萬！想一想吧，拯救一個人的生命已經讓人何等激動，現在你要把這種激動再乘上幾百萬倍——但是，不幸的是，這是我參加過的最最乏味的論壇，乏味到我無法強迫自己聽下去。

那次經歷之所以讓我難忘，是因為之前我們剛剛發佈了一個軟體的第13個版本，我們讓觀眾激動得跳了起來，喊出了聲。我喜歡人們因為軟體而感到激動，那麼我們為什麼不能夠讓人們因為能夠拯救生命而感到更加激動呢？

除非你能夠讓人們看到或者感受到行動的影響力，否則你無法讓人們激動。如何做到這一點，並不是一件簡單的事。

同前面一樣，在這個問題上，我依然是樂觀的。不錯，人類的不平等有史以來一直存在，但是那些能夠化繁為簡的新工具卻是最近才出現的。這些新工具可以幫助我們將人類的同情心發揮出最大的作用，這就是為什麼將來同過去是不一樣的。

這個時代無時無刻不在湧現出新的革新——生物技術、電腦、互聯網——它們給了我們一個從未有過的機會去終結那些極端的貧窮和非惡性疾病的死亡。

60年前，喬治·馬歇爾也是在這個地方的畢業典禮上宣布了一個計畫，幫助那些歐洲國家的戰後建設，他說：「我認為，困難的一點是這個問題太複雜，報紙和電臺向公眾源源不斷地提供各種事實，使得大街上的普通人難於清晰地判斷形勢。事實上，經過層層傳播，想要真正地把握形勢是根本不可能的。」

馬歇爾發表這個演講之後的30年，我那一屆學生畢業，當然我不在其中。那時，新技術剛剛開始萌芽，它們將使得這個世界變得更小、更開放、更容易看到、距離更近。

低成本的個人電腦的出現，使得一個強大的互聯網有機會誕生，它為學習和交流提供了巨大的機會。網路的神奇之處不僅僅是縮短了物理距離，使得天涯若比鄰，它還極大地增加了懷有共同想法的人們聚集在一起的機會，我們可以為了解決同一個問題共同工作。這就大大加快了革新的進程，發展速度簡直快得讓人震驚。

與此同時，世界上有條件上網的人只是全部人口的六分之一。這意味著還有許多具有創造性的人們沒有加入到我們的討論中來。那些有著實際操作經驗和相關經歷的聰明人卻沒有技術來幫助他們，將他們的天賦或者想法與全世界分享。

我們需要盡可能地讓更多的人有機會使用新技術，因為這些新技術正在引發一場革命，人類將因此可以互相幫助。新技術正在創造一種可能，不僅是政府，還包括大學、公司、小機構、甚至個人，能夠發現問題所在，能夠找到解決辦法，能夠評估他們努力的效果，去改變那些馬歇爾60年前就說到過的問題——饑餓、貧窮和絕望。

哈佛是一個大家庭，這個院子裡在場的人們是全世界最有智力的人類群體之一。

我們可以做些什麼？

毫無疑問，哈佛的老師、校友、學生和資助者已經用他們的能力改善了全世界各地人們的生活。但是，我們還能夠再做什麼呢？有沒有可能哈佛的人們可以將他們的智慧用來幫助那些甚至從來沒有聽到過「哈佛」這個名字的人？

請允許我向各位院長和教授提出一個請求——你們是哈佛的智力領袖，當你們雇用新的老師、授予終身教職、評估課程、決定學位頒發標準的時候，請問你們自己如下的問題：

我們最優秀的人才是否在致力於解決我們最大的問題？

哈佛是否鼓勵她的老師去研究解決世界上最嚴重的不平等？哈佛的學生是否從全球那些極端的貧窮中學到了什麼——世界性的饑荒——清潔水資源的缺乏——無法上學的女童——死於非惡性疾病的兒童——哈佛的學生有沒有從中學到東西？

那些世界上過著最優越生活的人們有沒有從那些最困難的人們身上學到東西？

這些問題並非語言上的修辭，你必須用自己的行動來回答它們。

我的母親在我被哈佛大學錄取的那一天，曾經感到非常驕傲，她從沒有停止督促我去為他人做更多的事情。在我結婚的前幾天，她主持了一個新娘進我家的儀式。在這個儀式上，她高聲朗讀了一封關於婚姻的信，這是她寫給梅林達的。那時，我的母親已經因為癌症病入膏肓，但她還是認為這是又一次傳播她的信念的機會。在那封信的結尾，她寫道：「對於那些接受了許多幫助的人們，他們還在期待更多的幫助。」

想一想吧，我們在這個院子裡的這些人被給予過什麼——天賦、特權、機遇——那麼可以這樣說，全世界的人們幾乎有無限的權力期待我們作出貢獻。

同這個時代的期望一樣，我也要向今天各位畢業的同學提出一個忠告：你們要選擇一個問題、一個複雜的問題、一個有關於人類深刻的不平等的問題，然後你們要變成這個問題的專家。如果你們能夠使得這個問題成為你們職業的核心，那麼你們就會非常傑出。但是，你們不必一定要去做那些大事。每個星期只用幾小時，你就可以通過互聯網得到資訊，找到志同道合的朋友，發現困難所在，找到解決它們的途徑。

不要讓這個世界的複雜性阻礙你前進，要成為一個行動主義者，將解決人類的不平等視為己任，它將成為你生命中最重要的經歷之一。

在座的各位畢業的同學，你們所處的時代是一個神奇的時代。當你們離開哈佛的時候，你們擁有的技術，是我們那一屆學生所沒有的。你們已經了解到了世界上的不平等，我們那時還不知道這些。有了這樣的了解之後，要是你們再棄那些你們可以幫助的人們於不顧，就將受到良心的譴責，只需一點小小的努力，你們就可以改變那些人們的生活。你們比我們擁有更大的能力，你們必須儘早開始，盡可能長時期堅持下去。

知道了你們所知道的一切，你們怎麼可能不採取行動呢？

我希望，30年後你們還會再回到哈佛，想起你們用自己的天賦和能力所做出的一切。我希望在那個時候你們用來評價自己的標準不僅僅是你們的專業成就，更包括你們為改變這個世界深刻的不平等所作出的努力以及你們如何善待那些遠隔千山萬水、與你們毫不涉及的人們，你們與他們唯一的共同點就是同為人類。

最後，祝各位同學好運。（發表於二〇〇一年）

〔解說．賞析〕

比爾．蓋茲呼籲哈佛學生行動起來，並告訴他們要做些什麼，該如何去做。當然這方面也沒有泛泛而談，而是結合了世界上存在的比較嚴重的事實，如還有幾百萬兒童受疾病的折磨，掙扎在死亡線上。事實的加入，讓演講變得更加有說服力。

蓋茲的演講開始時「幽默」，繼而「嚴肅」，過渡自然，渾然天成。演說中飽含著對人類命運的關懷和對青年一代的殷切期望，體現了一位卓越領袖的闊大襟懷和崇高信念。

是的，我們能

——歐巴馬（一九六一～）／美國第44任總統

芝加哥，你好！

如果有人懷疑美國是個一切皆有可能的地方，懷疑美國奠基者的夢想在我們這個時代依然燃燒，懷疑我們民主的力量，那麼今晚這些疑問都有了答案。

學校和教堂門外的長龍便是答案。排隊的人數之多，在美國歷史上前所未有。為了投票，他們排隊長達三四個小時。許多人一生中第一次投票，因為他們認為這一次大選結果必須不同以往，而他們手中的一票可能決定勝負。

無論年齡，無論貧富，無論民主黨人或共和黨人，無論黑人、白人，無論拉美裔、亞裔、印第安人，無論同性戀、異性戀，無論殘障人、健全人，所有的人，他們向全世界喊出了同一個聲音：我們並不隸屬「紅州」與「藍州」的對立陣營，我們屬於美利堅合眾國，現在如此，永遠如此！

長久以來，很多人說：我們對自己的能量應該冷漠，應該恐懼，應該懷疑。但是，歷史之輪如今已在我們手中，我們又一次將歷史之輪轉往更美好的未來。

漫漫征程，今宵終於來臨。特殊的一天，特殊的一次大選，特殊的決定性時刻，美國迎來了變革。

剛才，麥凱恩參議員很有風度地給我打了個電話。在這次競選中，他的努力持久而艱巨。為了這個他摯愛的國家，他的努力更持久、更艱巨。他為美國的奉獻超出絕大多數人的想像。他是一位勇敢無私的領袖，有了他的奉獻，我們的生活才更美好。我對他和佩林州長的成績表示祝賀。同時，我也期待著與他們共同努力，再續美國輝煌。

我要感謝我的競選搭檔——當選副總統喬治．拜登。為了與他一起在斯克蘭頓市街頭長大、一起坐火車返回德拉瓦州的人們，拜登全心全意地競選，他代表了這些普通人的聲音。

我要感謝下一位第一夫人蜜雪兒．歐巴馬。她是我家的中流砥柱，是我生命中的最愛。沒有她在過去16年來的堅定支持，今晚我就不可能站在這裡。我要感謝兩個女兒薩沙和瑪麗婭，我太愛你們兩個了，你們將得到一隻新的小狗，它將與我們一起入住白宮。我還要感謝已去世的外婆，我知道此刻她正在天上注視著我。她與我的家人一起造就了今天的我。今夜我思念他們，他們對我的恩情比山高、比海深。

我要感謝我的競選經理大衛．普魯夫，感謝首席策劃師大衛．阿克塞羅德以及整個競選團隊，他們是政治史上最優秀的競選團隊。你們成就了今夜，我永遠感謝你們為今夜所付出的一切。

但最重要的是，我將永遠不會忘記這場勝利真正屬於誰——是你們！

我從來不是最有希望的候選人。起初，我們的資金不多，贊助人也不多。我們的競選並非始於華盛頓的華麗大廳，而是起於德莫奈地區某家的後院、康科德地區的某家客廳、查爾斯頓地區的某家前廊。

勞動大眾從自己的微薄積蓄中掏出5美元、10美元、20美元，拿來捐助我們的事業。年輕人證明了他們絕非所謂「冷漠的一代」。他們遠離家鄉和親人，拿著微薄的報酬，起早摸黑地助選。上了年紀的人也頂著嚴寒酷暑，敲開陌生人的家門助選。無數美國人自願組織起來，充當自願者。正是這些人壯大了我們的聲勢。他們的行動證明了在兩百多年以後，民有、民治、民享的政府並未從地球上消失。這是你們的勝利。

你們這樣做，並不只是為了贏得一場大選，更不是為了我個人。你們這樣做，是因為你們清楚未來的任務有多麼艱巨。今晚我們在歡慶，明天我們就將面對一生之中最為嚴峻的挑戰——兩場戰爭、一個充滿危險的星球，還有百年一遇的金融危機。今晚我們在這裡慶祝，但我們知道在伊拉克的沙漠裡，在阿富汗的群山中，許許多多勇敢的美國人醒來後就將為了我們而面臨生命危險。許許多多的父母會在孩子熟睡後仍難以入眠，他們正在為月供、醫藥費，孩子今後的大學費用而發愁。我們需要開發新能源，創造就業機會，建造新學校，迎接挑戰和威脅，並修復與盟國的關係。

前方道路還很漫長，任務艱巨。一年之內，甚至一屆總統任期之內，我們可能都無法完成這些任務。但我從未像今晚這樣對美國滿懷希望，我相信我們會實現這個目標。我向你們承諾——我們美利堅民族將實現這一目標！

我們會遇到挫折，會出師不利，會有許多人不認同我的某一項決定或政策。政府並不能解決所有問題，但我會向你們坦承我們所面臨的挑戰。我會聆聽你們的意見，尤其是在我們意見相左之時。最重要的是，我會讓你們一起重建這個國家。用自己的雙手，從一磚一瓦做起。這是美國立國兩百二十一年以來的前進方式，也是唯一的方式。

21個月前那個隆冬所開始的一切，絕不應在這一個秋夜結束。我們所尋求的變革並不只是贏得大選，這只是給變革提供了一個機會。假如我們照老路子辦事，就沒有變革；沒有你們，就沒有變革。

讓我們重新發揚愛國精神，樹立嶄新的服務意識、責任感，每個人下定決心，一起努力工作，彼此關愛；讓我們牢記這場金融危機帶來的教訓：不能允許商業街掙扎的同時卻讓華爾街繁榮。在這個國家，我們作為同一個民族，同生死共存亡。

黨派之爭、瑣碎幼稚，長期以來這些東西荼毒了我們的政壇。讓我們牢記，當來自伊利諾州的一位先生首次將共和黨大旗扛進白宮時，伴隨著他的是自強自立、個人自由、國家統一的共和黨建黨理念。這也是我們所有人都珍視的理念。雖然民主黨今晚大勝，但我們態度謙卑，並決心彌合阻礙我們進步的分歧。

當年，林肯面對的是一個遠比目前更為分裂的國家。他說：「我們不是敵人，而是朋友……雖然激情可能不再，但是我們的感情紐帶不會割斷。」對於那些現在並不支持我的美國人，我想說，雖然我沒有贏得你們的選票，但我聽到了你們的聲音，我需要你們的說明，我也將是你們的總統。

對於關注今夜結果的國際人士，不管他們是在國會、皇宮關注，還是在荒僻地帶收聽電臺，我們的態度是：我們美國人的經歷各有不同，但我們的命運相關，新的美國領袖誕生了。對於想毀滅這個世界的人們，我們必將擊敗你們。對於追求和平和安全的人們，我們將支持你們。對於懷疑美國這盞燈塔是否依然明亮的人們，今天晚上我們已再次證明：美國的真正力量來源並非軍事威力或財富規模，而是我們理想的恆久力量：民主、自由、機會和不屈的希望。

美國能夠變革，這才是美國真正的精髓。我們的聯邦會不斷完善。我們已經取得的成就，將為我們將來能夠並且必須取得的成就增添希望。

這次大選創造了多項「第一」，誕生了很多將流芳後世的故事，但今晚令我最為難忘的卻是一位在亞特蘭大投票的婦女：安妮．庫波爾。她和無數排隊等候投票的選民沒有什麼差別，唯一的不同是她高齡一〇六歲。

在她出生的那個時代，黑奴制剛剛廢除。那時路上沒有汽車，天上沒有飛機。當時像她這樣的人由於兩個原因不能投票——第一因為她是女性，第二個原因是她的膚色。

今天晚上，我想到了安妮在美國過去一百年間的種種經歷：心痛和希望，掙扎和進步，那些我們被告知我們辦不到的年代，以及我們現在這個年代。現在，我們堅信美國式信念——是的，我們能！

在那個年代，婦女的聲音被壓制，她們的希望被剝奪。但安妮活到了今天，看到婦女們站起來了，可以大聲發表意見了，有選舉權了——是的，我們能。

安妮經歷了上世紀30年代的大蕭條。農田荒蕪，絕望籠罩美國大地。她看到了美國以新政、新的就業機會以及嶄新的共同追求戰勝了恐慌。是的，我們能。

「二戰」時期，炸彈襲擊我們的海港，全世界受到獨裁專制威脅，安妮見證了一代美國人的英雄本色，他們捍衛了民主——是的，我們能。

安妮經歷了蒙哥馬利公車事件、伯明罕黑人暴動事件、塞爾馬血腥週末事件。來自亞特蘭大的一位牧師告訴人們：我們終將勝利——是的，我們能。

人類登上了月球、柏林牆倒下了，科學和想像把世界連成了一塊。今年，在這次選舉中，安妮的手指輕觸電子螢幕，投下自己的一票。她在美國生活了一〇六年，其間有最美好的時光，也有最黑暗的時刻，她知道美國能夠變革——是的，我們能。

美利堅，我們已經一路走來，我們已經看到了那麼多變化，但我們仍有很多事情要做。今夜，讓我們問自己這樣一個問題：假如我們的孩子能夠活到下一個世紀，假如我的女兒們有幸與安妮一樣長壽，她們將會看到怎樣的改變？我們又取得了怎樣的進步？

現在，我們獲得了回答這個問題的機會。這是我們的時刻，我們的時代。讓我們的人民重新就業，為我們的孩子打開機會的大門；恢復繁榮，促進和平；讓美國夢重放光芒，再證這一根本性真理，那就是：團結一致，眾志成城；一息尚存，希望就在；倘若有人嘲諷和懷疑，說我們不能，我們就以這一永恆信條回應，因為它凝聚了整個民族的精神——是的，我們能！

謝謝大家！願上帝保佑你們，保佑美利堅合眾國。

〔解說・賞析〕

二〇〇八年11月4日，經歷了兩年多的美國總統大選終於落下了帷幕，歷史毫無懸念地將歐巴馬推上了第44任美國總統的寶座。歐巴馬成為美國歷史上第一位黑人總統。由於種族問題一直以來是美國的敏感問題，再加上當時世界處在全球經濟危機的大背景下，因此，歐巴馬的當選對美國、對世界都有著深刻而非凡的影響。

這是歐巴馬競選獲勝時所作的演講。他談到了勝選的意義、麥凱恩、家庭、外婆的去世、兩黨合作及美國的力量等問題，宣稱美國變革的時代已經到來。尤其是演講詞的後半部分，六個「是的，我們能」的排比，讀來不由得令人心潮澎湃、熱血奔騰。

歐巴馬演講有激情，有力量，極具感染力。他喚起人們的希望，讓人們重新看到美國夢。可以這樣講，在全球經濟危機的背景下，歐巴馬不僅是給美國選民傳達夢想和信念，同樣也給世界傳達了希望與信心。

國家圖書館出版品預行編目資料

世界上最偉大的演說／默言編選--初版，新北市：新視野 New Vision，2024. 03
面； 公分
ISBN 978-626-97656-7-6（平裝）

1. CST：言論集

078　　112022128

世界上最偉大的演說
默言　編選

〔出版者〕新視野 New Vision
〔製　作〕新潮社文化事業有限公司
〔製作人〕林郁
電話 02-8666-5711
傳真 02-8666-5833
E-mail：service@xcsbook.com.tw

〔總經銷〕聯合發行股份有限公司
新北市新店區寶橋路 235 巷 6 弄 6 號 2F
電話 02-2917-8022
傳真 02-2915-6275

印前作業　東豪印刷事業有限公司
印刷作業　福霖印刷有限公司

初　版　2024 年 05 月